W0388085

STARK

TRAINING
MSA · eBBR 2015

Deutsch
Berlin · Brandenburg
2014

STARK

Umschlagbild: © skynesher/iStockphoto

ISBN 978-3-8490-0955-7

10. ergänzte Auflage
www.stark-verlag.de

Inhalt

Autorin:
Marion von der Kammer (Training und Tipps, Übungsaufgabe)

Vorwort

Liebe Schülerin, lieber Schüler,

seit dem Schuljahr 2013/2014 gibt es eine **einheitliche MSA- / eBBR-Prüfung**, die sowohl zum **mittleren Schulabschluss** als auch zur **erweiterten Berufsbildungsreife** führt. Für den Erwerb der eBBR musst du grundlegende Aufgaben lösen, für den MSA zusätzlich noch anspruchsvollere Aufgaben, die durch ein Sternchen (*) gekennzeichnet sind.

- Im ersten Kapitel „**Die Abschlussprüfung – Training und Tipps**" erfährst du genau, welche Strategien und Kernkompetenzen von dir in der Prüfung verlangt werden. Es wird dir gezeigt, wie die einzelnen Aufgaben aussehen können und wie sie **Schritt für Schritt** zu bearbeiten sind. Wichtige **Tipps**, Übersichten **Auf einen Blick** und zahlreiche **Hinweise** helfen dir, nichts zu vergessen und ein gutes Ergebnis zu erzielen.
- Anhand von einzelnen **Übungen** kannst du trainieren, wie du mit möglichen Aufgabenstellungen umgehen kannst und wie du sie erfolgreich löst.
- Fachbegriffe, die du aus deinem Deutschunterricht kennst und die in der Prüfung vorkommen könnten, solltest du dir mithilfe des **Merkwissens** noch einmal in Erinnerung rufen. Anhand des Überblicks kannst du deine Kenntnisse gezielt überprüfen.
- Mit der anschließenden **Übungsaufgabe** im Stil der Abschlussprüfung trainierst du selbstständig, wie du die Prüfungsaufgaben erfolgreich bearbeiten kannst. Am besten führst du zu Hause schon einmal eine „eigene" Prüfung durch. Das hilft dir auch bei der Zeiteinteilung während der Prüfung.
- Am Schluss findest du die **Original-Prüfungsaufgabe** aus dem Jahr 2014. Sie zeigt dir genau, was du in der Prüfung zu erwarten hast, und unterstützt dich so ebenfalls bei der gezielten Vorbereitung.
- Zu allen Aufgaben gibt es ausführliche Lösungsvorschläge mit vielen wertvollen Hinweisen. Diese findest du in einem separaten **Lösungsbuch** (Best.-Nr. 111540L). Wichtig ist, dass du **selbstständig** übst. Du solltest die Aufgaben immer erst einmal selbst bearbeiten, ehe du dir die Lösungen ansiehst.
- Des Weiteren ist ein **Band** mit allen **Prüfungsaufgaben der letzten Jahre** verfügbar. Er ist optimal dafür geeignet, dich auf deine Abschlussprüfung vorzubereiten (Best.-Nr. 1115401).
- Sollten nach Erscheinen dieses Bandes noch wichtige Änderungen in der Prüfung zum MSA oder zur eBBR vom LISUM Berlin-Brandenburg bekannt gegeben werden, findest du aktuelle Informationen dazu im Internet unter: **www.stark-verlag.de/pruefung-aktuell.**

Viel Spaß beim Üben und vor allem viel Erfolg in der Prüfung!

Marion von der Kammer

▸ Die Abschlussprüfung – Training und Tipps

Lesekompetenz

Was muss man können? Was wird geprüft?

Texte sehen auf den ersten Blick aus wie eine einfache Ansammlung von Wörtern. Doch das Aussehen täuscht: Bei jedem Text (lat. *textus*: Gewebe) handelt es sich um ein hochkomplexes Geflecht, dessen Botschaften gar nicht so leicht zu verstehen sind. Ein guter Leser muss Folgendes können:

- **Wörter erlesen:** Er muss imstande sein, Buchstabenfolgen (z. B.: B – a – u – m) zu dem entsprechenden Wort (hier: Baum) zusammenzufügen.
- **Bedeutungen kennen:** Er muss Zusammenhänge zwischen seinem Erfahrungswissen und den Wörtern im Text herstellen können. (Schließlich genügt es nicht, dass er die Buchstabenfolge B-a-u-m zum Wort „Baum" zusammenfügen kann, – er muss auch wissen, was ein Baum ist!)
- **Zusammenhänge herstellen:** Die Wörter in einem Text beziehen sich aufeinander, und auch einzelne Sätze bilden Sinnzusammenhänge. Diese Zusammenhänge muss der Leser herstellen.
- **Leerstellen füllen:** Selbst dem besten Verfasser ist es nicht möglich, einen Sachverhalt lückenlos darzustellen. (Vielleicht will er das auch gar nicht!) Also muss der Leser das, was nur „zwischen den Zeilen steht", ergänzen. Das erfordert die **Fähigkeit des Schlussfolgerns:** Er muss aus den Textinformationen jeweils das ableiten können, was **nicht** ausdrücklich gesagt wird. Dazu muss der Leser auch sein Erfahrungswissen heranziehen.

Dass du die einzelnen Wörter erlesen kannst, wird für selbstverständlich gehalten. Hin und wieder wirst du zwar auch aufgefordert, nach bestimmten Textstellen zu suchen. Geprüft wird aber vor allem, ob du **Zusammenhänge** herstellen kannst, und zwar …

- **textinterne Zusammenhänge** zwischen Wörtern und Sätzen und
- **textübergreifende Zusammenhänge** zwischen Textinformationen und deinem Erfahrungswissen.

Tipp

Auch wenn es für das Textverständnis wichtig ist, dass du dein Erfahrungswissen hinzuziehst: Hüte dich davor, zu spekulieren! Maßgeblich ist immer der Text. Bei jeder Aussage zu einem Text solltest du dich sicherheitshalber immer fragen: *Wo steht das?*

1 Den Leseprozess steuern

Gewöhne dir an, einen Text dreimal zu lesen, ehe du anfängst, die Aufgaben zu bearbeiten. Keine Angst: Was dir wie Zeitverschwendung erscheinen mag, ist in Wirklichkeit Zeitersparnis! Denn die Zeit, die du bei den ersten drei Lesedurchgängen investierst, sparst du später beim Lösen der Aufgaben. Hinzu kommt, dass du einen Text besonders gut verstehen kannst, wenn du so vorgehst. Im Übrigen sind die Texte (oder Textauszüge), die dir in der Prüfung vorgelegt werden, ohnehin nur von begrenztem Umfang.

Schritt für Schritt

Texte richtig lesen

Arbeitsschritt 1 **Überfliege** den Text. Lies ihn zügig durch. Es macht nichts, wenn du noch nicht alles verstehst. Versuche nur, Antworten auf die folgenden Fragen zu finden:

- Um was für eine Art von Text handelt es sich? Bestimme die **Textsorte**. (Eine Übersicht über die wichtigsten Textsorten findest du auf S. 20 und S. 35 f.). Wenn du unsicher bist, verwendest du einfach die Bezeichnung „Text“.
- Worum geht es in dem Text? Bestimme das **Thema**.
- Was ist der **dargestellte Sachverhalt**? Bestimme, soweit möglich, Ort, Zeit, beteiligte Personen und das dargestellte Geschehen.
- Was ist die **Absicht des Verfassers**? Will er den Leser sachlich informieren – oder will er einen Sachverhalt kommentieren? (Weitere Möglichkeiten findest du auf S. 18).

Am besten hältst du die Antworten auf diese Fragen gleich stichwortartig fest.

Arbeitsschritt 2 **Lies** den Text **ganz genau**. Markiere Textstellen, die dir bedeutsam erscheinen. Dabei kann es sich um Textstellen handeln, die eine wichtige Information über das Thema bringen, oder solche, die du nicht auf Anhieb verstehst und über die du später noch einmal nachdenken möchtest. Notiere am Rand, warum du diese Textstellen markiert hast: Halte mit wenigen Stichworten fest, worum es dort geht. Textstellen, die dir besonders wichtig erscheinen, kennzeichnest du zusätzlich mit **!**, Textstellen, deren Sinn dir noch unklar erscheint, mit **?**.

Arbeitsschritt 3 Danach stellst du folgende Überlegungen an:

- Welche **Schlüsselwörter** (vgl. S. 3) gibt es in dem Text?
- Was ist die **Kernaussage** (die „Botschaft“)?
- In wie viele **Sinnabschnitte** (vgl. S. 3) lässt sich der Text untergliedern? Markiere den Beginn jedes neuen Sinnabschnitts mit ⌈. Notiere jeweils am Rand, mit welchem (Unter-) Thema sich der Abschnitt befasst.
- Wie lauten wichtige **allgemeine Aussagen** (vgl. S. 3)?
- Wo wird die Darstellung durch **Beispiele** (vgl. S. 3) veranschaulicht?

Arbeitsschritt 4 **Lies** den Text **selektiv.** Wirf noch einmal gezielt einen Blick auf die Textstellen, die du mit **?** gekennzeichnet hast. Versuche, ihren Sinn jetzt zu klären.

Tipp

Bestimmte **Elemente** finden sich in praktisch jedem Sachtext wieder. Wenn du diese Elemente erkennst, hilft dir das, den Aufbau und Inhalt des Textes besser zu verstehen.

Achte daher beim Lesen eines **Sachtextes** immer auf:

- **Schlüsselwörter:** Sie fallen besonders auf – entweder, weil sie mehrmals wiederholt werden oder weil sie einem anderen Sprachgebrauch angehören als die übrigen Wörter im Text (z. B. ein Wort aus der Umgangssprache in einem Text, der sonst in der Standardsprache verfasst ist). Oft handelt es sich auch um Fremdwörter oder Fachbegriffe.
- **Sinnabschnitte:** So bezeichnet man eine Gruppe von Textaussagen, die sich mit einem bestimmten (Unter-)Thema befassen. Oft – aber nicht immer – entspricht ein Sinnabschnitt einem Absatz im Text. Es gibt bei einem Text keine festgelegte Anzahl von Sinnabschnitten. Deshalb hast du beim Untergliedern eines Textes in Sinnabschnitte gewisse Freiheiten.
- **Allgemeine Aussagen:** Sie sind die entscheidenden Aussagen im Text und vermitteln die wesentlichen Informationen. Allgemeine Aussagen beziehen sich immer auf einen Sachverhalt, der grundsätzlich gilt – oder der als Verallgemeinerung zu verstehen ist. Sie stehen im Plural oder enthalten Wörter, die auf andere Weise eine Verallgemeinerung ausdrücken (z. B. das Pronomen *man*).
- **Beispiele:** Beispiele sind – im Gegensatz zu allgemeinen Aussagen – konkrete Einzelfälle. Sie dienen dazu, allgemeine Aussagen zu veranschaulichen, liefern aber keine neue Information.

Übung 1

Lies den Text „Ruhelos im Großraumbüro" einmal überfliegend, einmal genau und einmal selektiv. Halte dich bei jedem Lesedurchgang an die genannten Hinweise. Trage deine Zwischenergebnisse in die unten vorgegebenen Linien ein.

In modernen Großraumbüros ist Lärmschutz angesagt. Die Störungen am Arbeitsplatz nehmen dadurch allerdings nur zu – weil nun die Gespräche der Kollegen besser zu hören sind.

70 Prozent aller befragten Büroangestellten sind „oft bis immer" durch Geräusche und Gespräche abgelenkt. Das ergab eine Studie der Hochschule Luzern. Dabei wird eine Unterhaltung von Kollegen störender empfunden als mechanischer Lärm. Besonders gravierend ist die Situation in modernen Großraumbüros. Hier hat die verbesserte Dämpfung des Geräuschpegels durch leisere Geräte und Schallschlucker zu einer paradoxen Situation geführt: Stimmen treten noch deutlicher hervor. Am wenigsten geschätzt werden trendige „Multi-Space-Büros" mit einer Aufteilung in Zonen wie „Arbeiten", „Nachdenken", „Kommunizieren": Das stete Nomadisieren zwischen den Zonen erschwert es den Beschäftigten, wirklich zur Ruhe zu kommen. Beliebt ist hingegen das klassische Kombi-Büro: zwei separate Arbeitsräume mit dazwischen liegender Kommunikationszone.

Quelle: http://www.geo.de/GEO/mensch/medizin/63653.html

Aufgaben

1. Nach dem **überfliegenden Lesen**:

   Textsorte: ____

   Thema: ____

   Dargestellter Sachverhalt: ____

   ____

   Absicht des Verfassers: ____

2. Nach dem **genauen Lesen**:

   Schlüsselwörter: ____

   Kernaussage: ____

   ____

   Anzahl der Sinnabschnitte: ____

   Unterthemen: Abschnitt 1: ____

   Abschnitt 2: ____

   Abschnitt 3: ____

   Allgemeine Aussagen: ____

   ____

   ____

   Beispiele: ____

   ____

3. Nach dem **selektiven Lesen**: Erkläre den Sinn dieser Wörter.

   mechanischer Lärm (Z. 12): ____

   Multi-Space-Büro (Z. 20): ____

   Nomadisieren (Z. 23): ____

   Kombi-Büro (Z. 26): ____

   Kommunikationszone (Z. 28): ____

Tipp

Oft kannst du den **Sinn** einer dir unklar erscheinenden Textstelle **klären**, indem du in ihrem Umkreis, also kurz davor und danach, nach „**Nahtstellen**“ suchst. Es gibt keine Textstelle, die völlig isoliert in den Text hineingestreut wurde. Suche nach „**Verbindungswörtern**“ im Umkreis der Textstelle, und zwar sowohl zwischen Wörtern als auch zwischen Sätzen.

2 Leseaufgaben lösen

In der Prüfung werden dir **drei Arten von Aufgaben** zum Leseverstehen vorgelegt, um festzustellen, ob du die Sinnzusammenhänge in einem Text verstanden hast: **geschlossene**, **halboffene** und **offene** Aufgaben. Bei den meisten Aufgaben handelt es sich um geschlossene Aufgaben. Löse diese zuerst. In der Regel kostet es nämlich mehr Zeit, halboffene oder offene Aufgaben zu lösen.

Hinweis: Das Lösen von offenen Aufgaben gehört genau genommen zu den Schreibaufgaben. Deshalb findest du die entsprechenden Erläuterungen dazu im Kapitel „Schreibkompetenz“ ab Seite 66.

2.1 Geschlossene Aufgaben lösen

Geschlossene Aufgaben sind so gestellt, dass es für die richtigen Antworten praktisch keinen Spielraum gibt. (Deshalb auch die Bezeichnung „geschlossene Aufgaben“!) Das Prinzip ist immer gleich: Auf eine Frage ist jeweils nur **eine einzige Antwort** möglich und richtig.

Schritt für Schritt

Geschlossene Aufgaben lösen

Arbeitsschritt **1** Zur Vorbereitung:
- **Lies** den Text zweimal durch: einmal überfliegend und einmal genau (vgl. S. 2).
- Wirf einen Blick auf die **Aufgaben**, damit du weißt, worauf du beim selektiven Lesen achten musst. Lies den Text dann selektiv (vgl. S. 2).

Arbeitsschritt **2** Bearbeite die **Aufgaben**:
- Halte dich an die gegebene **Reihenfolge**. Denn das Bearbeiten der ersten Fragen bereitet dich auf die schwierigeren Aufgaben am Schluss vor.
- **Lies** jede Aufgabe **ganz genau** durch. Erst wenn du hundertprozentig verstanden hast, wonach gefragt wird, kannst du die passende Antwort finden.

Arbeitsschritt **3** Arbeite **mit dem Text**:
- Die richtige Antwort **steht** immer **im Text**. Spekuliere nicht! Stelle dir bei jeder Aussage, die du ankreuzt, die Frage: *Wo steht das im Text?*
- Nicht jede Antwort steht aber wortwörtlich im Text. Suche dann nach einer Aussage, die **sinngemäß** zu der Frage passt.
- Manchmal musst du auch **mehrere Informationen** im Text miteinander kombinieren, um die richtige Antwort zu finden.

Arbeitsschritt **4** Sollte **am Schluss** noch eine ungelöste Aufgabe übrig bleiben, dann **sei mutig:** Kreuze die Aussage an, die dir am wahrscheinlichsten vorkommt. Vielleicht kommt dir der Zufall zu Hilfe und du landest einen Treffer. (Für eine falsch gelöste Aufgabe gibt es zwar null Punkte – für eine ungelöste Aufgabe aber auch!)

Es gibt verschiedene Arten von geschlossenen Aufgaben:

Multiple-Choice-Aufgaben

Es wird eine Frage gestellt; dazu gibt es mehrere Auswahlantworten (meist vier), von denen die richtige angekreuzt werden muss. Multiple-Choice-Aufgaben (auch: Mehrfachwahlaufgaben) können sich auch auf die Textsorte, das Thema des Textes oder die Absicht des Verfassers beziehen.

Beispiel

Warum solltest du mutig sein, wenn eine Aufgabe am Schluss noch ungelöst geblieben ist? Kreuze die passende Aussage an.

☐ Man darf keine Aufgabe ungelöst lassen.
☐ Es ist egal, ob die Lösung stimmt oder nicht.
☒ Vielleicht kreuzt man zufällig die richtige Aussage an.
☐ Ungelöste Aufgaben machen einen schlechten Eindruck.

Es kann auch vorkommen, dass mit einer Multiple-Choice-Aufgabe gezielt nach einer **Falschaussage** gefragt wird. In der Regel ist das Wort, das eine Verneinung ausdrückt, in der Aufgabe fettgedruckt.

Beispiel

Was ist das Besondere an Multiple-Choice-Aufgaben?
Kreuze die Aussage an, die **nicht** zutrifft.

☐ Nur eine einzige Antwort kommt für die Lösung infrage.
☐ Man muss die richtige Lösung ankreuzen.
☒ Es gibt für die Lösung mehrere Möglichkeiten.
☐ Es werden mehrere Auswahlantworten vorgegeben.

Tipp

Gehe nach dem **Ausschlussverfahren** vor, wenn du beim Lösen einer Multiple-Choice-Aufgabe unsicher bist: Überlege, welche Antworten auf keinen Fall infrage kommen, und sondere sie aus. Von den verbliebenen Auswahlantworten wählst du die aus, die dir am plausibelsten erscheint.

Richtig-/ Falsch-Aufgaben

Zu einem Text werden mehrere Aussagen präsentiert. Jede Aussage ist auf ihre Richtigkeit hin zu überprüfen: Passt sie zum Text – oder nicht? Entsprechend muss jeweils angekreuzt werden.

Beispiel

Wie sollte man beim Lösen von geschlossenen Aufgaben vorgehen? Kreuze an.

Man sollte ...	trifft zu	trifft nicht zu
jede Aufgabe ganz genau lesen.	☒	☐
im Text nach der passenden Information suchen.	☒	☐
sich vor allem an seinem Erfahrungswissen orientieren.	☐	☒
nur Aussagen ankreuzen, die wortwörtlich im Text stehen.	☐	☒
sich möglichst an die gegebene Reihenfolge halten.	☒	☐

Tipp

Sorge dafür, dass deine **Lösungen eindeutig** sind. Falls du versehentlich eine falsche Aussage angekreuzt hast, streichst du das Kreuz durch. Die richtige Lösung kannst du zusätzlich mit einem entsprechenden Vermerk versehen, z. B. so: *richtige Lösung* → ☒.

Geschlossene Fragen

Es werden Fragen gestellt, auf die es nur eine bestimmte Antwort gibt. Die richtige Antwort muss jeweils aufgeschrieben werden. Manchmal ist sie auch in eine Lücke einzutragen. In der Regel genügen dabei Stichworte.

Beispiel

Nenne den deutschen Begriff, den man anstelle des Begriffs *Multiple-Choice-Aufgaben* verwenden könnte.

Mehrfachwahlaufgaben

Umordnungsaufgaben

Du erhältst einige ungeordnete Aussagen zum Text. Deine Aufgabe ist es, sie in die richtige Reihenfolge zu bringen. In der Regel sollst du die Aussagen nummerieren.

Beispiel

Die Erläuterungen zu den Aufgaben, mit denen die Lesekompetenz geprüft wird (S. 5 f.), geben Antworten auf verschiedene Fragen. In welcher Reihenfolge werden diese Fragen im Text beantwortet? Nummeriere sie entsprechend.

Nummer	Frage
2	Welche Arten von Aufgaben gibt es, um die Lesekompetenz zu testen?
4	Wie können Beispiele für geschlossene Aufgaben aussehen?
1	Was soll anhand von geschlossenen Aufgaben geprüft werden?
3	Wie solltest du beim Lösen von geschlossenen Aufgaben vorgehen?

Zuordnungsaufgaben

Es werden bestimmte Aussagen zu einem Text gegeben. Zugleich werden einige Bezugsgrößen genannt, z. B. Namen von Personen. Bei jeder Aussage ist zu prüfen, auf was oder wen sie sich bezieht.

Beispiel

Worauf beziehen sich die folgenden Aussagen?
Trage den passenden Buchstaben in die Tabelle ein.

A. Multiple-Choice-Aufgaben
B. Richtig-/ Falsch-Aufgaben
C. Geschlossene Fragen
D. Umordnungsaufgaben
E. Zuordnungsaufgaben

Buchstabe	Aussage
B	Man muss bei jeder Aussage prüfen, ob sie zum Text passt oder nicht.
C	Man bekommt eine Frage, die man kurz und knapp beantworten muss.
D	Man muss ungeordnet vorliegende Aussagen zum Text ordnen.
A	Man muss von mehreren Auswahlantworten die passende ankreuzen.
E	Man erhält verschiedene Aussagen zum Text und trägt ein, worauf sie sich beziehen.

Auf einen Blick

Was du bei den verschiedenen geschlossenen Aufgaben beachten solltest	
Multiple-Choice-Aufgaben	Es darf nur eine Aussage angekreuzt werden.
Richtig-/Falsch-Aufgaben	Hier musst du in jeder Zeile ein Kreuz machen.
Geschlossene Fragen	Die Antworten findest du in der Regel wortwörtlich im Text.
Umordnungsaufgaben	Am besten überfliegst du den Text noch einmal. Überlege dir zu jedem Abschnitt mögliche Zwischenüberschriften: *Worum geht es hier?* Ordne die Zwischenüberschriften den einzelnen Aussagen zu.
Zuordnungsaufgaben	Suche nach Textstellen, in denen die Bezugsgrößen (z. B. Namen) genannt werden. Im Umfeld dieser Textstellen findest du meist die passende Aussage. Bedenke aber, dass der Wortlaut der gesuchten Aussagen in der Aufgabe anders ausfallen kann als im Text.

Lies den Text „O Sohle mio!“ und bearbeite dann die Aufgaben.

Übung 2

O Sohle mio[1]!

[…] Freitags ist Chucks-Tag an der Lakewood Elementary School[2] in Modesto, Kalifornien. Morgens entscheidet der graubärtige Schuldirektor Doug Fraser, welches Modell von seinen 104 Paaren er anziehen wird: Das mit den Zebrastreifen? Oder dem Batman-Print? Fluoreszierendes Grün oder Disco-Glitter? Auch die Schüler tragen freitags Chucks. Wer Glück hat und eine ähnliche Farbe wie der Schuldirektor wählt, gewinnt einen Preis. „Das nimmt den Kids die Hemmungen, sich mit mir zu unterhalten“, sagt Fraser. Und während sich der 56-jährige Vorzeigepädagoge lächelnd für ein pflaumenblaues Modell entscheidet, rotiert irgendwo auf einem Friedhof an der Ostküste der USA Joey Ramone in seinem Grab.

Der Chuck Taylor All Star, kurz Chuck genannt, steckt in einem Dilemma[3]. Über Jahrzehnte hinweg war dieser Schuh ein Symbol von Rebellion und Ausdruck von Individualität. James Dean trug ihn, Joey Ramone trug ihn, Kurt Cobain trug ihn sogar, als er starb. Und plötzlich sind Chucks Mainstream[4] geworden. Es gibt sie in allen Farben des Regenbogens: Der Schuh soll nicht mehr zur Lebenseinstellung, sondern zur Handtasche passen. […]

Das aktuelle Comeback haben The Strokes eingeläutet, die 2001 einfach mal die Uniform der Punk-Urgesteine Ramones kopierten: Lederjacke, Röhrenjeans und Chucks. Die Schuhe machten danach genauso rasant Karriere wie die Band. Zunächst waren sie die Lieblingstreter von Künstlern und Kreativen, die sie aus Understatement[5]-Gründen überstreiften. Kein Schuhmodell sagt so schön „Ist mir doch egal, was du über mich denkst.“ Außerdem verleihen sie selbst Mittvierzigern eine gewisse Jungenhaftigkeit, da kann das Haar noch so schütter sein und das Hemd noch so sehr um den Bauch spannen.

Harry Potter trägt Chucks – wie konnte das passieren?

Die Gummisohle marschiert weiter, aus den Clubs und den Werbeagenturen hinein in den Alltag. Wer heute zur Hauptverkehrszeit in einer beliebigen Stadt U-Bahn fährt, zählt mindestens fünf Paar Chucks pro Waggon. Alternde Linke und Teenies mit Emocore-Buttons auf dem Rucksack tragen sie genauso wie Mütter und Kleinkinder im Partnerlook. Sogar Harry Potter – der Gegenentwurf zu cool – war in „Der Orden des Phönix“ in Chucks zu sehen. Spätestens seit Carine Roitfeld, Chefredakteurin der französischen Vogue[6], 2007 in einem goldenen Paar bei den Fashion Shows in Mailand erschien, sind Chucks gesellschaftsfähig. Die österreichische Außenministerin Ursula Plassnik kombinierte ihre Converse prompt zum schwarzen Hosenanzug. Wie konnte das geschehen?

Rückblick: 1908 gründete Marquis Converse in Massachusetts die „Converse Rubber Shoe Company“, die zunächst Gummistiefel herstellte, später auch Sportschuhe. Der Legende nach kontaktierte im Jahr 1921 der Basketballspieler Charles „Chuck“ Taylor die Firma, um Verbesserungsvorschläge zu machen. Er ließ unter anderem den Converse-Sticker mit seinem Logo auf die Innenseite des Schuhs nähen, um die Knöchel der Spieler zu schützen. Die Erfolgsgeschichte begann, nachdem die amerikanische Basketballmannschaft in Converse Chucks 1936 erstmalig olympisches Gold einfuhr.

Doch Sport allein hätte diesen Schuhen nie einen so unglaublichen Siegeszug ermöglicht. Der Rock'n'Roll, er war es. Schon Elvis hatte schnell kapiert, dass die „Blue Suede Shoes“, die guten Sonntagsschuhe, zu schade und zu unbequem waren, um damit auf der Bühne herumzuspringen. In den sechziger Jahren trafen sich die Beach Boys in pastellfarbenen Hemden am Strand und verpassten dem erstmals niedrig geschnittenen All-Star-Modell „Oxford“ kalifornische Lässigkeit.

Der Schuh für alle Außenseiter

In den späten Sechzigern tauchten auch Yoko Ono und John Lennon in Chucks auf. Genau wie viele andere Hippies, die sie mit Peace-Zeichen bemalten und Blumen durch die Schnürbandösen flochten. In den Siebzigern beanspruchten die Punks die Chucks für sich. Schwarz mussten sie sein, logisch, der Schuh wurde so lange mit Tape oder Sicherheitsnadeln geflickt, bis er endgültig auseinanderfiel. In den Achtzigern paarten Hard-Rocker wie Van Halen ihre Chucks mit engen Streifenhosen. In den Neunzigern ergänzten Chucks das Grunge-Outfit: Eddie Vedder und Kurt Cobain trugen sie zu zerlöcherter Jeans und Holzfällerhemd.

Auch im Kino steckten die Chucks bevorzugt an den Füßen von Außenseitern oder unbequemen Helden. Etwa in den Achtziger-Filmen wie „The Breakfast Club“ und „Fast Times At Ridgemont High“. In „Trainspotting“ (1996) trug sie Ewan McGregor in seiner Rolle als Junkie Renton.

Es scheint, als ob jede Generation den Schuh wieder neu für sich entdeckt. Das aktuelle Comeback sprengt jedoch alle Ausmaße. Zum ersten Mal besteht die Gefahr, dass ein Massenkult das Image erstickt. [. . .]

Rebellenmythos recycelt

Im Hause Converse hat man die Gefahr erkannt. Obwohl die Verkaufszahlen durch die Decke knallen, lancierte die Company eine gigantische Imagekampagne in 75 Ländern. Ein Versuch, den alten Rebellenmythos in die Zukunft zu retten. Auf Schwarzweißporträts wirbt Converse mit Helden von gestern wie James Dean, Sid Vicious oder Hunter S. Thompson. [. . .]

Vielleicht hätten sich die Marketing-Strategen aber gar nicht so ins Zeug legen müssen. Denn die größte Stärke des Chucks liegt ganz woanders – im Design. Ein einfacher, schöner, bequemer Schuh – genau das, wonach sich Menschen in hochtechnisierten Zeiten sehnen.

Und selbst wenn alle Chucks-Fans ihre Treter jetzt entnervt nach hinten ins Regal schieben, ist eines sicher: Irgendwann holt sie ein gelangweilter Teenie hervor und beginnt in den Schulstunden auf dem Stoff herumzukritzeln. Wie ein Boomerang wird der Schuh dann wieder da sein und sein nächstes Comeback feiern.

Immerhin ist den Chucks das gelungen, was vielen Politikern bislang versagt blieb: flächendeckende Demokratisierung! Ob es der Punk ist, der vor dem Bahnhof sein Dosenbier trinkt, oder die Chefredakteurin der Vogue. In Chucks riechen alle Füße gleich.

Quelle: http://einestages.spiegel.de/static/authoralbumbackground/2301/o_sohle_mio.html

Anmerkungen

1 *O Sohle mio!*: Die Überschrift spielt auf einen italienischen Schlager an, der vor vielen Jahren populär war: *O sole mio*. Die italienischen Worte bedeuten: *Meine Sonne* (*sole*: Sonne; *mio*: mein).
2 *Elementary School*: Grundschule
3 *Dilemma*: die Auswahl zwischen zwei Möglichkeiten, die beide schlecht sind
4 *Mainstream*: etwas, das allgemein üblich ist, das der Meinung der Mehrheit entspricht
5 *Understatement*: Untertreibung; hier: das Gegenteil von seriöser, eleganter Kleidung
6 *Vogue*: Titel einer französischen Modezeitschrift

Aufgaben

1. Multiple-Choice-Aufgaben

   a) Welches Signal sendete man früher damit aus, dass man Chucks trug? Kreuze die passende Aussage an.

   ☐ Ich lege Wert darauf, nach der neuesten Mode gekleidet zu sein.
   ☐ Durch meine Schuhe hebe ich mich von der Masse meiner Mitmenschen ab.
   ☐ Ich möchte für Schuhe möglichst wenig Geld ausgeben.
   ☐ Bei Schuhen achte ich vor allem auf Bequemlichkeit.

   b) Welche Absicht verfolgt der Verfasser hauptsächlich mit seinem Text? Kreuze die passende Aussage an.

   In erster Linie will der Verfasser …

   ☐ den Leser mit einer Geschichte unterhalten.
   ☐ den Leser über ein Modephänomen informieren.
   ☐ den Leser zum Tragen von Chucks auffordern.
   ☐ den Imagewandel von Chucks kritisieren.

2. Richtig-/Falsch-Aufgabe

   Welche Aussagen über Chucks lassen sich aus dem Text ableiten und welche nicht? Kreuze entsprechend an.

	trifft zu	trifft nicht zu
a) Früher wurden Chucks vor allem von Außenseitern getragen.	☐	☐
b) Heute werden Chucks von vielen Menschen getragen.	☐	☐
c) Chucks werden besonders von Sportlern bevorzugt, die ihre Knöchel schonen wollen.	☐	☐
d) Wer Chucks trägt, hat keine Hemmungen, mit anderen ins Gespräch zu kommen.	☐	☐
e) Ältere Leute, die Chucks tragen, wirken dadurch oft jünger.	☐	☐

3. Geschlossene Fragen

   a) Wie heißt der Gründer der Firma, in der Chucks hergestellt werden? Nenne seinen Namen.

   ____

   b) In welchem Jahr wurde die Firma gegründet?

   ____

   c) Womit begann die Erfolgsgeschichte der Chucks? Stichworte genügen.

   ____

4. Umordnungsaufgabe

Bringe die folgenden Aussagen in die richtige Reihenfolge. Nummeriere sie.
Hinweis: Es geht um die zeitliche Abfolge.

Nummer	Aussage
	a) Eine Musikband machte die Chucks in letzter Zeit von Neuem populär.
	b) Chucks sind heute Schuhe für jedermann.
	c) In Filmen wurden Chucks von Außenseitern und rebellischen Helden getragen.
	d) Die amerikanische Basketballmannschaft gewann in Chucks erstmalig olympisches Gold.
	e) Rock'n'Roll-Sänger trugen Chucks auf der Bühne.
	f) Der Basketballspieler Charles „Chuck“ Taylor setzte bei der Herstellerfirma Verbesserungsvorschläge durch.
	g) Marquis Converse gründete die „Converse Rubber Shoe Company“ in Massachusetts.

5. Zuordnungsaufgabe

Ordne die folgenden Aussagen den passenden Personen zu. Trage die Buchstaben in die linke Spalte ein. Ein Buchstabe bleibt übrig.

A. Hippies
B. Künstler und Kreative
C. Menschen mittleren Alters
D. The Strokes
E. der Schulleiter einer amerikanischen Grundschule
F. Harry Potter
G. Yoko Ono und John Lennon
H. Punks
I. eine österreichische Außenministerin

Buchstabe	Aussage
	a) Sie trug Chucks einmal zu einem Hosenanzug.
	b) Er trägt Chucks immer freitags.
	c) Sie tragen Chucks in der Farbe Schwarz.
	d) Sie haben das aktuelle Comeback der Chucks eingeleitet.
	e) Er trug Chucks in einem Film.
	f) Sie dekorierten ihre Chucks mit dem Peace-Zeichen.
	g) Sie wirken durch Chucks direkt noch etwas jungenhaft.
	h) Sie tragen Chucks aus Gründen des Understatements.

Tipp

Verharre nicht bei Aufgaben, deren Lösungen dir Kopfzerbrechen bereiten, sondern **überspringe** sie erst mal. Bearbeite zügig alle Aufgaben, die du sicher lösen kannst, damit du nicht unnötig Zeit verlierst. **Am Schluss** kehrst du noch einmal zu den **ungelösten Aufgaben** zurück und versuchst, sie doch noch zu lösen.

2.2 Halboffene Aufgaben lösen

Bei halboffenen Aufgaben sollst du die **Antwort** auf eine Frage mit **eigenen Worten** zum Ausdruck bringen. Auswahlantworten werden nicht vorgegeben. Du hast beim Lösen von halboffenen Aufgaben deshalb einen gewissen **Spielraum:** Bestimmte festgelegte Formulierungen werden nicht von dir erwartet.

Schritt für Schritt

Halboffene Aufgaben lösen

Arbeitsschritt **1** Löse als Erstes die geschlossenen Aufgaben. In der Regel bereitet dich das nämlich auf das Lösen der halboffenen Aufgaben vor.

Arbeitsschritt **2** Lies jede Aufgabe **genau durch**, um zu verstehen, wonach gefragt wird. Denn auch bei halboffenen Aufgaben müssen die Lösungen sowohl zur Aufgabenstellung als auch zum Text passen.

Arbeitsschritt **3** Ebenso gilt hier: Arbeite mit dem **Text**. Beziehe dich bei deinen Antworten auf passende Textstellen, um nachzuweisen, dass deine Lösungen richtig sind.

Arbeitsschritt **4** Zur **Form** der Antworten:

- Antworte immer in **vollständigen Sätzen** – selbst wenn du nicht dazu aufgefordert wirst. Das macht einen besseren Eindruck und du vermeidest Unklarheiten und Missverständnisse. Stichwortartige Antworten schreibst du nur, wenn das ausdrücklich verlangt wird.
- Bezüglich der **Länge** der Antworten orientierst du dich an der Anzahl der vorgegebenen Linien. Gehe davon aus, dass du die Linien möglichst füllen sollst. Wenn nur eine Linie vorgegeben ist, genügen acht bis zehn Wörter. Bei fünf Linien schreibst du 40 bis 50 Wörter.

Es gibt verschiedene Arten von halboffenen Aufgaben:

Textstellen deuten

Hier sollst du erklären, was eine bestimmte Textstelle bedeutet. Es kann sich um ein einzelnes Wort, eine Wortgruppe oder eine komplette Aussage handeln.

Beispiel

Es heißt, beim Lösen von halboffenen Aufgaben gebe es einen gewissen **Spielraum**. Erkläre, was das bedeutet.

Es wird nicht erwartet, dass man bestimmte Formulierungen verwendet. Die Antwort muss nur vom Sinn her stimmen.

Offene Fragen zum Text beantworten

In diesem Fall wird dir eine Frage zum Text gestellt, die du eigenständig beantworten sollst. Oft handelt es sich um Wie- oder Warum-Fragen. In deiner Antwort solltest du eigene Worte verwenden und du solltest dich möglichst auf den Text beziehen, um die Richtigkeit deiner Aussage nachzuweisen.

Hinweis: Detaillierte Erklärungen, wie du eine offene Frage ausführlich beantwortest, wie deine Antwort aufgebaut sein sollte und wie du dich richtig auf den Text beziehst, findest du im Kapitel „Schreibkompetenz“ ab S. 67.

Beispiel

Warum ist es wichtig, dass du dir die Formulierung der einzelnen halboffenen Aufgaben sehr genau durchliest?

Man kann eine Aufgabe nur dann richtig lösen, wenn man verstanden hat, wonach gefragt wird. Frage und Antwort müssen nämlich genau zusammenpassen.

Aussagen zum Text bewerten

In der Regel erhältst du einen Leserkommentar zum Text, zu dem du Stellung nehmen sollst. Deine Aufgabe ist es dann, zu sagen, ob du der Meinung dieses Lesers (z. B. eines Schülers) zustimmst oder nicht. Deine Einschätzung solltest du anschließend ausreichend begründen. Beziehe dich in deiner Begründung auf den Text.

Beispiel

Nachdem die Schülerin Jessica die Erläuterungen zu den halboffenen Aufgaben gelesen hatte, entfuhr ihr diese Äußerung:

„Was sollen diese ganzen Erklärungen und Hinweise? Man könnte uns doch gleich einen richtigen Text geben und dazu ein paar passende Aufgaben stellen!"

Nimm Stellung zu Jessicas Äußerung.
Begründe deine Meinung.

Jessica hat natürlich recht. Man könnte tatsächlich gleich ein paar Aufgaben zu einem Text bekommen. Allerdings erhält man durch den Erläuterungstext wichtige Hinweise und auch nützliche Tipps. So kann man beim Lesen des Textes und beim Lösen der Aufgaben gezielter vorgehen. Ich glaube deshalb, dass die Erklärungen und Hinweise für uns Schülerinnen und Schüler doch sehr hilfreich sind.

Grafische Darstellungen beurteilen

Manchmal werden wichtige Textzusammenhänge auch in Form einer Grafik dargestellt. Du musst dann den Zusammenhang, der in der Grafik dargestellt ist, entweder erklären (Welcher Zusammenhang ist hier gemeint?) oder bewerten (Passt die Darstellung zum Text oder nicht?). Auf jeden Fall musst du dich bei deiner Antwort wieder auf den Text beziehen.

Beispiel

Bei der Vorbereitung auf die Prüfung hat ein Schüler versucht, die Erläuterungen zum Lösen von halboffenen Aufgaben in Form einer Grafik darzustellen.
Ist ihm die Darstellung gelungen? Entscheide dich. Begründe deine Meinung.

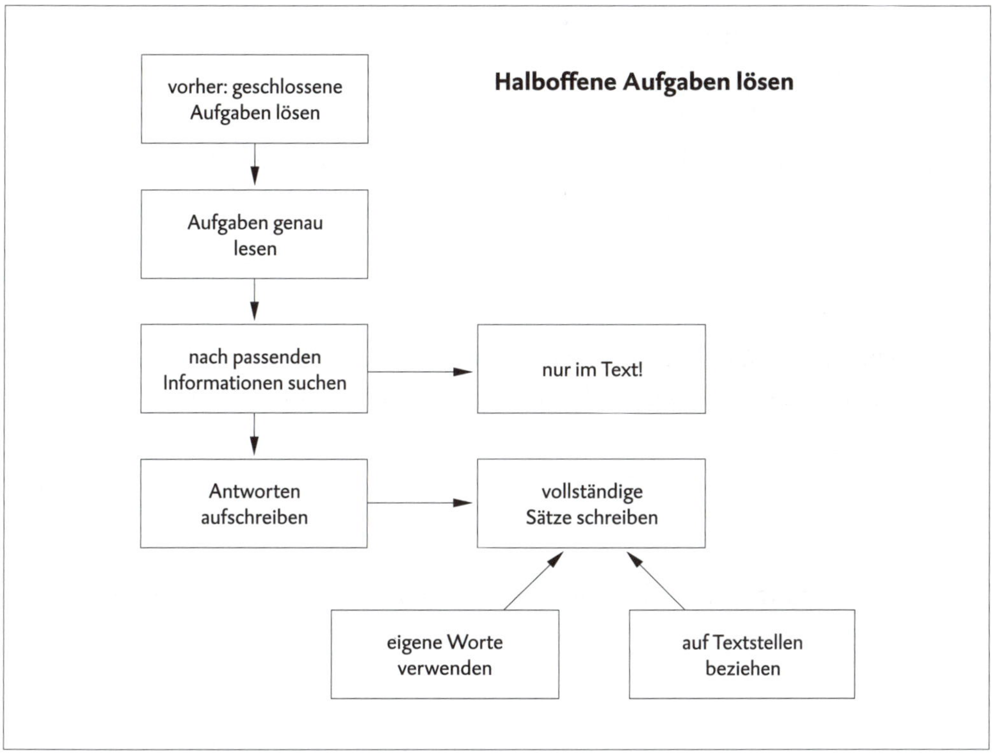

- [x] Ja, die Darstellung ist dem Schüler gelungen.
- [ ] Nein, die Darstellung ist dem Schüler nicht gelungen.

Begründung:
Der Schüler hat die entscheidenden Arbeitsschritte in der richtigen Reihenfolge übersichtlich dargestellt. Er hat sich dabei auf knappe Stichworte beschränkt. Worauf man bei den letzten beiden Arbeitsschritten achten sollte, steht jeweils daneben. So kann man sich leicht an dem Schema orientieren.

Auf einen Blick

Was du bei den verschiedenen halboffenen Aufgaben beachten solltest	
Textstellen deuten	Verwende für deine Deutung wirklich eigene Worte! Benutze möglichst keine Wörter, die du in der Textstelle findest. Ausnahme: Du kennzeichnest ein Wort als Zitat, um anschließend zu erklären, was es bedeutet.
Offene Fragen zum Text beantworten	Wenn in der Frage auf eine Textstelle Bezug genommen wird, solltest du noch einmal den Abschnitt lesen, in dem diese Textstelle enthalten ist. In der Regel findest du kurz vor oder nach dieser Textstelle Hinweise für deine Antwort.
Aussagen zum Text bewerten	Wenn du zu einem Leserkommentar Stellung nehmen sollst, geht es eigentlich immer darum, dass du sagst, was du von dieser Äußerung hältst: Stimmst du ihr zu – oder hältst du sie für falsch?
Grafische Darstellungen beurteilen	Oft sind beide Einschätzungen möglich: Die grafische Darstellung passt zum Text – oder sie passt nicht zum Text. Wichtig ist, dass du deine Meinung gut begründest.

Übung 3

Lies noch einmal den Text „O Sohle mio!“ (S. 9 f.) und bearbeite anschließend die Aufgaben.

1. Textstellen deuten
   a) Erkläre, von welchem *Dilemma* (Z. 21) im Text die Rede ist.

   b) Die erste Zwischenüberschrift lautet: „Harry Potter trägt Chucks – wie konnte das passieren?“ (Z. 49 f.) Erkläre, was damit gemeint ist.

   c) „Der Schuh soll nicht mehr zur Lebenseinstellung, sondern zur Handtasche passen.“ (Z. 29–31) Erkläre den Sinn dieser Textstelle.

   d) Was bedeutet die Überschrift „O Sohle mio!“.
   Hinweis: In der Überschrift sind zwei Bedeutungen versteckt.

2. Offene Fragen beantworten
   a) Wie kam es dazu, dass die Chucks ihren ersten richtigen Erfolg hatten?

   b) Warum meint der Verfasser, Chucks hätten einen Imageschaden erlitten?

   c) Warum hat die Firma Converse eine *Imagekampagne* (Z. 137 f.) gestartet?

3. Eine Aussage zum Text bewerten

Der Schüler Sven meinte nach der Lektüre des Textes „O Sohle mio!“: „Der Schulleiter, der freitags immer Chucks trägt, will sich bei seinen Schülern bloß anbiedern.“

Nimm Stellung zu dieser Aussage. Begründe deine Meinung anschließend. Beziehe dich auf den Text.

4. Eine grafische Darstellung beurteilen

Die Schülerin Dana hat versucht, die wesentlichen Textaussagen grafisch darzustellen. Ist ihr das gelungen? Entscheide dich. Begründe deine Meinung anschließend.

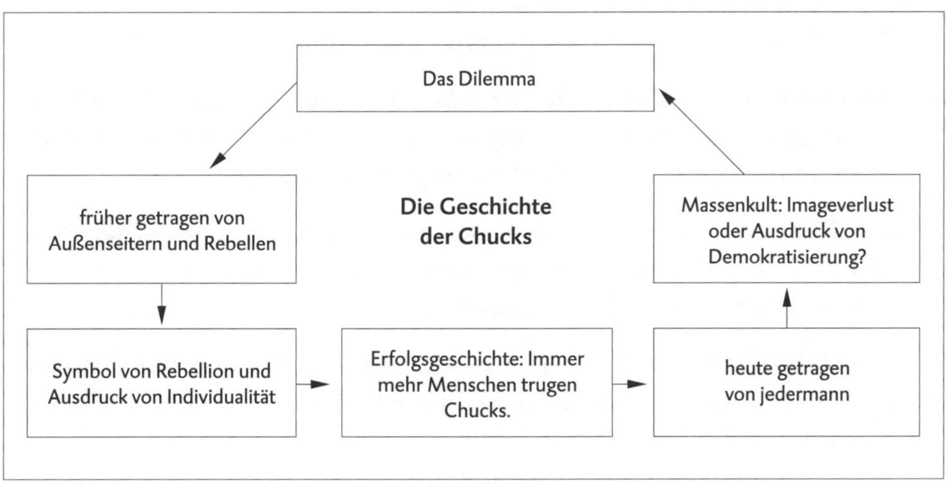

☐ Ja, die Darstellung ist der Schülerin gelungen.

☐ Nein, die Darstellung ist der Schülerin nicht gelungen.

Begründung:

3 Sachtexte verstehen

Sachtexte befassen sich mit Dingen, die es tatsächlich gibt (oder gab oder geben wird). Sie teilen vor allem **Fakten** mit. Das heißt aber nicht automatisch, dass Sachtexte immer wahr sein müssen. Schließlich kann sich der Verfasser auch einmal irren, z. B. weil seine Kenntnisse oder Beobachtungen nicht ausreichen.

3.1 Die Absicht des Verfassers erkennen

Es gibt verschiedene Arten von Sachtexten. Man unterscheidet sie vor allem danach, welche **Absicht** (Intention) der Verfasser verfolgt: Z. B. kann er den Leser mit seinem Text beeinflussen wollen, weil er möchte, dass dieser sich seiner Meinung anschließt. Es ist deshalb wichtig, dass du bei einem Sachtext erkennst, ob die Darstellung **neutral oder subjektiv** ist. Stelle dir beim Lesen die Frage: *Was will der Verfasser von mir?* Seine Absichten kann der Verfasser auch „verstecken". Er kann seine Meinung z. B. **indirekt** zum Ausdruck bringen, etwa durch die Wortwahl. Orientiere dich deshalb auch an der **Ausdrucksweise**.

Man unterscheidet Sachtexte nach der Absicht des Verfassers:

- **Informierende Texte:** Der Verfasser will über einen Sachverhalt **informieren**. Er teilt dem Leser Tatsachen mit.
  z. B. ein Bericht über ein Ereignis, ein wissenschaftlicher Aufsatz
- **Kommentierende Texte:** Der Verfasser will einen Sachverhalt **kommentieren**. Dann äußert er seine Meinung zu einem Ereignis oder einer Entwicklung.
  z. B. ein Kommentar zu einer Abstimmung im Bundestag
- **Appellierende Texte:** Der Verfasser will an den Leser **appellieren**. Er will ihn dazu bewegen, etwas Bestimmtes zu denken oder zu tun.
  z. B. Werbetexte, Reden über politische Programme
- **Instruierende Texte:** Der Verfasser will den Leser **instruieren**. Das bedeutet, dass er dem Leser Anweisungen erteilen will, die ihm helfen, eine bestimmte Handlung auszuführen.
  z. B. eine Bedienungsanleitung, Kochrezepte

Oft will der Verfasser den Leser mit seinem Text auch **unterhalten**. Dann will er erreichen, dass man beim Lesen auch Vergnügen empfindet. Allerdings ist die Unterhaltungsfunktion bei einem Sachtext immer zweitrangig.

Hinweis: Genaueres zu den Merkmalen von Zeitungstexten findest du auf S. 20.

Tipp

Wenn du bei einem Text bezüglich der Autorenintention unsicher bist, liegt das wahrscheinlich daran, dass der Verfasser **mehrere Absichten** verfolgt. Überlege dann, worum es ihm hauptsächlich geht. Frage dich z. B.: *Will der Verfasser in erster Linie erreichen, dass ich seine Meinung nachvollziehen kann?* Dann wäre es ein kommentierender Text. *Oder will er mich dazu veranlassen, seine Meinung zu übernehmen?* Dann wäre sein Text appellierend.

Übung 4

Lies die folgenden Textauszüge und bestimme jeweils die Absicht des Verfassers. Trage die passende Bezeichnung (appellierend, instruierend etc.) in die Tabelle ein.

Text A

TOYOTA

Highlights | Technische Daten | Preisliste | Ausstattung | Finanzangebote | Farben | Galerie

Mit der dritten Generation des Prius setzt Toyota die 1997 begonnene Erfolgsgeschichte alternativer Antriebe und nachhaltiger Mobilität erfolgreich fort. Der neue Prius überzeugt durch nochmals verbesserte Verbrauchswerte und eine Fülle zukunftsweisender Technologien. Darüber hinaus setzt er auch neue Akzente in den Bereichen Design und Fahrfreude. [...]

Quelle: http://www.toyota.de/cars/new_cars/prius/index.aspx?WT.mc_id=AdGroup_Modell_Prius&WT.adsite=Google&WT.srch=1

Text B

WELT ONLINE

Nachrichten | Debatte | Schönes Leben | Marktplatz | Ihre Suche

Kommentare | Kolumnen | Diskussionen | Die Welt in Worten

Bei aller Euphorie, die E-Mobile haben einige gravierende Nachteile. Sie taugen nicht für lange Strecken, sind zu teuer in der Anschaffung und nur so klimafreundlich wie der Strom, den sie fressen. Aber als Alternative zu den traditionellen Pkws haben die Elektroautos eine Chance verdient. [...]

Quelle: http://www.welt.de/debatte/kommentare/article7454678/Keine-uebertriebenen-Erwartungen-an-Elektroautos.html

Text C

CITROËN

Die Wahl der Gänge richtig zu gestalten, ist ein einfaches Mittel, um den Kraftstoffverbrauch zu optimieren. Auch wenn die Verkehrs- und Sicherheitsbedingungen manchmal zum Fahren mit höherer Drehzahl zwingen, besteht oft die Möglichkeit, die Drehzahl niedriger zu halten. Bei manuellem mechanischem Schaltgetriebe sollten Sie immer versuchen den höchstmöglichen Gang zu benutzen. [...]

Quelle: http://www.citroen.de/home/#/aktuelles/presse/c-zero-soll-modellpalette-von-db-fuhrpark-ergaenzen/

Text D

PORTEL.DE
Portal für den deutschen Telekommunikationsmarkt

NACHRICHTEN | WISSEN | ÜBER UNS

80 Prozent der Deutschen meinen, dass die hiesige Wirtschaft vom Trend hin zu Elektro-Mobilität (E-Mobility) und anderen Antriebstechniken profitieren wird. Nur zehn Prozent empfinden sie als Bedrohung. Das ergab eine breit angelegte, repräsentative Umfrage [...].

Quelle: Georg Stanossek; http://www.portel.de/nc/ nachricht/artikel/43898-bitkom-studie-70-der-deutschen-begruessen-e-auto-foerderung/12/

	Absicht des Verfassers
Text A	
Text B	
Text C	
Text D	

3.2 Textsorten unterscheiden

Bei vielen Sachtexten, die uns im Alltag begegnen, handelt es sich um Zeitungstexte. Sie informieren über wichtige Ereignisse, die kurz zuvor passiert sind, und veranlassen den Leser, sich zu den Geschehnissen eine eigene Meinung zu bilden. Es erleichtert dir das Verständnis, wenn du die **Merkmale** der einzelnen Textsorten kennst. Am häufigsten kommen diese Zeitungstexte vor:

Merkmale der verschiedenen Sachtextsorten

Bericht
Er informiert sachlich und neutral über wichtige aktuelle Ereignisse. Berichte sind in der Regel so aufgebaut: Zuerst werden die W-Fragen beantwortet: **Was** ist geschehen? **Wer** ist betroffen? **Wo** ist es geschehen? **Wann** ist es geschehen? Evtl. wird auch gleich am Anfang etwas über die Folgen gesagt. Erst danach folgen genauere Ausführungen zum Ablauf: **Wie** ist es geschehen? **Warum** ist es passiert? Berichte sind in der Regel im Präteritum verfasst.

Kommentar
Er ist eine Art Stellungnahme: Der Verfasser äußert darin seine Meinung über ein aktuelles Ereignis oder eine aktuelle Entwicklung. Seine Meinung kann positiv (befürwortend) oder negativ (kritisch) ausfallen; evtl. wirkt er auch ratlos. In der Regel beginnt der Verfasser damit, kurz auf das Ereignis Bezug zu nehmen, zu dem er sich kommentierend äußern will. Danach sagt er, was er davon hält. Kommentare sind überwiegend im Präsens verfasst. Die Darstellung ist sachlich, aber nicht neutral. (Der Verfasser vertritt ja eine bestimmte Meinung!)

Reportage
Sie informiert ausführlich, anschaulich und unterhaltsam über ein Thema. Der Einstieg erfolgt oft über eine „Nahaufnahme“; davon ausgehend wird Grundlegendes dargestellt (z. B. über eine bestimmte Situation). In einer Reportage gibt es sowohl konkrete Beispiele als auch allgemeine Informationen zu einem Sachverhalt. Reportagen sind in der Regel im Präsens verfasst, denn das wirkt anschaulich, so, als sei der Verfasser direkt vor Ort.

Interview
Es gibt den Ablauf eines Gesprächs in Form eines Dialogs wieder: Ein Vertreter der Zeitung stellt einer Person Fragen und diese antwortet darauf. Sowohl die Fragen als auch die Antworten werden abgedruckt. Das Interview lebt davon, dass die Äußerungen des Befragten spontan und echt wirken, umgangssprachliche Äußerungen werden daher nicht „geglättet“.

Glosse
Sie ist eine Art humorvoller Kommentar. Der Verfasser übt darin Kritik an einem Ereignis oder einer Entwicklung; das aber tut er auf äußerst lässige und witzige Art. Eine Glosse lebt von der ironischen Darstellung (vgl. zur Ironie: S. 55 f.). Häufig wird darin auch Umgangssprache verwendet. Glossen sind – wie Kommentare – meist im Präsens und (bei Vorzeitigkeit) im Perfekt verfasst.

Übung 5

Lies die folgenden Texte (S. 21–23) und bearbeite dann die Aufgaben.

Text A

Frankfurter Allgemeine ZEITUNG FÜR DEUTSCHLAND

Der Respekt-Ehre-Komplex

[…] Es gibt, ungefähr in der Mitte dieses Films, der die Biografie des Gangsta-Rappers Bushido als deutsches Aufsteigermärchen erzählt, eine Szene, in der Anis Ferchichi, also Bushido, […] am 11. September 2001 zusammen mit seiner Mutter […] vorm Fernseher steht und die Bilder des einstürzenden World Trade Center sieht. Die Kamera zeigt die Fernsehbilder, dann die fassungslosen Gesichter von Anis und seiner Mutter. Und weil in diesem Film, der seinen eigenen Bildern nicht vertrauen will, alles noch mal erklärt werden muss, sagt Bushidos Stimme aus dem Off: „Das war bei weitem das Krasseste, was ich je in meinem Leben gesehen hatte." Wer hätte das gedacht?

Für den im Film sich selbst spielenden Bushido ist das die Initiation[1]. Im Angesicht des Todes überfällt ihn der unbändige Wille zu leben, also legt er los und macht Musik. Darüber hinaus muss er noch ein Trauma bewältigen, sein betrunkener Vater schlug die Mutter, als er noch klein war, er hat Hass in seinem Herzen, den muss er loswerden. Ein harter Weg, für Bushido, den Sieger, aber ein leichtes Spiel, schließlich kennt er die Gesetze der Straße. Erstens: Immer einen auf dicke Hose machen.

Zweitens: Immer schön nach unten treten, aber nicht nach oben. Drittens: Respekt, alles andere ist nicht korrekt. Am Ende singt der „Kanake vorm Brandenburger Tor", Mama und Papa unter Tausenden im Publikum: „Alles wird gut". Und in einer der ersten Berliner Nachmittagsvorstellungen, in der „Zeiten ändern Dich" in dieser Woche zu sehen war, klatschen Hunderte von Zehn- bis Fünfzehnjährigen unter Trainingsjackenkapuzen Beifall. […]

Anmerkung: 1 *Initiation:* Schritt ins Erwachsen-Sein

Text B

„Ich bin ein Spießer" DER TAGESSPIEGEL

Bushido, fangen wir mal locker an. Du ziehst gerade um …

… nee, erst in ein paar Tagen. Ich habe mir im Frühling ein schönes Haus gekauft, 660 Quadratmeter, drei Stockwerke, in Lichterfelde West. Klingt ziemlich spießig, privat bin ich auch ein Spießer. Die Nachbarn müssen keine Angst haben, dass meine Beats das Viertel beschallen. Und Messer werden höchstens am Holzkohlegrill eingesetzt. Keine Panik also.

Der liebe, nette Nachbar.

Jeder denkt bei meinem Namen an Gewalt, Drogen, Sex, aber ich bin jetzt bald 29 Jahre alt, meine Freunde haben fast alle Familie. Wir leiden am Peter-Pan-Syndrom. Wir werden nie so richtig erwachsen und machen gern Blödsinn. Zu Hause aber möchte ich meine Ruhe haben, Hecken schneiden, Depeche Mode hören und Frikadellen brutzeln. Das ist wie bei Heinz Rühmann.

Bitte?

Ich habe neulich in der ARD ein Portrait über sein Leben gesehen und Parallelen entdeckt. Der wollte abseits der Bühne seine totale Ruhe, auf der Bühne hat er sein Programm abgezogen und eine Person gespielt, die er nicht ist.

Mit dem Unterschied, dass er nicht zu Gewalt aufrief [...].

Ich rufe nicht zu Gewalt auf.

Was ist das sonst, was du propagierst?

Als ich letztes Wochenende auf dem Anti-Gewalt-Konzert von „Bravo“ auf der Bühne stand, habe ich wie Heinz Rühmann eine Show abgezogen und mich gewisser Klischees als Werkzeug bedient. Ich gebe zu, dass ich ziemlich angespannt war und erst mal eine Wasserpfeife brauchte, weil ich vorher so viel Scheiße fressen musste. Ich bin leider Choleriker und lasse mich manchmal gehen. [...]

Quelle: http://www.tagesspiegel.de/weltspiegel/werbinich/ich-bin-ein-spiesser/1028410.html

Text C

NDR 1 Radio MV

Bushido muss für Klangklau berappen

Weil er Teile von Musikstücken einer französischen Gothic-Band ohne deren Erlaubnis in eigenen Produktionen benutzt hat, muss Deutsch-Rapper Bushido Schadenersatz zahlen. Das Landgericht Hamburg entschied, dass der 31-Jährige der Gruppe Dark Sanctuary mindestens 63 000 Euro schuldet, weil er sie als Urheber unterschlug. Darüber hinaus wird wohl noch eine weitere Zahlung fällig, sobald Bushidos Label *ersguterjunge* und seine frühere Plattenfirma *Universal Music Deutschland* die Verkaufszahlen der umstrittenen Tonträger offengelegt haben.

Die Tonfolgen aus Dark-Sanctuary-Songs sollen den Sprechgesang des Berliners leicht verändert als sich ständig wiederholende Tonschleifen, sogenannte Loops, untermalen. Die Richter sahen es als erwiesen an, dass die Segmente sich in 13 Bushido-Titeln wiedererkennen lassen. „Er schmückte sich mit fremden Federn“, heißt es in der Urteilsbegründung. Bei drei weiteren Songs sah das Gericht keine Copyright-Verletzung gegeben. Der Musiker selbst war bei dem Verkündungstermin am Dienstag nicht im Gerichtsaal.

Mit der Zahlung des Schadenersatzes sind die finanziellen Folgen für Bushido noch nicht ausgestanden. Denn das Gericht ordnete darüber hinaus an, dass elf CDs, auf denen die umstrittenen Melodien zu hören sind, darunter neben Bushido-Singles und -Alben auch Sampler wie „The Dome“ und „Bravo Hits“, aus dem Handel zurückgerufen und vernichtet werden müssen. Auch die GEMA[1]-Ausschüttungen stehen laut Urteil der Gothic

Band zu. Allein auf Bushidos Erfolgsalbum „Von der Skyline zum Bordstein zurück" erkannten die Franzosen bei acht Stücken ihre eigenen Lieder wieder. Rechtskräftig ist das Urteil hingegen noch nicht. Der Berliner kann vor dem Hamburger Oberlandesgericht in Berufung gehen.

Quelle: Norddeutscher Rundfunk

Anmerkung
1 *GEMA:* Gesellschaft für die Rechte von musikalischen Aufführungen und Vervielfältigungen; sie vertritt die Interessen der Musiker und zahlt ihnen Geld aus, wenn ihre Stücke in Umlauf gebracht werden, z. B. im Radio.

Text D

BR-online
Bayerischer Rundfunk

Bushido hat geklaut – So what?

1 […] Bushido hat also geklaut. Die deutsche Zeitung mit den großen Buchstaben ist empört, genauso wie kompetente Internet-Videoplattform-User – denn eines ist klar: Dieser Musiker ist kein Musiker, wenn er bei anderen Melodien stibitzt! „Skandal!" hallt es allerorten. […]

Für diejenigen, die sich in einem halbwegs pop-kulturellen Umfeld bewegen, gestaltet sich dieser „Skandal" weitaus harmloser – aber eines nach dem anderen: Ende 2008 gab es in Deutschland scheinbar endlich ein Grundsatz-Urteil in Sachen „Sampling": Die Pioniere der elektronischen Musik „Kraftwerk" verklagten 3p-Chef Moses Pelham, weil er für Sabrina Setlur einen ihrer Drum-Loops verwendet hatte, ohne vorher zu fragen. Der Bundesgerichtshof entschied damals, dass auch beim Einsatz von noch so kleinen Sound-Fetzen aus fremden Werken der betroffene Tonträger geschützt werden muss, und gab somit Kraftwerk zunächst Recht. […]

Man kann von Bushido halten, was man will. Was er abgesehen von Multimillionär, Kino-Held und Teenie-Star aber schon immer war und irgendwie auch immer noch ist: Hip-Hop-Künstler. Spätestens da sollte es bei einigen klingeln – HipHop und Sampling? Da war doch was? Exakt! Denn würde man das aktuelle Urteil einfach mal so auf sämtliche Rap-Releases der letzten 30 Jahre ummünzen, müssten mit Sicherheit über 80 % der Tonträger eingestampft werden. Was aber immer wieder auffällt, ist die verschiedene Herangehensweise, wie seit genau 30 Jahren versucht wird, mit diesem Phänomen umzugehen. Während zum Beispiel der Produzent Kanye West um die Jahrtausendwende, also am Anfang seiner Karriere, als so was wie der „Retter des Souls" in die Jetztzeit gefeiert wurde, wird Sampling in unseren Breitengraden noch immer nicht als Stilmittel im Pop begriffen. Da wird schnell plump und vereinfachend von Klau, Plagiat und Kopie gesprochen und geschrieben. Genauso gut könnte man aber auch Begriffe wie Referenz, Inspiration oder Ehrerbietung verwenden. Macht aber keiner. Vielleicht, weil es hier schlicht und ergreifend um das liebe Geld geht, oft genug um nicht gerade kleine Summen.

Der schnöde Mammon bringt daher so manchen Anwalt dazu, Tage und Nächte lang Rap im Ghettoblaster zu pumpen – Recherche für den nächsten Prozess? […]

Quelle: http://www.br-online.de/bayerisches-fernsehen/suedwild/kommentar-bushido-dark-sanctuary-ID1269441887354.xml

Aufgaben

a) Bestimme bei den einzelnen Texten die Textsorte.
b) Erkläre anschließend, an welchen Merkmalen du die Textsorte erkannt hast.
c) Belege deine Erklärungen jeweils anhand von je zwei Textstellen.

Trage deine Lösungen auf der nächsten Seite (S. 24) ein.

Text A

Textsorte: ______________________________

Merkmale: ______________________________

____

____

Textbelege: ______________________________

____

____

____

Text B

Textsorte: ______________________________

Merkmale: ______________________________

____

____

Textbelege: ______________________________

____

____

____

Text C

Textsorte: ______________________________

Merkmale: ______________________________

____

____

Textbelege: ______________________________

____

____

____

Text D

Textsorte: ______________________________

Merkmale: ______________________________

____

____

Textbelege: ______________________________

____

____

____

3.3 Nichtlineare Texte lesen: Tabellen und Diagramme

Eine besondere Art von Sachtexten sind **nichtlineare** Texte. Sie bestehen nicht aus vollständigen Sätzen, die lückenlos aufeinander folgen, sondern stellen wichtige Informationen verkürzt in einer Übersicht dar. (Texte, in denen die Sätze lückenlos aufeinander folgen, nennt man Fließtexte.) Man unterscheidet **zwei Arten** von nichtlinearen Texten: **Tabellen** und **Diagramme**.
Zahlenangaben spielen in nichtlinearen Texten eine große Rolle. Die wenigen Worte, die darin enthalten sind, sagen dem Leser vor allem, wie die Zahlenangaben zu verstehen sind. In der Regel werden diese Auskünfte erteilt:

- das **Thema** oder die **Fragestellung**, der nachgegangen wurde,
- die **Einheiten**, in denen die Zahlen angegeben sind (z. B.: in Tausend oder in Prozent),
- die **Herkunft** der Zahlen (z. B. aus einer Umfrage oder aus einer statistischen Erhebung),
- die **Bezugsgrößen** (z. B. der befragte Personenkreis, die Menge der Niederschläge innerhalb eines bestimmten Zeitraums o. Ä.),
- der **Zeitpunkt**, zu dem die Daten erhoben wurden (z. B. wann eine Umfrage oder Messung durchgeführt wurde), oder der Zeitraum, auf den sich die Zahlen beziehen,
- der **Herausgeber**; meist handelt es sich bei dem Herausgeber um eine Institution (z. B. eine Behörde oder ein Meinungsforschungsinstitut) oder eine Interessengemeinschaft,
- das **Datum der Veröffentlichung**.

Einige Auskünfte stehen außerhalb des eigentlichen nichtlinearen Textes, z. B. rechts unten. Man nennt diese Informationen die **Legende**.

Tipp

Interessant sind bei nichtlinearen Texten vor allem **Übereinstimmungen** und **Unterschiede**. Daraus lassen sich nämlich bestimmte Aussagen ableiten. Achte also insbesondere darauf, wo sich Zahlenangaben ähneln – und wo sie deutlich voneinander abweichen!
Zum Beispiel kann ein Sachverhalt auf die Mitglieder einer bestimmten Gruppe **besonders oft, durchschnittlich oft, vergleichsweise selten** oder **gar nicht** zutreffen.

Deine Aussagen über Tabellen und Diagramme kannst du beispielsweise so formulieren:

- *Es gibt mehr/weniger/genauso viele … als/wie …*
- *Es kommt öfter/genauso oft/seltener vor, dass …*
- *Je …, umso häufiger/seltener …*

Tabellen

In einer Tabelle sind die Informationen in Spalten und Zeilen angeordnet. Meist finden sich in der äußeren Spalte links und in der obersten Zeile Erläuterungen zu dem **Zahlenmaterial**, das in den übrigen Spalten und Zeilen abgebildet ist. In nichtlinearen Texten, also auch in Tabellen, werden die Daten **nur abgebildet**, aber nicht interpretiert. Es werden also **keine Gründe** dafür genannt, warum einige Zahlen höher ausfallen als andere.

Übung 6 Sieh dir die Tabelle genau an und löse anschließend die Aufgaben.

Generationenbarometer 2009

	Unterschiedliche Kindheitserfahrungen			
	16- bis 29-Jährige %	30- bis 44-Jährige %	45- bis 59-Jährige %	60-Jährige und Ältere %
Ich hatte eine glückliche Kindheit.	67	64	55	49
Ich habe von meinen Eltern viel Aufmerksamkeit bekommen.	61	56	39	34
Meine Eltern waren immer sehr liebevoll zu mir.	60	48	37	35
Meine Eltern haben respektiert, dass ich meine eigenen Bereiche hatte.	64	51	35	25
Meine Eltern haben mir viel geboten.	53	37	26	18
Meine Eltern haben meine Interessen stark gefördert.	51	36	25	20
Ich wurde als Kind von meinen Eltern oft gelobt.	49	41	24	19
Ich durfte schon als Kind vieles selbst entscheiden.	43	28	26	15

Basis: Bundesrepublik Deutschland, Bevölkerung ab 16 Jahre
Quelle: Allensbacher Archiv, IfD-Umfrage 5256, Februar/März 2009
http://www.ifd-allensbach.de/pdf/akt_gen_baro_2009.pdf

Aufgaben

1. Welche Auskünfte erhält man in der Tabelle? Beantworte die folgenden Fragen.
   a) Welcher Fragestellung wurde nachgegangen?

   ____

   b) In welchen Einheiten sind die Zahlen angegeben?

   ____

   c) Woher stammen die Zahlen?

   ____

   d) Wer wurde befragt? Nenne den Personenkreis.

   ____

   e) Wann wurden die Daten erhoben?

   ____

   f) Wer hat die Daten veröffentlicht?

   ____

2. Welche Aussagen lassen sich aus den Daten ableiten und welche nicht? Kreuze entsprechend an.

Aussagen	trifft zu	trifft nicht zu
a) Je jünger die Befragten sind, umso positiver blicken sie auf ihre Kindheit zurück.	☐	☐
b) Die heutigen Eltern interessieren sich mehr für ihre Kinder als die Eltern früher.	☐	☐
c) Die heutigen Jugendlichen zeigen gegenüber ihren Eltern mehr Dankbarkeit als die Erwachsenen.	☐	☐
d) Früher bekamen Kinder weniger Aufmerksamkeit von ihren Eltern als heute.	☐	☐

3. Welche Aussage lässt sich **nicht** aus der Tabelle ableiten? Kreuze sie an.
   - ☐ Die heutigen Jugendlichen und jungen Erwachsenen sind materiell verwöhnt.
   - ☐ Fast jeder zweite Erwachsene ab 60 Jahren sieht seine Kindheit im Rückblick als glücklich an.
   - ☐ Mehr als zwei Drittel der heutigen Jugendlichen und jungen Erwachsenen empfinden ihre Kindheit als glücklich.
   - ☐ Früher wurden die Kinder von ihren Eltern seltener gelobt als die Kinder heute.

4. Ordne die folgenden Aussagen den Altersgruppen der Befragten zu. Trage den passenden Buchstaben in die linke Spalte ein.

   Hinweis: Eine Aussage ist falsch. Entwerte sie mit /.

   A. 16- bis 29-Jährige C. 45- bis 59-Jährige
   B. 30- bis 44-Jährige D. 60-Jährige und Ältere

Buchstabe	Aussage
	Jeder Fünfte gab an, die Eltern hätten seine Interessen stark gefördert.
	Jeder Zehnte erinnerte sich daran, dass er als Kind vieles selbst entscheiden durfte.
	Fast zwei Drittel gaben an, ihre Eltern hätten respektiert, dass sie ihre eigenen Bereiche gehabt hätten.
	Gut jeder Vierte sagte, seine Eltern hätten ihm viel geboten.
	Knapp die Hälfte der Befragten hat seine Eltern immer als sehr liebevoll empfunden.

Diagramme

In einem Diagramm werden die Daten in Form einer **Grafik** dargestellt. Eine grafische Darstellung bietet sich immer dann an, wenn die Anzahl der Daten überschaubar, also nicht zu umfangreich ist. So kann man die wichtigsten Informationen auf einen Blick erfassen.

Am häufigsten kommen diese Diagramme vor:

- **Balkendiagramm:** Hier sind die Daten in Form von waagerechten Balken dargestellt. Je länger ein Balken ist, umso größer ist die Zahl. Wenn die in einem Balkendiagramm abgebildeten Zahlen in Prozent angegeben sind, müssen sie zusammengerechnet nicht unbedingt 100 Prozent ergeben. Die Gesamtzahl aller Daten kann die 100-Prozent-Marke z. B. dann überschreiten, wenn bei einer Umfrage Mehrfachnennungen möglich waren.
- **Säulendiagramm:** Diese Diagramme sind ähnlich wie Balkendiagramme. Der einzige Unterschied besteht darin, dass die Säulen vertikal ausgerichtet sind, also von unten nach oben.
- **Kreisdiagramm:** Ein Kreisdiagramm sieht aus wie eine Torte, die in unterschiedlich große Tortenstücke unterteilt ist. Darum nennt man es manchmal auch „Tortendiagramm". Die einzelnen Abschnitte eines Kreisdiagramms sind immer in Prozent angegeben; zusammengerechnet ergeben die Prozentzahlen aller „Tortenstücke" immer 100 Prozent.
- **Kurvendiagramm:** Die Daten werden mithilfe einer Linie abgebildet, die steigt und/oder fällt. Je größer die Zahl, umso höher verläuft die Linie. Kurvendiagramme zeigen häufig eine Entwicklung an, die über einen längeren Zeitraum zu beobachten war.

Übung 7

Sieh dir die Diagramme genau an und bearbeite dann die Aufgaben (S. 31).

a) Balkendiagramm

Generationen-Barometer 2009

Erziehungsziele

„Das haben mir meine Eltern mitgegeben“ (Bevölkerung insgesamt)

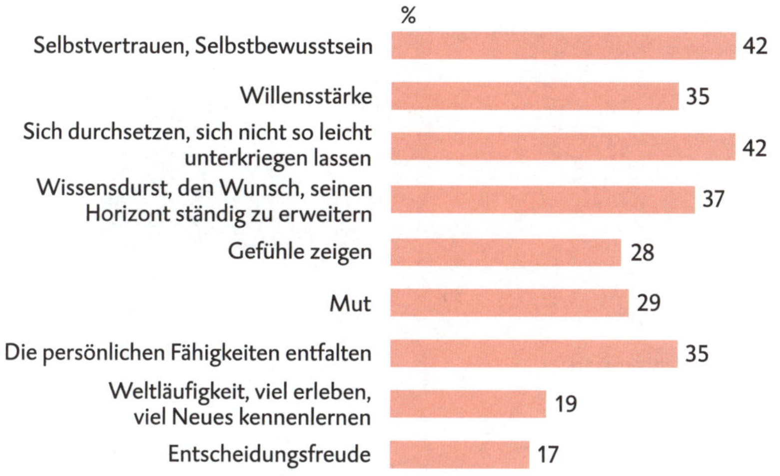

Basis: Bundesrepublik Deutschland, Bevölkerung ab 16 Jahre
Quelle: Allensbacher Archiv, IfD-Umfrage 5256, Februar/März 2009
http://www.ifd-allensbach.de/pdf/akt_gen_baro_2009.pdf © IfD-Allensbach

b) Säulendiagramm

Generationen-Barometer 2009

Die neuen Väter: Mehr Zeit für Kinder

Frage: „Finden Sie, Ihr Vater hat sich damals genug Zeit genommen, um mit Ihnen zu spielen und sich mit Ihnen zu unterhalten, oder hatte er nicht genug Zeit für Sie?“

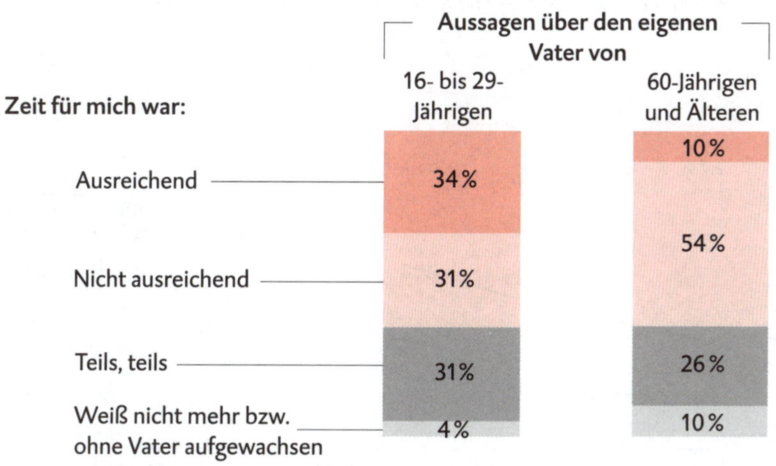

Basis: Bundesrepublik Deutschland, Bevölkerung ab 16 Jahre
Quelle: Allensbacher Archiv, IfD-Umfrage 5256, Februar/März 2009
http://www.ifd-allensbach.de/pdf/akt_gen_baro_2009.pdf © IfD-Allensbach

c) Kreisdiagramm

Generationen-Barometer 2009

Wandel der Eltern-Kind-Beziehung

Frage: „Wie stark unterscheidet sich Ihr Verhältnis zu Ihren Kindern davon, wie es früher zwischen Ihnen und Ihren Eltern war?"

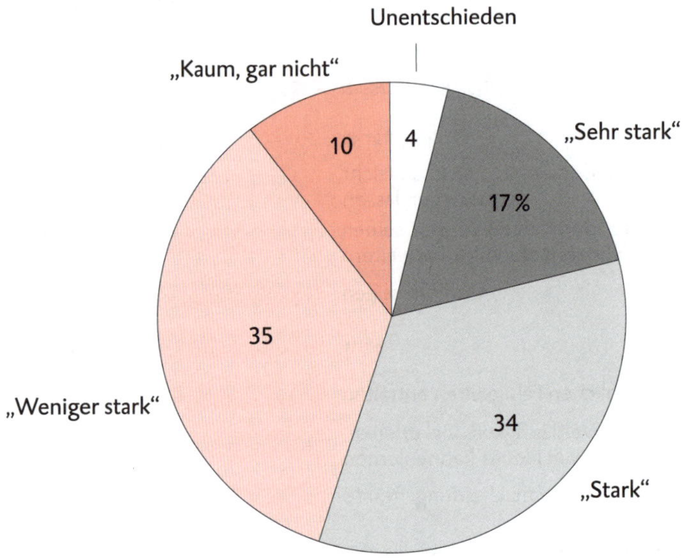

Basis: Bundesrepublik Deutschland, Eltern. Quelle: Allensbacher Archiv, IfD-Umfrage 5256, Februar/März 2009
http://www.ifd-allensbach.de/pdf/akt_gen_baro_2009.pdf *© IfD-Allensbach*

d) Kurvendiagramm

Generationen-Barometer 2009

Kommunikation statt körperlicher Gewalt

Erfahrene Reaktion der Eltern

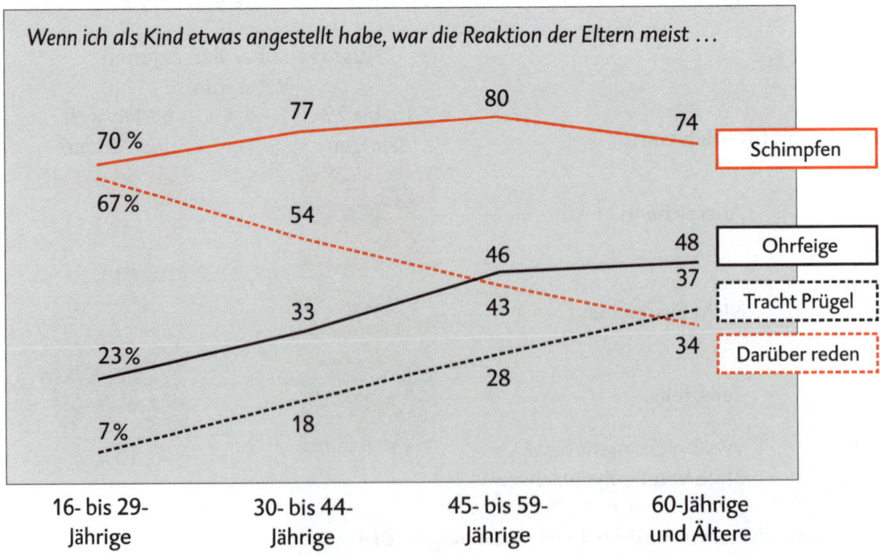

Basis: Bundesrepublik Deutschland, Bevölkerung ab 16 Jahre. Quelle: Allensbacher Archiv, IfD-Umfrage 5256, Februar/März 2009, http://www.ifd-allensbach.de/pdf/akt_gen_baro_2009.pdf *© IfD-Allensbach*

Aufgaben

1. Was haben Eltern ihren Kindern nach Auskunft der Befragten mitgegeben? Lege für die Aussagen der Befragten eine Rangfolge fest. Nummeriere sie.

Angaben	Selbstvertrauen	Willensstärke	Wissensdurst	Gefühle zeigen	Mut	Weltläufigkeit	Entscheidungsfreude
Nummer							

2. Fasse die Ergebnisse des Säulendiagramms mit einem Satz zusammen.

3. Wie beurteilen heutige Eltern die Beziehung zu ihren Kindern? Kreuze die Aussage an, die sich dem Kreisdiagramm **nicht** entnehmen lässt.
   - ☐ Die Mehrheit der Eltern meint, ihr Verhältnis zu den eigenen Kindern sei besser als das Verhältnis, das sie selbst als Kind zu ihren Eltern hatten.
   - ☐ Zehn Prozent der Eltern glauben, ihre Beziehung zu den eigenen Kindern unterscheide sich kaum oder gar nicht von der Beziehung, die sie als Kind zu ihren Eltern gehabt haben.
   - ☐ Nur eine Minderheit der heutigen Eltern glaubt, dass sich nach dem Generationenwechsel nichts an der Eltern-Kind-Beziehung geändert hat.
   - ☐ Die meisten Befragten konnten sicher sagen, ob ihr Verhältnis zu ihren Kindern anders ist als das Verhältnis, das sie selbst als Kind zu ihren Eltern hatten.

4. Wie erinnerten sich die Befragten an Konfliktsituationen im Elternhaus? Kreuze an, welche Aussagen sich aus dem Kurvendiagramm ableiten lassen und welche nicht.

Aussagen	trifft zu	trifft nicht zu
a) Je älter die Befragten waren, umso öfter gaben sie an, von ihren Eltern in der Kindheit geprügelt worden zu sein.	☐	☐
b) Heutzutage kommt es zwischen Eltern und Kindern seltener zu Konflikten als früher.	☐	☐
c) Wenn es zwischen Eltern und Kindern Probleme gibt, werden heute öfter Ohrfeigen gegeben.	☐	☐
d) In Konfliktfällen schimpfen die heutigen Eltern fast genauso oft wie die Eltern früher.	☐	☐

5. Erkläre, was mit dem Titel „Generationenbarometer“ gemeint ist.

4 Literarische Texte verstehen

Man unterscheidet drei Arten von literarischen Texten: **Prosatexte**, **Gedichte** und **Dramen**. (In der zentralen Prüfung spielen Dramen in der Regel keine Rolle.) Anders als Sachtexte beziehen sich literarische Texte nicht auf Tatsachen, sondern sie sind **fiktional**, also (vom Autor) erfunden. Du kannst zwar trotzdem davon ausgehen, dass der Verfasser sich beim Schreiben auch an der Wirklichkeit orientiert hat, aber seine Darstellung ist niemals wie ein Foto; sie ist eher wie eine Art Gemälde. Stets hat der Autor seine Inhalte auf eine besondere Weise gestaltet. Literarische Texte sind nämlich **Kunstwerke**.
Eine Besonderheit, die literarische Texte auszeichnet, sind die „versteckten Botschaften". Vieles steht „zwischen den Zeilen", sodass der Leser immer wieder auf **Lücken** stößt, die er **mithilfe seiner eigenen Gedanken schließen** muss. Erst wenn ihm das gelungen ist, hat er den Text verstanden.

Beispiel

Wenn es im Text heißt: „Susi hat mit Karim Schluss gemacht", dann bedeutet das zugleich: „Die beiden waren vorher ein Paar."

Tipp

Überlege bei literarischen Texten immer, ob sich hinter einer Formulierung noch eine **Zusatzbotschaft** verbirgt! Wenn es im Text heißt: *sonst immer*, bedeutet das zugleich: *diesmal nicht*. Wenn es heißt: *Es hat aufgehört zu regnen*, drückt das aus, dass es vorher geregnet haben muss.

Übung 8

Aufgaben

1. Suche im folgenden Text nach versteckten Zusatzbotschaften: Unterstreiche die Textstellen. Notiere rechts daneben, welche Zusatzbotschaft sich dahinter verbirgt.

2. Beantworte anschließend die Frage zum Text.

Johann Peter Hebel: Die Ohrfeige

Ein Büblein klagte seiner Mutter: „Der Vater hat mir eine Ohrfeige gegeben." Der Vater aber kam dazu und sagte: „Lügst du wieder? Willst du noch eine?"

Quelle: Johann Peter Hebel: Die Ohrfeige. In: Ders.: Die Kalendergeschichten. Deutscher Taschenbuch Verlag: München 2001, S. 676

Zusatzbotschaften:

____

____

____

____

____

Wer lügt? Stichworte genügen.

____

4.1 Prosatexte untersuchen

Prosatexte sind Texte, in denen **eine Geschichte erzählt** wird. Diese Geschichten können kurz oder lang sein. In der Regel sind Prosatexte im Präteritum verfasst. Der Leser soll sich nämlich vorstellen, es handle sich um eine Geschichte, die einmal passiert ist. Nur wenige Prosatexte stehen im Präsens. Das ist dann eine Besonderheit, die man beachten sollte.
In der Regel geht es in Prosatexten um Erlebnisse einer **Hauptfigur** (Fachbegriff: **Protagonist**). Der Begriff „Figur" drückt aus, dass es sich um eine ausgedachte Person handelt. Manchmal gibt es auch zwei Figuren, die gleichermaßen wichtig sind. Oft kommt es zu einem **Konflikt** zwischen dem Protagonisten und anderen Figuren. Die Handlung kann gut oder schlecht ausgehen. Es ist auch möglich, dass das Ende offen bleibt.

Tipp

Versuche nach dem Lesen eines Prosatextes als Erstes, diese fünf **W-Fragen** zu beantworten: *Wer? Was? Wann? Wo? Welche Folgen?* Auf diese Weise hast du die zugrunde liegende Situation und die Handlung im Wesentlichen erfasst.
Danach stellst du dir die **Wie-Frage**: *Wie ist es dazu gekommen?* Mit der Wie-Frage kannst du wichtige Einzelheiten erfassen und Erklärungen (z. B. Handlungsmotive) verstehen.

Übung 9

Lies den Text „Anekdote" von Heinrich von Kleist und bearbeite dann die Aufgaben.

Heinrich von Kleist: Anekdote

Zwei berühmte englische Boxer, der eine aus Portsmouth gebürtig, der andere aus Plymouth, die seit vielen Jahren von einander gehört hatten, ohne sich zu sehen, beschlossen, da sie in London zusammentrafen, zur Entscheidung der Frage, wem von ihnen der Siegerruhm gebühre, einen öffentlichen Wettkampf zu halten. Demnach stellten sich beide, im Angesicht des Volks, mit geballten Fäusten, im Garten einer Kneipe, gegeneinander; und als der Plymouther den Portsmouther, in wenig Augenblicken, dergestalt auf die Brust traf, dass er Blut spie, rief dieser, indem er sich den Mund abwischte: brav! – Als aber bald darauf, da sie sich wieder gestellt hatten, der Portsmouther den Plymouther, mit der Faust der geballten Rechten, dergestalt auf den Leib traf, dass dieser, indem er die Augen verkehrte, umfiel, rief der letztere: das ist auch nicht übel –! Worauf das Volk, das im Kreise herumstand, laut aufjauchzte, und, während der Plymouther, der an den Gedärmen verletzt worden war, tot weggetragen ward, dem Portsmouther den Siegsruhm zuerkannte. – Der Portsmouther soll aber auch tags darauf am Blutsturz gestorben sein.

Quelle: Heinrich von Kleist: Anekdote. In: Ders.: Sämtliche Werke. R. Löwith GmbH, Wiesbaden o. J., S. 941 f.

Aufgaben

1. Beantworte die folgenden W-Fragen in Stichworten.

   Wer? ______________________________

   Wo? ______________________________

   Was? ______________________________

   Wann? ______________________________

   Welche Folgen? ______________________________

2. Beantworte nun ausführlich die Wie-Frage: *Wie ist es dazu gekommen?*

   Hinweis: Du musst keinen zusammenhängenden Text schreiben. Es genügt, wenn du die einzelnen Handlungsschritte nacheinander aufzählst. Schreibe aber vollständige Sätze.

   ____

   ____

   ____

   ____

   ____

   ____

   ____

   ____

   ____

   ____

   ____

Arten von Prosatexten unterscheiden

Es gibt verschiedene Arten von Prosatexten. Sie unterscheiden sich nicht nur bezüglich ihres Umfangs, sondern auch bezüglich ihres Aufbaus und der Darstellung.

Die am häufigsten vorkommenden Prosatexte sind:

Merkmale der verschiedenen Prosatexte

Erzählungen

„Erzählung" ist die allgemeine Bezeichnung für Prosatexte von mittlerer Länge.

Anekdoten

Anekdoten sind kleine Prosatexte, die von einer ungewöhnlichen Begebenheit aus dem Leben einer Person erzählen und mit einer Pointe enden. Bei der Person kann es sich um einen Menschen handeln, der tatsächlich lebt oder gelebt hat. Die Darstellung erweckt den Eindruck, als würde der Erzähler seine Geschichte in einer geselligen Runde zum Besten geben.

Fabeln

Fabeln sind kurze Geschichten, in denen – direkt oder indirekt – eine Lehre erteilt wird. Meist sind die Hauptfiguren Tiere. Sie stehen jedoch für Menschen; das zeigt sich schon daran, dass sie sprechen können. Meist geht es um einen Konflikt zwischen einem Stärkeren und einem Schwächeren.

Kalendergeschichten

Kalendergeschichten sind kurze Prosatexte, die ursprünglich (im 17. und 18. Jahrhundert) auf Kalenderblättern abgedruckt waren und sich an die ungebildeten Schichten richteten. Sie handeln von merkwürdigen oder lustigen Ereignissen aus dem Alltagsleben der einfachen Leute. Oft vermitteln sie auch eine Lehre. Im 20. Jahrhundert wurde die Kalendergeschichte in moderner Form wiederbelebt.

Kurzgeschichten

Kurzgeschichten sind Erzählungen von geringem Umfang. Auffällig ist vor allem ihr Aufbau. Typisch sind die fehlende Einleitung und das offene Ende: Der Erzähler springt ins Geschehen hinein, und er verschweigt den Ausgang der Handlung. Die Hauptfiguren sind normale Menschen wie du und ich. Erzählt wird ein Ausschnitt aus ihrem Alltag. Auch die Sprache wirkt alltäglich; manchmal verwendet der Erzähler sogar Umgangssprache. Die Handlung strebt auf einen Höhepunkt zu, in der Regel auf einen Moment, in dem eine Person plötzlich eine neue Einsicht gewinnt.

Parabeln

Parabeln sind gleichnishafte Erzählungen. Die Handlung ist stark vereinfacht. Mit einer Parabel ist mehr gemeint, als es auf den ersten Blick den Anschein hat: Der Leser muss die Geschichte auf das Leben in der normalen Gesellschaft übertragen, um ihren Sinn zu verstehen.

Novellen

Novellen sind Erzählungen von mittlerer Länge, in deren Zentrum ein besonderes Ereignis steht oder – wie Goethe einmal gesagt hat – eine „unerhörte Begebenheit". Die Handlung wird meist chronologisch erzählt, also entsprechend ihrem Ablauf. Es gibt eine hinführende Einleitung, einen Höhepunkt und einen Schluss. Der Leser erfährt meist, wie das Geschehen ausgeht.

Schwänke

Schwänke handeln, ähnlich wie Kalendergeschichten, von Zusammentreffen einfacher Leute, die belustigend verlaufen. In der Regel gibt es eine Hauptfigur (z. B. Till Eulenspiegel), die auf witzige Art andere hereinlegt. Der Person, die das Nachsehen hat, wird damit eine Lehre erteilt.

Romane

Romane sind längere Erzählungen, die in der Regel in Buchform veröffentlicht werden. Die Handlung zieht sich meist über einen längeren Zeitraum hin. Deshalb kann der Leser verfolgen, welche Entwicklung die Hauptfigur durchmacht.

Hinweis: In der zentralen **Prüfung** wird dir meist eine **Kurzgeschichte** vorgelegt – oder ein Auszug aus einem **Roman**.

Tipp

> Wenn du die entscheidenden Merkmale der verschiedenen Textsorten kennst, kannst du von Anfang an gezielt auf sie achten. Das erleichtert dir das Verständnis. Du solltest aber wissen, dass **nicht** jeder Text **immer alle Merkmale** der entsprechenden Textsorte aufweist. Es kann auch ein Merkmal fehlen.

Übung 10

Ordne die genannten Merkmale den jeweiligen Textsorten zu. Trage die entsprechenden Buchstaben ein.

Hinweis: Einige Merkmale lassen sich mehr als einer Textsorte zuordnen.

A. Anekdote
B. Fabel
C. Kalendergeschichte
D. Kurzgeschichte
E. Novelle
F. Parabel
G. Roman
H. Schwank

Merkmal	Textsorte
Der Protagonist macht eine Entwicklung durch.	
Die Handlung strebt auf einen Höhepunkt (auch: Wendepunkt) zu.	
Diese Geschichten handeln oft davon, dass eine Person hereingelegt wird.	
Die Hauptfiguren sind ganz normale Alltagsmenschen.	
Die erzählte Handlung erstreckt sich über einen längeren Zeitraum.	
Im Zentrum steht oft eine ungewöhnliche Begebenheit aus dem Leben einer Person.	
Die Geschichte ist stark vereinfacht.	
Es handelt sich um einen Prosatext von geringem Umfang.	
Die Hauptfiguren sind oft Tiere, die sprechen können.	
Im Mittelpunkt steht ein ganz besonderes Ereignis.	
Es gibt keine Einleitung, und das Ende ist offen.	
Es gibt eine Einleitung und ein richtiges Ende; die Handlungsschritte werden chronologisch dargestellt.	
Man muss Parallelen zwischen der im Text dargestellten Handlung und der normalen Gesellschaft herstellen.	

Die Erzählperspektive bestimmen

Eine Handlung lässt sich aus unterschiedlichen Perspektiven erzählen. Grundsätzlich unterscheidet man zwei Erzählperspektiven: den **Ich-Erzähler** und den **Er-Erzähler**. Die Perspektive des Er-Erzählers lässt sich noch genauer bestimmen: entweder als **auktorialer** oder als **personaler Erzähler**. Die Erzählperspektive ist für das Verständnis eines Textes wichtig, weil sie anzeigt, welche Haltung der Erzähler zu der Handlung einnimmt, die er erzählt. Mit seiner Darstellung verrät er, ob er eher sachlich und nüchtern („cool") oder mitfühlend ist.

Die verschiedenen **Erzählperspektiven** haben folgende Merkmale:

- Ein **Ich-Erzähler** erzählt die Handlung aus der **Sicht des Protagonisten**. Das bedeutet: Protagonist und Erzähler sind identisch.

  Bisher glaubte ich, Mörder müsse man an ihren Händen erkennen, Massenmörder an ihren Augen.

  Quelle: Max von der Grün: Kinder sind immer Erben. In: Ders.: Etwas außerhalb der Legalität und andere Erzählungen. Darmstadt: Luchterhand 1980

- Ein **Er-Erzähler** erzählt die Handlung aus der **Sicht eines Beobachters**, der am Geschehen nicht beteiligt ist. Dieser kann dem Protagonisten sehr **nah** sein – er kann aber auch **distanziert** wirken, wie ein neutraler Berichterstatter.

  - Hat man den Eindruck, dass der Erzähler die Welt **mit den Augen des Protagonisten** sieht (oder mit denen einer anderen Figur aus dem Text), handelt es sich um einen **personalen Erzähler**.

    Er verdrückt sich in die Schulhofecke neben den Toiletten. Dort finden sie ihn nicht mit ihren blöden Fragen. Hast du den Science-Fiction-Film im Fernsehen gesehn? Warst du die Woche im Kino?

    Quelle: Fritz Deppert: Vielleicht auch ein Wunder. In: J. Pestum (Hrsg.): Ich singe gegen die Angst. Würzburg: Arena 1980

  - Erweckt die Darstellung den Eindruck, dass der Erzähler ein **unbeteiligter Beobachter** ist, so handelt es sich um einen **auktorialen Erzähler**.

    Das erste Trockendock in Toulon, das gegen Ende des 18. Jahrhunderts von einem Ingenieur namens Grognard erbaut wurde, verdankt seinen Ursprung einer merkwürdigen Begebenheit.

    Quelle: Stefan Andres: Die Verteidigung der Xantippe. Zwölf Geschichten. München: Piper 1960

Tipp

Du erkennst den auktorialen Erzähler nicht unbedingt daran, dass er allwissend ist und die Gedanken des Protagonisten kennt. Vergiss nicht: Auch der personale Erzähler kennt die Gedanken der Hauptfigur!
Entscheidend ist, dass der auktoriale Erzähler die Handlung völlig **gelassen** und **neutral** darstellt, als würde ihn das Geschehen überhaupt nicht berühren.
Der personale Erzähler dagegen fühlt sich **betroffen**: Er erweckt mit seiner Darstellung den Eindruck, dass er auf alles eine **persönliche Sicht** hat.

Übung 11

Lies die drei Textauszüge und bestimme die Erzählerperspektive.
Kreuze jeweils passend an.

Text A

Die Frau lehnte am Fenster und sah hinüber. Der Wind trieb in leichten Stößen vom Fluss herauf und brachte nichts Neues. Die Frau hatte den starren Blick neugieriger Leute, die unersättlich sind. Es hatte ihr noch niemand den Gefallen getan, vor ihrem Haus niedergefahren zu werden. Außerdem wohnte sie im vorletzten Stock, die Straße lag zu tief unten. Der Lärm rauschte nur mehr leicht herauf. Alles lag zu tief unten. [. . .]

Quelle: Ilse Aichinger: Das Fenster-Theater. In: Dies.: Der Gefesselte. Erzählungen. Frankfurt am Main: Fischer Verlag 1955

Text B

[. . .] Jenös Leute standen dicht zusammengedrängt auf einem Lastwagen. Es war nicht herauszubekommen, was man ihnen erzählt hatte, denn sie lachten und schwatzten, und als Jenö mich sah, steckte er zwei Finger in den Mund und pfiff und winkte rüber zu mir. Nur seine Großmutter und die übrigen Alten schwiegen; sie hatten die Lippen zusammengepresst und sahen starr vor sich hin. Die anderen wussten es nicht. Ich habe es damals auch nicht gewusst; ich war nur traurig, dass Jenö jetzt weg war. Denn Jenö war mein Freund.

Quelle: Wolfdietrich Schnurre: Jenö war mein Freund. In: Ders.: Als Vaters Bart noch rot war. Ein Roman in Geschichten. Frankfurt/Main, Berlin, Wien: Ullstein Verlag 1985. S. 152

Text C

Leute starrten nach oben. Sie warteten. Ihre Gesichter waren feindlich. Trotzdem fühlte er sich ihnen verpflichtet. Er musste springen, damit sie ihre Sensation bekamen. Er fühlte, dass er es nicht schaffen würde. Er war noch nicht so weit. Aber er musste beweisen, dass er ein Mann war. Lieber tot sein, als sich vor diesen Gesichtern blamieren. Nur noch ein paar Sekunden atmen, dachte er, mehr verlange ich gar nicht.

Quelle: Annette Rauert: Der Schritt zurück. In: Dies.: Geschichten zum Nachdenken. Chr. Kaiser Verlag 1977

Text A
- ☐ Ich-Erzähler
- ☐ Er-Erzähler
  - ☐ personaler Erzähler
  - ☐ auktorialer Erzähler

Text B
- ☐ Ich-Erzähler
- ☐ Er-Erzähler
  - ☐ personaler Erzähler
  - ☐ auktorialer Erzähler

Text C
- ☐ Ich-Erzähler
- ☐ Er-Erzähler
  - ☐ personaler Erzähler
  - ☐ auktorialer Erzähler

Lies den Prosatext „Marathon“ und bearbeite dann die Aufgaben.

Übung 12

Reinhold Ziegler: Marathon

Ob ich meinen Vater schon hasste, als ich auf die Welt kam, bezweifle ich. Ich vermute, ich fing damit erst an, als ich laufen lernen musste.

Ein Sohn, der nur krabbeln konnte, der sich später mühsam von einem Bein aufs andere fallend, durch die Welt hangelte, der schließlich gehen konnte, aber noch nicht lief, noch nicht federnd aus den Fußgelenken, noch nicht abrollend mit der ganzen Sohle, noch nicht locker aus den Hüften heraus, noch nicht exakt im Knie geführt, der eben ging, wie ein Kind geht – all das muss ihn ungeduldig geschmerzt haben in seinem großen Sportlerherz. Und diese Ungeduld ließ er mich damals schon spüren.

Mit fünf hatte er mich schließlich so weit. Ob wir morgens Brötchen holten, ob er mich zum Einkaufen in die Stadt mitnahm oder ob wir unseren abendlichen „Spaziergang“ mit unserem Hund Nurmi machten, immer liefen wir, joggten wir, würde man heute sagen, obwohl unser verbissenes Laufen bei Weitem nicht die Leichtigkeit und den Spaß des heutigen Joggens hatte.

[...] Wenn ich an meine Kindheit denke, sehe ich nur ein Bild vor mir: Es ist mein Vater, laufend, schräg rechts vor mir. Er blickt über seine linke Schulter zurück und ruft: „Auf, auf!“ Und wenn ich länger hineinhöre in dieses Bild, dann höre ich sein gleichmäßiges Atmen, höre seinen Rhythmus: Schritt, Schritt, ein – Schritt, Schritt, aus. Und ich höre mein eigenes Keuchen, spüre mein Herz stechen und spüre den Hass, der mich zurückhalten will und der mich doch immer hinter ihm hertreibt.

Und dann mein Vater, wie er zu anderen redete: „Der Junge hat Talent“, höre ich. „Aus dem wird mal was“, höre ich. „Das ist mein kleiner Sieger“, höre ich.

Wenn er zu mir redete, hörte ich nur: „Auf, auf!“

An meinem dreizehnten Geburtstag lief ich zum ersten Mal die fünftausend Meter. Es war ein Sportfest, und ich musste mit den Achtzehnjährigen starten, weil in meiner Altersklasse und den zweien darüber niemand sonst auf diese Distanz antrat. Meine Vereinskameraden standen am Rand der Bahn und feuerten mich an. Fast zehn Runden hielt ich mit den Großen mit, dann fiel ich ab. Vater wartete an Start und Ziel, bei jeder Runde schrie er mir sein „Auf, auf!“ ins linke Ohr, die letzte Runde lief er auf dem Rasen neben mir her. „Auf, auf, auf!“, schrie er, aber ich hörte nichts mehr, lief wie bewusstlos, Schritt, Schritt, ein – Schritt, Schritt, aus – bis mir irgendwer eine Decke überwarf und ich verstand, dass es vorbei war. Ich ließ mich auf die weiche, kühle Kunststoffbahn fallen, er hielt mich fest, zog mir die Haut neben der Nase hoch, damit ich besser Luft bekam.

„Gut gemacht, mein Läuferlein“, flüsterte er in mein Keuchen.

Und ich nahm diese Worte und schloss sie ein wie einen Edelstein, den man immer mal wieder ganz alleine hervorholt, um ihn zu betrachten.

„Gut gemacht, gut gemacht.“

Später standen wir beieinander, alle die, denen Laufen Spaß machen musste.

„Viel hat da nicht gefehlt“, hörte ich meinen Vater. „Nächstes Jahr packen wir den ganzen Tross.“

Ich ging weg, nahm mein „Gut gemacht“ heraus und sah es von allen Seiten an. Es hatte viele Facetten, das wusste ich nun. Ich wollte nicht an das nächste Jahr denken, aber natürlich tat ich es.

Und natürlich hatte Vater recht. Es war dasselbe Sportfest, ein Jahr später, als ich tatsächlich zum ersten Mal die fünftausend Meter gewann.

Von nun an war ich, wie die Zeitungen schrieben, abonniert auf Sieg, das große deutsche Talent, unsere Olympiahoffnung und vieles andere mehr, was mich vergessen ließ, wie sehr ich meinen Vater hasste, vielleicht auch, dass ich ihn überhaupt hasste.

Ich studierte in einer anderen Stadt. Sport natürlich, was sonst. Ich trainierte täglich zweimal, professionell, wie man mir sagte, obwohl es auch nicht viel mehr war als das „Auf, auf!" meines Vaters, nur besser organisiert, wissenschaftlicher verpackt und anonymer. [...] Dann verpasste ich die Qualifikation, wurde nicht zur deutschen olympischen Hoffnung. Knapp zwar nur, aber der Flieger ging ohne mich den fünf Ringen entgegen. [...]

Ich fing an, auf Marathon zu trainieren. Irgendjemand hatte meinen Laufstil analysiert und mir von der Bahn, von fünftausend und zehntausend weg hin zu Marathon geraten.

[...] Ich war gut im Marathon, aber meine Zeiten zeigten mir, für die Welt, die ganz große Welt, war ich auch hier nicht gut genug.

In dieser Zeit – es war kurz nachdem ich auch diese Qualifikation verpasst hatte – fuhr ich einmal nach Hause. Wie fremd saß ich dort an dem vertrauten Esstisch, trank Kaffee mit meinen Eltern wie früher und fand doch keine Worte, um das Versagen auszulöschen oder an die kleinen Siege meiner Vergangenheit anzuknüpfen.

Komm, lass uns laufen, sagte mein Vater, noch immer, ohne zu begreifen, wie sehr ich auch diesen Satz hasste.

Als wir die Schuhe aussuchten, fragte er: „Wie weit?"

„Marathon", sagte ich, ohne ihn anzusehen. Er war noch nie Marathon gelaufen, das wusste ich, und er war älter geworden.

Ich ließ ihn voranlaufen und merkte nach den ersten paar hundert Metern, dass er es zu schnell anging. Ich ließ mich zurückfallen, aber immer wieder kam sein Kopf über die linke Schulter zu mir: „Auf, auf!"

Nach nicht mal einem Viertel der Strecke begannen ihn die Kräfte zu verlassen. Wieder drehte er sich um: „Auf, sei nicht so faul!", rief er. „Führ du mal!"

Ich zog an ihm vorbei, hörte sein Atmen, viel zu hastig, viel zu ausgepumpt, viel zu verkrampft. [...] Ich wollte ihn umbringen, wollte ihn winseln hören, wollte seine Ausflüchte hören, sein „Ich habe es doch nur gut gemeint". [...]

Ich zog noch ein bisschen an und er ging das Tempo mit. Sein Kopf wurde allmählich rot und fing an zu pendeln, seine Füße rollten jetzt nicht mehr, sondern platschten auf den Boden wie bei einem Kind, das froh ist, überhaupt von der Stelle zu kommen. Ab und zu drehte ich mich um: „Auf, auf!", rief ich ihm über die Schulter zu.

[...] Keuchend und nach Luft ringend, lief er hinter mir her. Wir waren jetzt viel zu schnell, selbst ich würde dieses Tempo nicht bis zum Ende halten können, aber es würde ohnehin keinen Einlauf durchs große Marathontor geben, nicht heute und nie mehr. Dies war das letzte Rennen meines Lebens, und nichts und niemand konnte mich daran hindern, es für immer zu gewinnen.

Plötzlich taumelte er, wie zwei Kreisel liefen seine Arme neben ihm her. Ich blieb stehen, um ihn aufzufangen, aber er stolperte an mir vorbei, ließ sich ein paar Meter weiter in die Wiese fallen und übergab sich. Ich drehte ihn um, stützte ihm die Stirn, verschaffte ihm mehr Luft. Sag es, dachte ich. Sag dieses verdammte: „Ich wollte doch nur dein Bestes!"

Aber er konnte nicht mehr sprechen, würgte alles heraus, was in ihm war, schnappte nach Luft wie ein Kind im Heulkrampf.

Allmählich kam er zur Ruhe, sah mich an, sah mir von unten her lange in die Augen. „Hasst du mich so sehr?", fragte er.

Da war etwas wie erstauntes Entsetzen in seinen Augen. Aber ich schwieg, sah ihn nur an in all seiner Hilflosigkeit.

„Nein, nicht mehr", antwortete ich schließlich. „Nicht mehr, es ist vorbei, es ist gut."

Wir blieben lange sitzen, wortlos, aber zum ersten Mal in unserem Leben einig. Dann trabten wir zurück. Ganz ruhig, fast gelassen.

Nebeneinander.

Quelle: Reinhold Ziegler: Marathon. In: Ders.: Der Straßengeher. Weinheim/Basel: Beltz & Gelberg 2001. S. 82–87

Aufgaben

1. Welches Problem hat der Ich-Erzähler gehabt?
   Kreuze die passende Aussage an.

   ☐ Sein Vater hat ihn schon als Kind zum Laufen gezwungen.
   ☐ Er hat trotz seines harten Trainings als Sportler versagt.
   ☐ Er hat geglaubt die Erwartungen seines Vaters erfüllen zu müssen.
   ☐ Das Laufen ist für ihn immer nur eine Qual gewesen.

2. Welche Eigenschaften schreibt der Ich-Erzähler seinem Vater zu – und welche nicht? Kreuze entsprechend an.

Eigenschaften	trifft zu	trifft nicht zu
a) Ungeduld	☐	☐
b) Egoismus	☐	☐
c) Gleichgültigkeit	☐	☐
d) Ehrgeiz	☐	☐
e) Einfühlsamkeit	☐	☐

3. Was hat dem Ich-Erzähler in seiner Kindheit am meisten gefehlt?
   Kreuze die passende Aussage an.

   Am meisten gefehlt hat ihm …

   ☐ Anerkennung.
   ☐ Spaß.
   ☐ Zuversicht.
   ☐ Ehrgeiz.

4. Bringe die einzelnen Handlungsschritte in die richtige Reihenfolge. Nummeriere sie entsprechend.

Nummer	Handlung
	Der Ich-Erzähler wird als Olympia-Hoffnung gefeiert.
	Der Ich-Erzähler steigt auf Marathon um.
	Der Ich-Erzähler will mit dem Laufen aufhören.
	Der Ich-Erzähler nimmt zum ersten Mal an einem Fünftausendmeterlauf teil.
	Der Ich-Erzähler verpasst die Qualifikation für Olympia.
	Der Ich-Erzähler läuft mit seinem Vater Marathon.
	Der Vater nutzt jede Gelegenheit, um mit seinem Sohn zu laufen.
	Der Ich-Erzähler fängt an, Sport zu studieren.
	Bei einem Fünftausendmeterlauf kann sich der Ich-Erzähler nicht gegen seine Konkurrenten behaupten.
	Der Ich-Erzähler gewinnt einen Fünftausendmeterlauf.

5. Nenne das Gefühl, das den Ich-Erzähler bei dem Gedanken an seinen Vater immer beherrscht hat.

____

6. „[...] ich nahm diese Worte und schloss sie ein wie einen Edelstein, den man immer mal wieder ganz alleine hervorholt, um ihn zu betrachten.“ (Z. 73–76).
Welche Aussage lässt sich aus diesem Satz **nicht** ableiten? Kreuze sie an.

- ☐ Die Worte haben ihm gut getan.
- ☐ Der Ich-Erzähler hat sich gern an diese Worte erinnert.
- ☐ Er hat diese Worte schnell vergessen.
- ☐ Diese Worte waren ein Ansporn für ihn.

7. Wie sieht der Ich-Erzähler seine Konkurrenten in erster Linie?
Kreuze die passende Aussage an.

- ☐ Er hat Mitleid mit ihnen.
- ☐ Er beneidet sie.
- ☐ Sie geben ihm den nötigen Rückhalt.
- ☐ Sie sind ihm gleichgültig.

8. Der Ich-Erzähler verwendet mehrmals Modalverben in seinem Text. Füge die passenden Modalverben in die Lücken ein. Verwende das Präteritum. Wähle aus diesen Modalverben aus: *sollen – wollen – können – müssen*

Hinweis: Erläuterungen zur Grammatik von Verben, z. B. zum Tempus, findest du im Kapitel „Sprachwissen und Sprachbewusstsein" ab S. 122.

a) Ich ______________________ nur krabbeln.
b) Ich ______________________ laufen lernen.
c) Ein Gefühl des Hasses ______________________ mich zurückhalten.
d) Als Dreizehnjähriger ______________________ ich mit den Achtzehnjährigen am Fünftausendmeterlauf teilnehmen.
e) Das Laufen ______________________ uns Spaß machen.
f) Beim nächsten Fünftausendmeterlauf ______________________ ich wieder teilnehmen.
g) Ich ______________________ mich nicht für Olympia qualifizieren.
h) Ich ______________________ meinen Vater fertigmachen.

9. Warum fühlt sich der Ich-Erzähler zu Hause „fremd" (Z. 123)?
Kreuze die passende Aussage an.

☐ Seine Eltern haben sich verändert.
☐ Die Möbel sind umgestellt worden.
☐ Seine Eltern machen ihm Vorwürfe.
☐ Er findet keine Worte zu seinem Misserfolg.

10. „Er war noch nie Marathon gelaufen, das wusste ich, und er war älter geworden." (Z. 135–137)
Welche Vermutung verbirgt sich hinter diesen Gedanken?
Kreuze die passende Aussage an.

☐ „Diesmal wird er mich beim Laufen nicht dauernd anspornen."
☐ „Jetzt kann ich ihm endlich mal zeigen, wie gut ich bin."
☐ „Bestimmt wird Vater den Vorschlag zu einem Marathonlauf ablehnen."
☐ „Vater wird den Marathonlauf bestimmt nicht schaffen."

11. Welchen Fehler macht der Vater beim Marathonlauf?
Beantworte diese Frage mit einem vollständigen Satz.

____

____

____

12. Welches Ziel verfolgt der Ich-Erzähler, als er seinem Vater den Marathonlauf vorschlägt?
Kreuze an, welche der folgenden Aussagen zutreffen und welche nicht.

Aussagen	trifft zu	trifft nicht zu
a) Er will seinen Vater demütigen.	☐	☐
b) Sein Vater soll infolge der Anstrengung sterben.	☐	☐
c) Er will seinem Vater sein Können unter Beweis stellen.	☐	☐
d) Er will sich an seinem Vater rächen.	☐	☐

13. „Ich wollte doch nur dein Bestes!“ (Z. 182 f.) Warum möchte der Ich-Erzähler diese Worte von seinem Vater hören? Kreuze die passende Aussage an.

Mit diesen Worten soll ihm sein Vater zeigen, dass er …

☐ seine Fehler eingesehen hat.
☐ seine Erwartungen zurückschrauben wird.
☐ ihm seinen Misserfolg verzeiht.
☐ ihn immer sehr geliebt hat.

14. „Dies war das letzte Rennen meines Lebens, und nichts und niemand konnte mich daran hindern, es für immer zu gewinnen.“ (Z. 170–173)
Welche beiden Vorstellungen stecken in diesen Gedanken des Ich-Erzählers?

a) ______________________________

____

b) ______________________________

____

15. Erkläre den Sinn der Überschrift.

____

____

____

____

____

16. Erkläre, was der Ich-Erzähler mit dem letzten Wort („Nebeneinander“, Z. 202) zum Ausdruck bringt. Stelle einen Zusammenhang mit dem ganzen Text her.

____

____

____

____

____

4.2 Gedichte untersuchen

Gedichte sind besonders kunstvolle gestaltete Texte. Man erkennt sie gleich an ihrer **Form**: Die Zeilen sind verkürzt (**Verse**), und mehrere Verse sind jeweils zu Blöcken (**Strophen**) zusammengefasst. Gedichte sind oft nicht einfach zu verstehen. Darauf weist schon das Wort „Gedicht“ hin: Es handelt sich um ein besonders engmaschiges („dichtes“) Textgewebe. Der Dichter hat seine Aussagen so stark verdichtet, dass es einiger Mühe bedarf, den Sinn zu erfassen.

In der Prüfungssituation liegt der Vorteil eines Gedichts darin, dass es von der Länge her überschaubar ist. Wenn du die entscheidenden Merkmale kennst und den Text sorgfältig liest, kannst du davon ausgehen, dass du so leicht nichts Wichtiges übersiehst. Gerade beim Untersuchen von Gedichten kann man **planmäßig vorgehen**. Und wenn man die einzelnen Schritte kennt, kann man sich dem Verständnis des **tieferen Sinns** Stück für Stück nähern.

So gehst du am besten beim Lesen eines Gedichts vor:

Schritt für Schritt

Ein Gedicht untersuchen

Arbeitsschritt **1**	Überfliege den Gedichttext einmal. **Bestimme** danach das **Thema** zunächst ganz allgemein (*Frühling? Leben in der Stadt? Liebe? Krieg?*).
Arbeitsschritt **2**	Lies das Gedicht noch einmal genau und stelle dir folgende **Fragen zur Sprechsituation**: *Gibt es ein lyrisches Ich? Wird jemand direkt angesprochen (ein Du oder ein Ihr)? Welche Gedanken äußert der lyrische Sprecher?*
Arbeitsschritt **3**	Überlege, was das lyrische Ich oder den lyrischen Sprecher veranlasst, sich diese Gedanken zu machen. Bestimme seine **Situation**.
Arbeitsschritt **4**	Gehe **jede Strophe einzeln** durch. Lies jeden Satz für sich. Frage dich jeweils: *Welche Bedeutung hat diese Aussage in Bezug auf die Gedanken des lyrischen Sprechers?* Textstellen, die dir unklar sind, kennzeichnest du am Rand mit **?**.
Arbeitsschritt **5**	Denke darüber nach, wie die einzelnen **Aussagen zusammenhängen**. Frage dich z. B.: *Ist die Aussage als Grund zu verstehen? Oder als Bedingung?*
Arbeitsschritt **6**	Gelange zu einem **Ergebnis**. Präzisiere das Thema, das du anfangs nur allgemein bestimmt hast. Frage dich: *Was genau bringt der lyrische Sprecher zum Ausdruck: einen Wunsch? eine Klage? Kritik? einen Appell?*

Hinweis: Es geht hier zunächst um das Erfassen des **Sinns**. Hinweise zu **Form und Sprache** von Gedichten findest du auf den Seiten 48 bis 50.

Eine besondere Art von Gedicht ist die **Ballade**. Meist haben Gedichte einen lyrischen Sprecher, der seine Gedanken und Gefühle äußert. In Balladen dagegen wird eine **Geschichte** erzählt. Fast alle Balladen zeichnen sich außerdem dadurch aus, dass sie **wörtliche Rede** enthalten. So wirkt die Darstellung nicht nur anschaulich, sondern geradezu dramatisch.

Übung 13

Lies das Gedicht „Septemberliches Lied vom Storch“ von Günter Eich und bearbeite dann die Aufgaben.

Günter Eich: Septemberliches Lied vom Storch

Die Sonne brennt noch überm Luch[1],
vom Grummet[2] weht der Grasgeruch,
die Beere kocht im Brombeerschlag[3],
und lang noch steht die Sonn’ im Tag.

Er aber glaubt nicht mehr ans Jahr,
der auf dem First zu Hause war.
Nach Süden schwang sein Flügelschlag
und lang noch steht die Sonn’ im Tag.

Die Frösche quarren[4] doppelt hell,
die Maus zeigt unbesorgt ihr Fell.
Der ihnen auf der Lauer lag,
er schwang sich fort vor Tau und Tag.

Obgleich noch wie im Sommerwind
die Spinne ihre Fäden spinnt,
die Mücke tanzt im Weidenhag[5],
und lang noch steht die Sonn’ im Tag.

Quelle: Günter Eich: Septemberliches Lied vom Storch.
In: W. Höllerer: Ausgewählte Gedichte. Suhrkamp Verlag: Frankfurt am Main 1960

Anmerkungen
1 *Luch:* Wiesenfläche im Moor
2 *Grummet:* Heu
3 *Brombeerschlag:* eine Ecke im Garten, wo nur Brombeerbüsche wachsen
4 *quarren:* quaken
5 *Weidenhag:* Weidengebüsch

Aufgaben

1. Bestimme das Thema des Gedichts zunächst ganz allgemein. Stichworte genügen.

   ____

2. Wessen Sicht vermittelt der lyrische Sprecher? Kreuze die passende Aussage an.

   Er vermittelt die Sicht …

   ☐ des Storchs. ☐ eines nachdenklichen Beobachters.
   ☐ anderer Tiere. ☐ eines gleichgültigen Beobachters.

3. Was für eine Situation beschreibt der lyrische Sprecher? Formuliere zwei Aussagen, um die Besonderheiten der Situation zu benennen.

   ____

   ____

4. Fasse die Beobachtungen des lyrischen Sprechers knapp zusammen.
Gehe auf jede Strophe einzeln ein.

Strophe 1: ______________________________

____

____

Strophe 2: ______________________________

____

____

Strophe 3: ______________________________

____

____

Strophe 4: ______________________________

____

____

5. Worauf bezieht sich das Personalpronomen „er“ in Vers 5?
Stichworte genügen.

____

6. Die letzte Strophe beginnt mit der Konjunktion „obgleich“ (V. 13).
Worin besteht der Einwand, der damit zum Ausdruck kommt?
Formuliere zwei Sätze, um diese Frage zu beantworten. Verwende die gegebenen Satzanfänge.

Zwar ______________________________

____

Aber ______________________________

____

7. Der Titel des Gedichtes lautet: „Septemberliches Lied vom Storch“

a) Was ist mit dem Lied **„vom Storch“** gemeint?
Kreuze an. Begründe deine Einschätzung anschließend.

☐ Es ist ein Lied über den Storch.

☐ Es ist ein Lied des Storchs.

Begründung:

____

____

____

____

____

b) Erkläre, weshalb in der Überschrift von einem „Lied“ die Rede ist.

8. Formuliere ein Ergebnis. Schreibe auf, was die Beschreibung des lyrischen Sprechers zeigt.

Formmerkmale von Gedichten untersuchen

Jedes Gedicht besteht aus einer Gruppe von **Versen**, die zu **Strophen** zusammengefasst sind. Das ist das erste Formmerkmal, das dem Leser auffällt.

Reime erkennen

Beim Blick auf die Versenden stellt man oftmals fest, dass sich zwei (oder mehr) Verse **reimen**. Ein Reim entsteht durch den Gleichklang zweier Versenden. Es gibt auch sogenannte „unreine Reime“; bei ihnen klingen die Versenden nur ungefähr gleich.

Beispiel

Wilhelm Busch: Der Esel

Es stand vor eines Hauses **Tor**
Ein Esel mit gespitztem **Ohr**, } reiner Reim
Der käute sich sein Bündel **Heu**
Gedankenvoll und still ent**zwei**. } unreiner Reim

Tipp

Am besten bestimmst du das **Reimschema**, indem du jeden Reim mit einem Buchstaben kennzeichnest. Bei der Strophe aus Wilhelm Buschs Gedicht „Der Esel“ sieht das so aus: *aabb*.

Am häufigsten kommen diese Reimschemas vor:

- **Paarreim:** Es reimen sich zwei aufeinander folgende Verse; sie bilden durch den Reim ein „Paar“: aabb
  Sonne, Wonne, Mut, Glut
- **Kreuzreim:** Die Verse in einem Gedicht reimen sich über Kreuz: abab
  Reise, fragen, weise, sagen

- **umfassender/umarmender Reim:** Zwei sich reimende Verse werden eingerahmt („umarmt“) von zwei Versen, die sich ebenfalls reimen: abba
  Boot, schwimmen, stimmen, rot

Übung 14

Bestimme das Reimschema des Gedichts „Septemberliches Lied vom Storch“ von Günter Eich (S. 46). Stichworte genügen.

____

Das Versmaß bestimmen

Den meisten Gedichten liegt ein bestimmter Takt, das **Metrum**, zugrunde. Das Metrum ergibt sich durch eine regelmäßige Abfolge von betonten und unbetonten Silben. Betonte Silben nennt man auch **Hebungen**. Nicht immer zieht sich das zugrundeliegende Metrum durchgängig durch das ganze Gedicht. In einem solchen Fall musst du herausfinden, welches Versmaß – trotz einiger Abweichungen – die Grundlage bildet.

Tipp

Um das Metrum eines Gedichts zu bestimmen, solltest du den Text **laut lesen**. Achte beim Lesen darauf, welche Silben du betonst. Anschließend kennzeichnest du in jedem Vers die betonten und unbetonten Silben mit unterschiedlichen Zeichen, z. B. mit ´ für betont und mit ˘ für unbetont. So bekommst du einen guten Überblick über deren Reihenfolge.

Man unterscheidet bei den Metren **Zweier- und Dreiertakte**:

- **Jambus:** ein Zweiertakt, bei dem die erste Silbe unbetont ist und die zweite Silbe betont.
  Fĭgúr, Păpíer, Vĕrstéck
- **Trochäus:** ein Zweiertakt, bei dem die erste Silbe betont ist und die zweite Silbe unbetont.
  Sónnĕ, Blúmĕ, lésĕn
- **Daktylus:** ein Dreiertakt, der mit einer betonten Silbe beginnt und mit zwei unbetonten Silben aufhört.
  Kṓnĭgĭn, Héilĭgĕr, Eítĕlkeĭt
- **Anapäst:** ein Dreiertakt, der mit zwei unbetonten Silben beginnt und mit einer betonten Silbe aufhört. Der Anapäst taucht sehr selten auf!
  Zaŭbĕreí, Părădíes, Dĭămánt

Tipp

Am häufigsten kommt der **Jambus** vor. Es empfiehlt sich also, bei einem Gedicht als Erstes zu prüfen, ob das zugrunde liegende Metrum (wie meistens) ein Jambus ist.

Übung 15

Bestimme das Versmaß, das dem Gedicht „Septemberliches Lied vom Storch“ (S. 46) zugrundeliegt. Stichworte genügen.

____

Form und Inhalt zusammenführen

Auch bei einem Gedicht kommt es vor allem auf den **Sinn** an. Du solltest also nicht den Fehler machen, als Erstes das Reimschema und das Metrum zu bestimmen. Es genügt auch nicht, die Formmerkmale eines Gedichtes nur zu benennen. Du musst außerdem sagen, welche **Wirkung** davon ausgeht. Dabei geht es vor allem darum, ob die Form zum Inhalt passt oder nicht. Es gibt verschiedene Möglichkeiten:

Harmonie + Harmonie: Der Inhalt ist harmonisch, und die Form ist regelmäßig gestaltet.

Disharmonie + Disharmonie: Der Inhalt klingt verstörend und wirkt nicht harmonisch, und die Form weist keine oder nur wenige Regelmäßigkeiten auf.

} Inhalt und Form passen zusammen.

Disharmonie + Harmonie: Der Inhalt klingt verstörend und wirkt nicht harmonisch. Trotzdem ist die Form ganz regelmäßig gestaltet.

Harmonie + Disharmonie: Der Inhalt klingt harmonisch, die Form ist aber unregelmäßig gestaltet.

} Inhalt und Form passen nicht zusammen.

Tipp

Wenn Form und Sprache die Stimmung unterstreichen, die in einem Gedicht zum Ausdruck kommt, dann **passen** formale Darstellung und Inhalt **zusammen**. Das Gedicht strahlt dann einen **Gleichklang** aus: Entweder wirkt beides positiv (ruhig, fröhlich, feierlich …) – oder beides wirkt negativ (kühl, dunkel, trostlos, hart …).

Wenn Inhalt und Form **nicht zusammenpassen**, hat das einen **Grund**! Der Leser soll darauf aufmerksam werden und darüber nachdenken, warum es diese **Unstimmigkeiten** gibt. Frage dich in diesem Fall: *Warum passen Inhalt und Form nicht zusammen? Was besagt diese „Störung"?*

Übung 16

Bestimme den Zusammenhang zwischen Inhalt und Form des Gedichts „Septemberliches Lied vom Storch" (S. 46). Formuliere je einen Satz zum Inhalt und einen zur Form. Orientiere dich an der Übersicht oben.

Inhalt: ____

____

Form: ____

____

Moderne Gedichte verstehen

Moderne Gedichte haben oft kein Metrum. Stattdessen sind sie in **freien Rhythmen** verfasst. In der Regel gibt es auch kein Reimschema, man nennt sie dann **reimlos**. Trotzdem handelt es sich um Gedichte! Man kann nämlich sehen, dass sie aus Versen bestehen, weil die Zeilen verkürzt sind. Typisch für moderne Gedichte ist auch, dass sie oft besonders schwer zu entschlüsseln sind. Das liegt daran, dass die Verfasser häufig **mit der Sprache** und den verschiedenen Bedeutungen **spielen**. Deshalb ist es manchmal schwierig, das Thema zu bestimmen.

Tipp

Man findet am besten einen Zugang zu einem modernen Gedicht, wenn man nach **„Signalwörtern“** sucht. Du wirst im Text an einigen Stellen Wörter finden, die üblicherweise nur in einem ganz **bestimmten Zusammenhang** vorkommen. Sie verweisen auf das zentrale Thema.

Übung 17

Mathias Jeschke: Spiel zwischen Erde und Himmel

Im Augenwinkel der Sturz.
Schrill, scharf gellt der Pfiff.

Ich wende mich hin,
doch niemand gefoult am Boden.

Es war eine Schwalbe.
Ich stehe auf der Lichtung und öffne mich.

Die Vögel jubeln,
die Bäume schwenken ihr Fahnengrün.

Erneut ein schriller Pfiff.
Erwartung wächst.

Da trifft es mich:
Ich stehe am Punkt für den Freistoß.

Quelle: http://matthiaskehle.blogspot.com/search/label/Fu%C3%9Fball

Hinweis: Du findest Aufgaben zu Sprachbildern in diesem Gedicht auf S. 54.

Aufgaben

1. Das Gedicht „Spiel zwischen Erde und Himmel“ greift auf den Bildbereich Fußball zu. Schreibe alle Wörter heraus, die darauf hindeuten.

____

____

____

____

2. Bestimme die Rolle des lyrischen Sprechers im Bildbereich Fußball. Kreuze an.

   Der lyrische Sprecher ist …

   ☐ ein Fernsehmoderator.
   ☐ ein Fußballspieler.
   ☐ ein Zuschauer.
   ☐ der Torwart.

3. Nenne den zweiten thematischen Bereich, der im Gedicht angesprochen wird. Belege deine Antwort mit zwei Beispielen aus dem Text.

   Der zweite Themenbereich ist ______________________________.

   Beispiele: ______________________________

4. Das Wort „Schwalbe“ (V. 5) hat eine doppelte Bedeutung – entsprechend den zwei Themenbereichen aus dem Gedicht. Erkläre beide Bedeutungen.

   Erste Bedeutung: ______________________________

   ____

   Zweite Bedeutung: ______________________________

   ____

5. Weise nach, dass das Gedicht „Spiel zwischen Erde und Himmel“ in freien Rhythmen verfasst ist, indem du die Silben mit ´ (betont) oder ˘ (unbetont) kennzeichnest.

5 Die Darstellung beurteilen

Um einen Text gut zu verstehen, genügt es nicht, dass du nur auf die (oberflächlichen) Inhalte achtest; denn Inhalt und Darstellung (sprachliche Gestaltung) sind eng miteinander verwoben. Deshalb solltest du dir zu einem Text immer auch die Frage stellen: *Wie ist ein Sachverhalt oder ein Geschehen dargestellt?*
Schon die **Wortwahl** kann für den Sinn von Bedeutung sein und **neutrale**, **positive** oder **negative** Gefühle wecken (z. B. so: *Hund – vierbeiniger Freund – Köter*). Weitere wichtige Aspekte der Darstellung sind **Sprachbilder** und **Ironie**.

5.1 Sprachbilder erkennen

Häufig werden Wörter in einem Text anders verwendet als im normalen Sprachgebrauch. Das ist z. B. bei sprachlichen Bildern der Fall. Sprachliche Bilder kennst du aus dem Alltag, z. B. aus Redewendungen. Statt zu sagen „Du hast wohl schlechte Laune." könnte man sagen: „Dir ist wohl eine Laus über die Leber gelaufen."

Man unterscheidet verschiedene Arten von Sprachbildern:

- **Bildhafter Vergleich:** Eine Person oder eine Sache wird mit etwas verglichen, das aus einem ganz anderen Lebensbereich stammt. Bildhafte Vergleiche erkennst du daran, dass sie eine Art „Gelenkstelle" haben, z. B. „wie" oder „als ob".
  Sein Sohn war ihm wie aus dem Gesicht geschnitten.
  Es regnete so sehr, als ob der Weltuntergang bevorstünde.
- **Metapher:** Eine Metapher ist eine Art verkürzter Vergleich. Es gibt keine „Gelenkstelle", sondern der bildhafte Ausdruck wird direkt für eine Person oder für eine Sache verwendet.
  Das Leben ist eine Wüste.
  Der Dschungel der Großstadt erschreckte das Mädchen.
- **Personifikation:** Bei einer Personifikation wird von einer unbelebten Sache so gesprochen, als wäre sie lebendig.
  Der Orkan hat viel Spaß an seinem Tun.
- **Symbol:** Dieses Sprachbild bringt einen tieferen Sinn zum Ausdruck. Einige Symbole sind allgemein bekannt, z. B. das Herz als Symbol der Liebe. Es gibt auch Texte, die in ihrer Gesamtheit einen symbolischen Sinn haben.
  Bei Gedichten, in denen vom *Herbst* die Rede ist, steht die *Jahreszeit Herbst* oft symbolisch für eine *späte Lebensphase eines Menschen.*

Tipp

Entscheidend ist immer, wie ein sprachliches Bild auf den Leser wirkt: Ist es ein schönes Bild? Oder ist es eher düster? Es genügt nicht zu sagen, dass ein bestimmtes sprachliches Bild in einem Text vorkommt, du solltest auch immer sagen, welche **Wirkung** von diesem ausgeht.

Übung 18

Lies noch einmal das Gedicht „Spiel zwischen Erde und Himmel" von Mathias Jeschke (S. 51) und bearbeite dann die Aufgaben.

Aufgaben

1. Welche sprachlichen Bilder werden in dem Gedicht verwendet?
   Kreuze die passende Aussage an.

   In dem Gedicht gibt es …

   ☐ bildhafte Vergleiche. ☐ Personifikationen.

   ☐ Metaphern. ☐ Symbole.

2. Schreibe zu deiner Antwort aus Aufgabe 1 ein passendes Beispiel aus dem Gedicht heraus.

   ____

3. Äußere dich zur Stimmung, die durch die Sprachbilder zum Ausdruck kommt: Ist die Stimmung eher gut oder eher schlecht?
   Begründe deine Meinung anschließend.

   Die Sprachbilder erzeugen eine eher …

   ☐ gute Stimmung.

   ☐ schlechte Stimmung.

   Begründung: ______________________________

   ____

   ____

   ____

   ____

   ____

5.2 Ironie richtig deuten

Nicht immer meint ein Erzähler das, was er sagt. Manchmal ist eine Aussage auch ironisch zu verstehen. Ironie ist die „Kunst der Verstellung“. Sie dient dazu, **auf humorvolle Weise Kritik an etwas zu üben**. Der Erzähler stellt dann eine Handlung oder Verhaltensweise als positiv dar, die er in Wirklichkeit kritisieren will. Er drückt seine Kritik – zum Schein – als Lob oder Anerkennung aus. Bei einem schriftlichen Text ist es nicht leicht zu erkennen, ob eine Aussage ironisch gemeint ist. Man sieht den Erzähler ja nicht und hört ihn nicht sprechen. Wenn jemand dagegen mündlich eine ironische Aussage macht, merkst du das sofort: Seine Mimik und sein Tonfall passen dann nicht zu dem, was er sagt.

Du kennst ironische Aussagen auch aus dem Alltag. Wenn jemand zu einem Freund, der vollkommen übernächtigt aussieht, sagt: „Du siehst ja heute gut aus!“, dann meint er das ganz anders. In Wirklichkeit meint er nämlich: „Oje, was ist denn mit dir los? Hast du schlecht geschlafen?“

Tipp

In einem schriftlich vorliegenden Text erkennst du eine ironisch zu verstehende Aussage daran, dass sie „irgendwie nicht passt“. Sie passt entweder nicht zu anderen Textaussagen oder nicht zu deinen Erfahrungen. Du weißt in diesem Fall, dass viele Menschen deine Meinung, dass die Darstellung **unpassend oder widersprüchlich** wirkt, teilen würden.

Übung 19

Lies die Kurzgeschichte „Die Kampagne“ von Peter Maiwald und bearbeite anschließend die Aufgaben.

Peter Maiwald: Die Kampagne

Das ganze Unglück – die Verwirrtheit in den Köpfen! – erklärte unser Stadtschreiber, der es wissen mußte, kommt von den Worten. Ohne Worte kämen die Leute nicht auf dumme Gedanken, und die Irrtümer hätten keine Chance, sich auszudrücken. Die Geschwätzigkeit nähme ebenso ab wie die zahllosen Mißverständnisse, denen wir mit Worten ausgesetzt sind. Der Ärger mit den Schwerhörigen verringerte sich, und die Hörigkeit in der Liebe verlöre an Unglück. Auf Eide, Treueschwüre, Reden und Zeitungen könnte verzichtet werden, in einem Wort: Die Vorteile der Wortlosigkeit sind offensichtlich. So begann die Kampagne: Raus mit der Sprache!

Wir entfernten alle Schilder, Plakate und Inschriften aus unseren Städten und verbrannten alle Bibliotheken. Die Radios spielten wortlos Musik, und im Fernsehen regierte der Stummfilm. Wir waren sprachlos, aber unendlich erleichtert. Niemand konnte uns mehr etwas vormachen. Keiner konnte uns mehr belügen. Niemand konnte uns mehr überreden, und keiner konnte uns mehr etwas in den Mund legen. Allen Wortverdrehern und Redewendungen war endlich das Handwerk gelegt.

Nun, da wir uns nichts mehr zu sagen haben, leben wir friedlich und zufrieden. Wir nehmen alles so hin, wie es ist. In Zweifelsfällen werden wir handgreiflich. Die Liebenden berühren sich und kommen ohne die bekannten mißverständlichen drei Worte aus. Und vor allem: Seit wir sprachlos sind, kann uns nichts mehr erschrecken. Was sollte uns, die wir keine mehr haben, noch die Sprache verschlagen?

Quelle: Peter Maiwald: Die Kampagne. In: Ders.: Das Gutenbergsche Völkchen. Fischer Verlag: Frankfurt am Main 1990. S. 29 (Die Schreibweise entspricht den Regeln der alten Rechtschreibung.)

Aufgaben

1. Nenne drei Probleme, die laut Text durch die Verwendung von Sprache entstehen können. Stichworte genügen.

____

____

2. Suche nach zwei Textstellen, in denen etwas Negatives zum Schein als positiv dargestellt wird. Schreibe sie heraus.
   Erkläre dann, warum diese Aussagen nur ironisch gemeint sein können.

   Erste Textstelle: ____________________

   ____

   Erklärung der Ironie: ____________________

   ____

   ____

   ____

   ____

   Zweite Textstelle: ____________________

   ____

   Erklärung der Ironie: ____________________

   ____

   ____

   ____

   ____

Auf einen Blick

Wie du Besonderheiten der Darstellung erkennst
Frage dich, ob es im Text **Wörter** gibt, die bestimmte Vorstellungen wecken: positiv, sachlich-neutral oder eher negativ?
Halte Ausschau nach **sprachlichen Bildern**. Überlege, welche Wirkung von ihnen ausgeht: eher angenehm oder unangenehm?.
Überlege, ob alle Aussagen in sich **stimmig** sind oder ob es – oberflächlich gesehen – Unstimmigkeiten gibt, die auf **Ironie** hinweisen.
Achte auf den Fluss der Sprache. Wirken die **Sätze** vom Klang her ruhig und harmonisch oder unterkühlt oder gar verstörend?
Stelle einen **Zusammenhang** zwischen der Darstellung und dem Inhalt her: Passt die Sprache zum **Inhalt** oder wirkt sie eher unpassend?

Schreibkompetenz

Was muss man können? Was wird geprüft?

Beim Schreiben eines Textes musst du zeigen, dass du einen Sachverhalt **angemessen, klar** und **verständlich** ausdrücken kannst. Ein gelungener Text überzeugt sowohl **inhaltlich** als auch **sprachlich**. Das leuchtet unmittelbar ein: Wer nichts Vernünftiges zu sagen hat, der kann den Leser selbst dann nicht überzeugen, wenn er sich wunderbar ausdrückt. Und wer hervorragende Ideen hat, aber nicht in der Lage ist, seine Gedanken verständlich (und möglichst auch interessant) zum Ausdruck zu bringen, der wird beim Leser bestenfalls ein Stirnrunzeln hervorrufen.

In der Prüfung musst du zeigen, dass du Folgendes leisten kannst:

- Du hast etwas zu sagen, d. h., du verfügst über ausreichende **Kenntnisse** zu dem **Thema**, um das es geht.
- Du kannst die **wesentlichen Gedanken** zum Thema **auswählen**. (Nicht alles ist gleichermaßen bedeutsam!)
- Du kannst deine Gedanken in eine sinnvolle **Reihenfolge** bringen.
- Du kennst die Merkmale der jeweiligen **Textsorte** (z. B. einer Inhaltsangabe, eines Berichts, eines Tagebucheintrags, …) und berücksichtigst sie.
- Du kannst dich in den möglichen **Leser** hineinversetzen. Dein Text sollte nämlich den Wissensstand des Lesers berücksichtigen. (Was weiß er über das Thema? Was weiß er noch nicht?) Außerdem sollte er in einer Sprache verfasst sein, die zu ihm passt.
- Du kannst dich in den **Schreiber** hineinversetzen. Wenn du einen Text aus der Perspektive einer anderen Person in einer bestimmten Situation schreiben sollst, muss dein Text schließlich glaubwürdig wirken. Und glaubwürdig kann er nur dann sein, wenn die Darstellung sowohl inhaltlich als auch sprachlich zum Verfasser passt.
- Dass du dich darüber hinaus **korrekt ausdrückst**, (möglichst) alle Wörter richtig schreibst und deine Aussagen durch eine passende Zeichensetzung klar strukturierst, versteht sich von selbst.

Beispiel

Anfang eines Briefes an die Schulleiterin (hier ohne Briefkopf):

Falsch

Hallo Frau Müller,
wir Schüler finden es total bescheuert, dass Sie was gegen die Einrichtung einer Cafeteria haben. [. . .]

- Anrede passt nicht zu einem Brief an die Schulleiterin
- Darstellung unhöflich, Umgangssprache in einem Brief an die Schulleiterin unpassend („total bescheuert", „was")

Richtig

Sehr geehrte Frau Müller,
die Schüler sind über Ihre ablehnende Haltung bezüglich der Cafeteria sehr enttäuscht. [. . .]

- Anrede passt zu einem Brief an die Schulleiterin
- Darstellung höflich, Verwendung von Standardsprache (Schriftsprache)

Tipp

Orientiere dich beim Schreiben deines Textes an dieser Schemazeichnung:

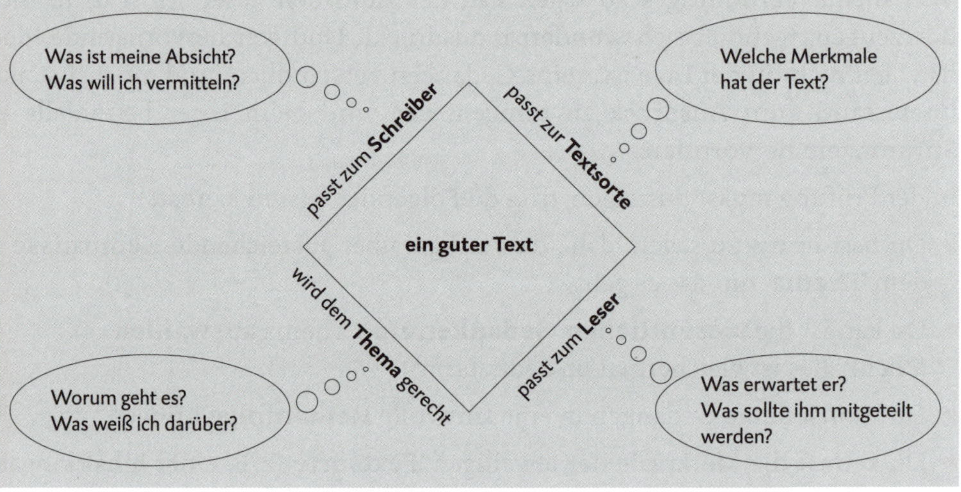

Übung 20

Du hast gehört, dass dein Freund seit gestern mit Grippe im Bett liegt. Du beschließt, ihm einen Brief oder eine E-Mail zu schreiben, um ihm zu zeigen, dass du an ihn denkst und ihm gute Besserung wünschst.
Schreibe den Anfang dieses Briefes (zwei bis drei Sätze).

Hinweis: Du kannst den Brief auch an eine Freundin richten. Wähle einen passenden Vornamen. Bedenke, dass die Darstellung (Anrede des Empfängers, Sprache des Briefes) sowohl zum Schreiber als auch zum Empfänger (sowie natürlich zum Thema und zur Textsorte) passen sollte.

6 Den Schreibprozess steuern

Wenn du einen Text erstellst, solltest du vermeiden einfach drauflos zu schreiben! Vor dem Schreiben kommt das Planen: Durchdenke die Schreibaufgabe gründlich und bereite dich sorgfältig vor. Was du in die Vorbereitung investierst, sparst du anschließend beim Schreiben. Außerdem verhilft dir eine gute Planung dazu, deinen Text auch ansprechend zu gestalten. Du wirst dann nur selten etwas durchstreichen müssen, und auch Ergänzungen und Fußnoten erübrigen sich meist. Das macht einen guten Eindruck!

Vorbereiten

Erstelle als Erstes einen **Schreibplan**. Gehe dabei so vor:

Schritt für Schritt

Das Schreiben vorbereiten

Arbeitsschritt **1** Lies die Aufgabe genau durch und überlege, was von dir verlangt wird. Stelle dir folgende Fragen und **notiere** dazu **in Stichworten** die Antworten:

- Wie lautet das **Thema**?
- Welche **Art von Text** sollst du schreiben: einen persönlichen Brief, einen Tagebucheintrag, eine Stellungnahme, …?
- Wer soll der **Schreiber** sein? Welches **Ziel** verfolgt er?
- Wer soll der **Leser** sein? Welche **Erwartungen** hat er an den Text?

Arbeitsschritt **2** **Sammle Ideen** zum Thema. Berücksichtige dabei auch deine Überlegungen zu Arbeitsschritt 1. Halte alles, was dir in den Sinn kommt, stichwortartig fest. Am besten notierst du es in Form einer Tabelle, eines Clusters oder einer Mindmap.

Arbeitsschritt **3** Ordne deine Ideen. Bringe sie in eine **sinnvolle Reihenfolge**. Du kannst deine Stichworte z. B. nummerieren. Das ist dein **Schreibplan**.

Arbeitsschritt **4** Überlege, wie dein Text **anfangen** soll. Versuche den Leser geschickt zum eigentlichen Thema hinzuführen. Halte deine Ideen wieder stichwortartig fest.

Arbeitsschritt **5** Überlege, wie dein Text **enden** soll. Du kannst nicht einfach nach dem letzten Stichpunkt aufhören. Frage dich, wie du deine Ausführungen überzeugend abrundest.

Übung 21

Du bist Schulsprecher einer Schule und möchtest erreichen, dass in eurer Schule eine Cafeteria eingerichtet wird; Schüler und Eltern sollen sie in eigener Regie betreiben. Von deinen Mitschülern bekommst du viel Zuspruch für deine Idee. In deiner Rolle als Schulsprecher wendest du dich nun an die Schulleiterin, um sie davon zu überzeugen, dass es richtig wäre, die Idee von der Cafeteria umzusetzen. In dem Gespräch, das du mit ihr führst, äußert sie aber große Bedenken gegen das Vorhaben, und am Ende lehnt sie deinen Vorschlag ab. Nach Rücksprache mit Mitschülern willst du noch einmal einen Versuch unternehmen, um sie doch noch von der Idee zu überzeugen.
Du schreibst ihr einen Brief, in dem du alle Argumente ausführst, die dafür sprechen, dass an eurer Schule eine Cafeteria eingerichtet wird. Zugleich greifst du einige Bedenken der Schulleiterin auf und versuchst, sie zu entkräften.

Aufgaben

Beantworte zu dieser Schreibaufgabe die folgenden Fragen.

a) Um welches Thema geht es?

____

b) Wer ist der Verfasser des Textes?

____

c) Was will der Verfasser erreichen?

____

d) An wen richtet sich der Text?

____

e) Was weißt du über den Empfänger?

____

Beispiel

Ein angefangener Schreibplan zu dieser Aufgabe könnte wie eines der drei folgenden Beispiele aussehen. Der Schreibplan wurde einmal als Tabelle, einmal als Cluster und einmal als Mindmap gestaltet.

Tabelle

Vorteile	**Mögliche Einwände**
• Bessere Konzentration der Schüler nach Frühstück	• Mensa vorhanden!
• Schüler lernen Verantwortung tragen	• Zeitproblem
• Geldeinnahme für die Schule	• Organisation schwierig
• …	• …

Cluster

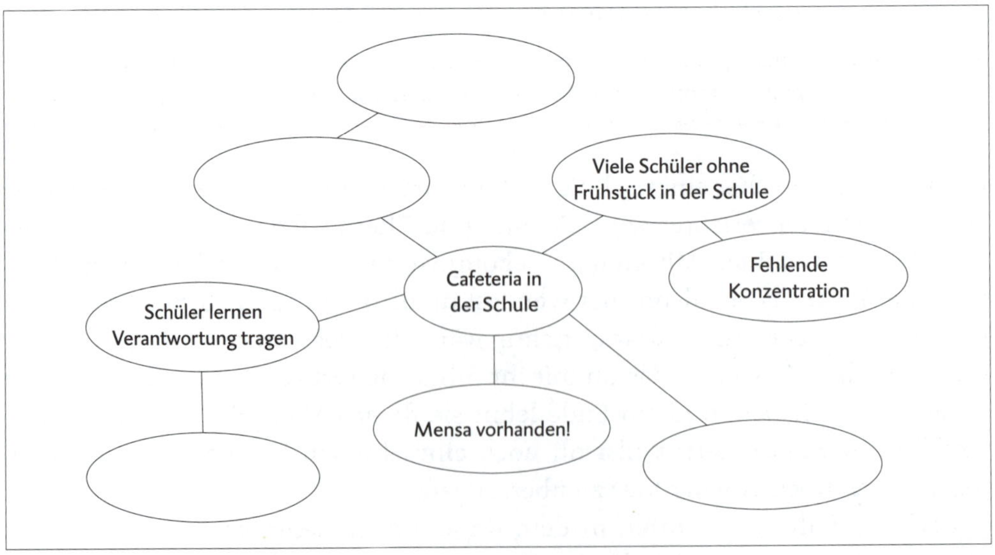

Mindmap

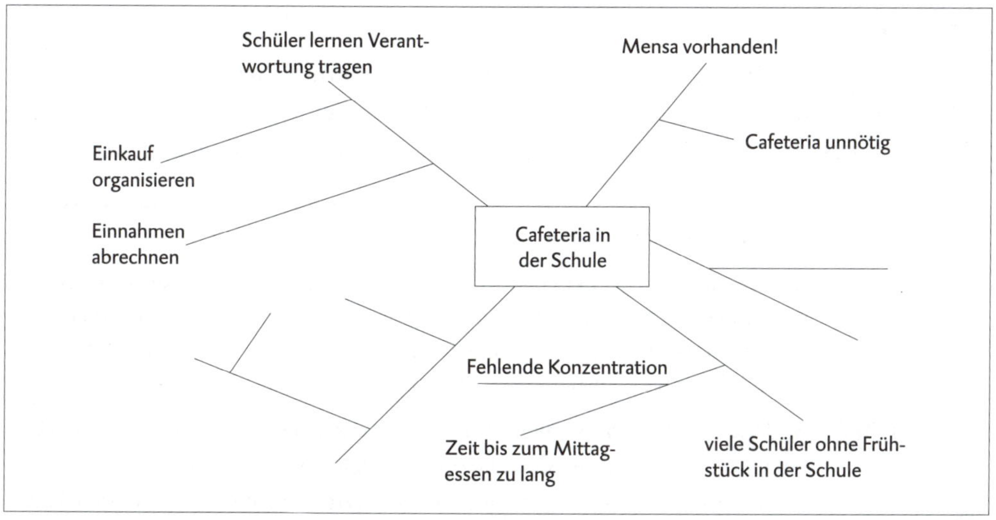

Tipp

In der Prüfung wird dir zu den Schreibaufgaben oft schon eine **Stichwortliste präsentiert**. Aus dieser sollst du dann überzeugende Stichworte auswählen, die du anschließend in deinem Text verwendest, um daraus z. B. tragfähige Argumente auszuführen.
Das heißt aber nicht, dass du dir nicht **selbst Gedanken** zum Thema machen solltest! Vergiss nicht: Je gründlicher du über das Thema nachgedacht hast, umso mehr kannst du dazu sagen. Außerdem darfst du meistens noch eigene Ideen in der Liste ergänzen.

Übung 22

Erstelle zur Schreibaufgabe von S. 59 einen vollständigen Schreibplan (→ Heft).

Hinweis: Du kannst wählen, ob du deine Ideen in einer Tabelle, einem Cluster oder einer Mindmap notierst. Nutze eines der angefangenen Beispiele und vervollständige es.

Schreiben

Orientiere dich beim Schreiben deines Textes an dem Schreibplan, den du erstellt hast. Beginne mit der Einleitung, schreibe danach den Hauptteil und runde deinen Text durch einen geeigneten Schluss ab. Am besten verfährst du so:

Schritt für Schritt

Eine Schreibaufgabe bearbeiten

Arbeitsschritt 1 Am schwierigsten ist der Einstieg, also die **Einleitung**. Nimm deshalb ein Extrablatt und schreibe probeweise deine Einleitung auf. Eventuell brauchst du mehrere Entwürfe. Wenn du mit einem davon zufrieden bist, überträgst du ihn auf das Schreibpapier. Zwei bis drei Sätze genügen.

Arbeitsschritt 2 Beginne nun den **Hauptteil**. Nimm dir nach und nach alle notierten Stichworte vor und formuliere deine Gedanken sorgfältig aus. Gehe so vor:

- Lies jeden Satz, den du fertiggestellt hast, durch, bevor du den nächsten Satz beginnst. Das kostet nicht viel Zeit, hilft dir aber, ungeschickte Formulierungen sofort zu erkennen und zu korrigieren.
- Beginne jeweils einen neuen Absatz, wenn du dich dem nächsten Stichwort aus deinem Schreibplan zuwendest. Das ist leserfreundlich, und es zeigt auch, dass du als Verfasser ein klares Konzept für deinen Text hast.
- Zähle deine Gedanken nicht nur auf. Finde geschickte Überleitungen zwischen den einzelnen Sätzen und Absätzen. Verwende passende Konjunktionen (z. B. *wenn, aber*), Adverbien (z. B. *deshalb, trotzdem*) und Pronomen (z. B. *er, dieser*), um Verbindungen zwischen deinen Aussagen herzustellen (vgl. S. 132).

Arbeitsschritt 3 Nachdem du dein letztes Stichwort ausgeführt hast, schreibst du den **Schluss**. Es ist nicht leicht, ein überzeugendes Ende zu finden. Probiere wieder mehrere Entwürfe auf einem Extrablatt aus. Wenn du mit einem Entwurf für den Schluss zufrieden bist, überträgst du ihn unter deinen Text. Es genügen wieder zwei bis drei Sätze.

Beispiel

In dem folgenden Auszug aus einem Brief an die Schulleiterin sind die Sätze geschickt durch Konjunktionen oder Adverbien miteinander verbunden:

Immer mehr Schüler kommen ohne Frühstück zur Schule. Das führt dazu, dass sich viele von ihnen spätestens ab der dritten Stunde nicht mehr richtig auf den Unterricht konzentrieren können, weil ihnen der Magen knurrt.

Tipp

Um **Sätze geschickt** miteinander zu **verbinden**, kannst du auch komplette **adverbiale Bestimmungen** einfügen, z. B. so:
Immer mehr Schüler kommen ohne Frühstück zur Schule. Schon im Laufe der ersten Schulstunden haben deshalb viele von ihnen Konzentrationsprobleme …
Wenn du adverbiale Bestimmungen an den Satzanfang stellst, hat das zugleich den Vorteil, dass die Reihenfolge der Satzglieder nicht immer gleich ist. Durch diese Abwechslung im Satzbau wirkt dein Text nicht monoton.

Übung 23

Schreibe die Einleitung und den Schluss für den Brief an die Schulleiterin (vgl. Schreibaufgabe S. 59). Achte darauf, dass es Verbindungen zwischen den Sätzen gibt. Orientiere dich an den Eintragungen in deinem Schreibplan (Übung 22).

Einleitung

Schluss

Überarbeiten

Lies deinen Text noch einmal sorgfältig durch. Korrigiere dabei ungeschickte Formulierungen und Fehler. Gehe so vor:

Schritt für Schritt

Den ausformulierten Text überarbeiten

Arbeitsschritt **1** Versuche, deinen Text **innerlich laut zu lesen**; dann bemerkst du mögliche Schwachstellen am ehesten.

Arbeitsschritt **2** Suche nach Fehlern und ungeschickten Formulierungen. Achte vor allem auf dies:

- **Vermeide** unschöne **Wiederholungen**. Wenn z. B. in aufeinander folgenden Sätzen (oder im selben Satz) zweimal derselbe Ausdruck fällt, klingt das unbeholfen. Ersetze das wiederholte Wort besser durch ein Synonym oder Pronomen.
- Wenn du im Text **Pronomen** verwendet hast (z. B. Demonstrativpronomen wie *dieses* oder *das*), frage dich immer, ob dem Leser klar ist, **worauf sie sich beziehen**. Du selbst weißt natürlich, wofür diese „Platzhalter“ stehen. Aber dem Leser ist vielleicht nicht klar, wer *er* oder was *das* sein soll.

Arbeitsschritt **3** **Korrigiere** die Fehler und Schwachstellen, die dir aufgefallen sind. Gehe so vor:

- Kleinere Korrekturen nimmst du direkt im Text vor: Streiche z. B. ein falsch geschriebenes Wort sauber durch (mit Lineal!) und füge die richtige Schreibweise darüber ein.
- Bei größeren Korrekturen streichst du die ganze Textstelle durch. Versieh sie mit einem Zeichen (z. B. mit * oder *a)* oder *1)*) und schreibe die korrigierte Version unter Wiederholung dieses Zeichens auf ein Korrekturblatt, das du deiner Arbeit beifügst.
- Solltest du einmal vergessen haben, einen neuen Absatz zu beginnen, kennzeichnest du die Stelle mit ⌈. So wird klar, dass hier ein neuer Gedanke beginnt.

Beispiel

Wenn die Schüler selbst eine Cafeteria betreiben,
Verantwortung
lernen sie ~~Verandwortung~~ zu tragen.

Sie müssen ~~dann einkaufen und verkaufen.~~*)
*) sich dann um die Einkäufe kümmern und auch den Verkauf übernehmen.

Tipp

Achte darauf, dass deine **Korrekturen eindeutig** sind. Wenn du mehr als einmal eine größere Textstelle korrigieren musst, nimm jedes Mal ein anderes Zeichen (z. B. *, **, *** oder *a), b), c)* oder 1, 2, 3). Dem Leser muss klar sein, welche Korrektur für welche Textstelle gelten soll. Schreibe die Korrekturen auch nicht durcheinander auf dein Korrekturblatt, sondern richte dich von der Reihenfolge her nach ihrem Vorkommen im Text.

Übung 24

Der folgende Abschnitt stammt aus einem Schülertext. Es ist ein Ausschnitt aus einem Brief an die Schulleiterin. Überarbeite den Text. Verfahre so, wie es im Abschnitt „Überarbeiten“ empfohlen wird.

Hinweis: Es geht vor allem um das Herstellen sinnvoller Verknüpfungen zwischen den Sätzen.

[...] Wir haben zwar eine Mensa. Wir bekommen in der Mensa um 13 Uhr ein Mittagessen. Das ist aber für viele Schüler zu spät. Viele Schüler kommen ohne Frühstück zur Schule. Sie haben schon früh am Morgen Hunger. Sie möchten sich vorher etwas zu essen und zu trinken kaufen können. Sie können sich sonst im Unterricht nicht konzentrieren. Eine Cafeteria wäre wichtig für sie. [...]

Auf einen Blick

So organisierst du deinen Schreibprozess richtig	
Lies die Aufgabenstellung genau durch.	Überlege, um welches Thema und welche Textsorte es geht, wer der Schreiber ist und an wen der Text gerichtet sein soll. Bedenke auch, was die Grundlage für deinen Text sein soll: dein Erfahrungswissen oder ein anderer (vorgegebener) Text.
Sammle Ideen für deinen Text.	Berücksichtige dabei das, was du über das Thema weißt, das, was der Leser erfahren soll, sowie das, was du mitteilen willst, um dein Schreibziel zu erreichen.
Erstelle einen Schreibplan.	Trage deine Ideen, die du gesammelt hast, geordnet dort ein. Wähle dafür entweder eine tabellarische Übersicht oder ein Cluster oder eine Mindmap.
Schreibe deinen Text.	Orientiere dich an deinem Schreibplan. Wähle eine Sprache, die den Erwartungen des Lesers entspricht. Drücke dich aber auch so aus, dass die Darstellung zum Schreiber passt.
Überarbeite den Text.	Lies ihn noch einmal gründlich durch und korrigiere, wenn nötig, Fehler und Ausdrucksschwächen.

7 Schreibaufgaben lösen

Schreibaufgaben beziehen sich entweder auf einen **Text** oder auf dein **Erfahrungswissen**. Im Großen und Ganzen lassen sich zwei Arten von Aufgaben unterscheiden: Solche, in denen du dich **sachlich** zu einem Thema äußern sollst, und solche, in denen du **kreativ-produktiv** tätig werden sollst. Einige Textsorten lassen sich eindeutig zuordnen, andere gibt es bei beiden Aufgabenarten. Auch Mischformen sind möglich.

Schreibaufgaben auf der Grundlage von Erfahrungswissen		Schreibaufgaben auf der Grundlage eines Textes	
sachlich	**kreativ-produktiv**	**sachlich**	**kreativ-produktiv**
Argument	Stellungnahme	Antworten auf offene Fragen	Stellungnahme
Stellungnahme	persönlicher Brief	Inhaltsangabe	formaler Brief
Erörterung	Leserbrief	Textanalyse	persönlicher Brief
formaler Brief	Tagebucheintrag	Charakteristik	Tagebucheintrag
Leserbrief	…	…	…
…			

Tipp

Ob ein Text, den du schreiben sollst, sachlich oder produktiv-kreativ ist, hängt von der **Aufgabenstellung** ab. Oft wird eine Schreibaufgabe nämlich **in eine (fiktive) Situation eingebettet**. Dann ist dein Aufsatz produktiv-kreativ – auch wenn es sich um einen Sachtext (z. B. um eine Stellungnahme) handelt.

Beispiel

Lies noch mal die Schreibaufgabe von Seite 59.

Wenn die geschilderte **Situation wahr** ist, handelt es sich bei dem Brief, den du ausformulierst, um eine **sachliche Schreibaufgabe**, die du auf der Grundlage von **Erfahrungswissen** verfasst. Genau genommen ist es eine Stellungnahme, die du in Form eines formalen Briefes schreibst.
Wenn du aber aufgefordert wirst, dir diese **Situation** bloß **vorzustellen** und einen solchen Brief zu verfassen, schreibst du genau genommen einen **kreativen Aufsatz**, denn die Inhalte gibt es ja nur in deiner Vorstellung. Der Text, den du verfasst, ist aber **vom Stil her sachlich**, denn es geht ja um eine Stellungnahme, die du in Briefform schreibst. Dabei musst du sowohl die **Angaben aus der Aufgabenstellung** als auch dein **Erfahrungswissen** berücksichtigen, um überzeugend argumentieren zu können.

7.1 Offene Fragen zu einem Text beantworten

Eine offene Frage zu einem Text verlangt nach einer **ausführlichen Antwort**, ein einzelner Satz genügt nicht. Außerdem musst du dich in deiner Antwort **auf den Text beziehen**, um nachzuweisen, dass deine Aussage richtig ist. Manchmal wird das auch ausdrücklich gesagt: *Beziehe dich auf Textstellen.*
Genau genommen sollst du bei dieser Art von Aufgabe einen kompletten **zusammenhängenden Text** schreiben. Im Unterschied zu einer Inhaltsangabe (vgl. S. 72–76) oder einer Textanalyse (vgl. S. 77–85) bezieht sich eine solche Frage aber in der Regel nicht auf den ganzen Text, sondern nur auf **einen bestimmten Aspekt**, zu dem du dich äußern sollst.
Offene Fragen können auch **indirekt gestellt** sein, z. B. wenn du eine Aussage zu einem Text bekommst, zu der du Stellung beziehen sollst, oder wenn du eine Erklärung für das Verhalten einer Figur abgeben sollst.

Es können dir **zwei Arten von offenen Fragen** zu einem Text gestellt werden:

- **Inhaltsfragen:** Sie fragen gezielt nach bestimmten Textinhalten. Du erkennst sie daran, dass sie mit einem Fragepronomen beginnen (z. B.: *Wie ...? Warum ...?*). Eigentlich sind nur Wie- und Warum-Fragen für diesen Aufgabentyp geeignet. Die anderen W-Fragen *(Was ...? Wo ...? Wer ...? Wann ...?)* sind enge Fragen, die auf Kurzantworten abzielen.
- **Entscheidungsfragen:** Sie verlangen von dir, dass du eine Entscheidung triffst: Zustimmung oder Ablehnung. Solche Fragen beginnen nicht mit einem Fragepronomen. Klar ist, dass es nicht genügt, die Frage bloß mit „Ja" oder „Nein" zu beantworten! Du musst deine Entscheidung auch begründen. Dabei musst du dich auch wieder auf den Text beziehen.

Beispiel

Mögliche offene Fragen zum Text „Anekdote" von Heinrich von Kleist (S. 33):

- *Warum kommt es zum Kampf zwischen den beiden Boxern?* (Inhaltsfrage)
- *Ist das Verhalten der Zuschauer, die bei dem Boxkampf anwesend sind, zu verurteilen? Begründe deine Meinung.* (Entscheidungsfrage)
- *„Die Boxer gehen beide sehr ehrenhaft miteinander um." Hältst du diese Einschätzung für richtig? Begründe deine Meinung.* (Entscheidungsfrage, die von dir verlangt, dass du zu einer Aussage zum Text Stellung beziehst.)
- *Erkläre, weshalb dem Boxer aus Portsmouth der Sieg zugesprochen wird. Beziehe dich auf den Text.* (Offene Frage, die indirekt ausgedrückt ist.)

Eine **Antwort** auf eine offene Frage **besteht aus drei Teilen**: dem eigentlichen Antwortsatz, einem Textbeleg und einer Erläuterung der Textstelle. Die Reihenfolge dieser drei Teile ist nicht festgelegt. Du kannst z. B. auch mit einem Zitat beginnen, dieses anschließend erläutern und dann erst die eigentliche Antwort geben. Dann ist die Antwort wie eine Schlussfolgerung, die du aus der Textstelle und deren Erläuterung ziehst.

Hinweis: Über den richtigen Umgang mit Textbelegen kannst du dich ausführlich auf S. 104 informieren.

Gehe beim Beantworten einer offenen Frage so vor:

Schritt für Schritt

Offene Fragen beantworten

Arbeitsschritt **1** Durchdenke die Frage. Überlege, worauf sie abzielt.

Arbeitsschritt **2** Suche im Text nach Stellen, aus denen sich die richtige Antwort ableiten lässt. Markiere sie und kommentiere sie am Rand.

Arbeitsschritt **3** Beantworte die Frage. Formuliere deine Antwort klar und prägnant.

Arbeitsschritt **4** Weise nach, dass deine Antwort stimmt. Beziehe dich auf Textstellen, die belegen, dass du die Frage richtig beantwortet hast.
Es gibt zwei Möglichkeiten, um eine Aussage anhand von Textstellen zu belegen:

- das **wörtliche Zitat:** Dabei greifst du eine Textstelle heraus, die du in deiner Antwort wortwörtlich wiedergibst. Das Zitat setzt du in Anführungszeichen.
- die **Paraphrase** (Umschreibung): Mit ihr beziehst du dich nur sinngemäß auf eine Textstelle: Du „übersetzt" sie in deine Sprache und verwendest eigene Worte.

Es kann auch vorkommen, dass eine Textstelle allein als Beleg für deine Antwort nicht reicht. Ziehe dann mehrere Textstellen als Beleg heran.

Arbeitsschritt **5** Stelle einen Zusammenhang zwischen der Textstelle und deiner Antwort her. Es genügt nicht, dass du nur auf eine Textstelle verweist. Du musst auch sagen, warum diese Textstelle geeignet ist, um deine Antwort zu belegen. Deshalb musst du die Textstelle, die du als Beleg ausgewählt hast, auch erläutern.

Arbeitsschritt **6** Lies deine ausführliche Antwort noch einmal genau durch. Korrigiere, wenn nötig, Fehler und Schwachstellen in den Formulierungen.

Tipp

Beantworte die Frage so, dass man die Antwort auch dann versteht, wenn man die Frage nicht vor sich liegen hat.
Vermeide Antworten, die mit den Konjunktionen *weil* oder *dass* beginnen; sie verführen dich dazu, unvollständige Sätze zu schreiben.

Beispiel

Frage	*Warum kommt es zum Kampf zwischen den beiden Boxern?* (Inhaltsfrage)
Antwort	Sie wollen herausfinden, wem die Ehre gebührt, der bessere Boxer zu sein.
Textbeleg (Zitate)	Zur „Entscheidung der Frage, wem von ihnen der Siegerruhm gebühre" (Z. 6–8), vereinbaren sie einen „öffentlichen Wettkampf" (Z. 8 f.).
Erläuterung der Textstelle	Bisher ist diese Frage noch nicht entschieden, weil die beiden einander noch nie begegnet sind. Sie kennen sich nur vom Hören-Sagen. Ihr Aufeinandertreffen in London gibt ihnen erstmals die Gelegenheit des gegenseitigen Kräftemessens. Da der Kampf, den sie vereinbaren, in aller Öffentlichkeit stattfinden soll, geht es ihnen aber nicht nur darum, herauszufinden, wer von beiden der bessere Boxer ist. Wichtig ist für sie auch der Ruhm, den sie dabei erzielen können.

Beispiel

Frage	*Ist das Verhalten der Zuschauer, die bei dem Boxkampf anwesend sind, zu verurteilen?* (Entscheidungsfrage)
Verweis auf Textstelle (Paraphrase)	Es heißt im Text, dass das Volk begeistert aufschreit (vgl. Z. 24), nachdem einer der Kämpfer zu Boden gegangen ist, und es dem anderen anschließend den Siegesruhm zuspricht (vgl. Z. 27 f.).
Erläuterung der Textstelle	Offenbar geht es den Zuschauern nur darum, einer Sensation beizuwohnen. Sie fragen sich gar nicht, wie gefährlich die Verletzungen sind, die die beiden Boxer in diesem Kampf erleiden. Es kümmert sie nicht einmal, dass der am Boden liegende Boxer kurz darauf tot weggetragen wird. Dagegen versäumen sie es nicht, dem anderen Boxer den Siegesruhm zuzuerkennen. Das ist ungeheuerlich und völlig verantwortungslos.
Schlussfolgerung = Antwort	Deshalb finde ich, dass das Verhalten der Zuschauer in der Tat zu verurteilen ist.

Hinweis: Normalerweise trägt man die einzelnen Schritte solcher ausführlicher Antworten nicht in eine Tabelle ein. Das geschieht in den Beispielen nur, damit du die Struktur klar erkennen kannst. Wenn du bei Übungsaufgaben deine Antworten vorübergehend auch in dieser Weise strukturierst, kannst du sicher sein, dass du keinen Schritt vergisst. Außerdem bekommst du nach und nach ein Gefühl dafür, wie eine zufriedenstellende Antwort aussieht. In der Prüfung schreibst du deine Lösung aber natürlich als zusammenhängenden Text!

Tipp

Eine **Warum**-Frage zielt häufig auf das **Handlungsmotiv** einer literarischen Figur. Das bedeutet: Es wird danach gefragt, was diese Figur dazu bewegt, ein **bestimmtes Verhalten** zu zeigen. Im Text steht aber in der Regel nur, was die Figur tut. (Dazu gehört auch das, was sie denkt oder sagt.) Um herauszufinden, was das Motiv ist, das sie zu diesem Verhalten bewegt, stellst du dir am besten drei Fragen.

Du kannst dich an dieser Schema-Zeichnung orientieren:

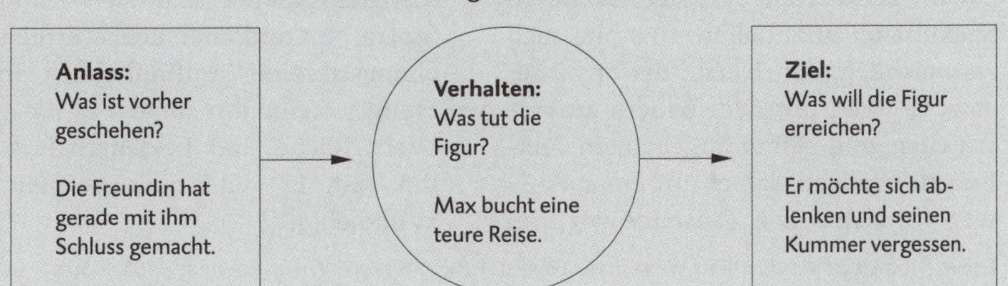

Übung 25 Lies den Textauszug aus „Der Verbrecher aus verlorener Ehre“ von Friedrich Schiller und bearbeite dann die Aufgaben dazu.

Friedrich Schiller: Der Verbrecher aus verlorener Ehre (Textauszug)

[...] Christian Wolf war der Sohn eines Gastwirts [...] und half seiner Mutter, denn der Vater war tot, bis in sein zwanzigstes Jahr die Wirtschaft besorgen. Die Wirtschaft war schlecht, und Wolf hatte müßige[1] Stunden. Schon von der Schule her war er für einen losen Buben bekannt. Erwachsene Mädchen führten Klagen über seine Frechheit, und die Jungen des Städtchens huldigten seinem erfinderischen Kopfe. Die Natur hatte seinen Körper verabsäumt[2]. Eine kleine unscheinbare Figur, krauses Haar von einer unangenehmen Schwärze, eine plattgedrückte Nase und eine geschwollene Oberlippe, welche noch überdies durch den Schlag eines Pferdes aus ihrer Richtung gewichen war, gab seinem Anblick eine Widrigkeit[3], welche alle Weiber von ihm zurückscheuchte und dem Witz seiner Kameraden eine reichliche Nahrung darbot.

Er wollte ertrotzen, was ihm verweigert war; weil er missfiel, setzte er sich vor zu gefallen. Er war sinnlich und beredete sich, dass er liebe. Das Mädchen, das er wählte, misshandelte ihn; er hatte Ursache, zu fürchten, dass seine Nebenbuhler glücklicher wären; doch das Mädchen war arm. Ein Herz, das seinen Beteurungen verschlossen blieb, öffnete sich vielleicht seinen Geschenken, aber ihn selbst drückte Mangel, und der eitle Versuch, seine Außenseite geltend zu machen, verschlang noch das Wenige, was er durch eine schlechte Wirtschaft erwarb. Zu bequem und zu unwissend, einem zerrütteten Hauswesen durch Spekulation aufzuhelfen, zu stolz, auch zu weichlich, den Herrn, der er bisher gewesen war, mit dem Bauern zu vertauschen und seiner angebeteten Freiheit zu entsagen, sah er nur einen Ausweg vor sich – den Tausende vor ihm und nach ihm mit besserem Glücke ergriffen haben – den Ausweg, *honett*[4] *zu stehlen*. Seine Vaterstadt grenzte an eine landesherrliche Waldung, er wurde Wilddieb, und der Ertrag seines Raubes wanderte treulich in die Hände seiner Geliebten.

Unter den Liebhabern Hannchens war Robert, ein Jägerpursche des Försters. Frühzeitig merkte dieser den Vorteil, den die Freigebigkeit seines Nebenbuhlers über ihn gewonnen hatte, und mit Scheelsucht[5] forschte er nach den Quellen dieser Veränderung. Er zeigte sich fleißiger in der „Sonne“ – dies war das Schild zu dem Wirtshaus –, sein laurendes Auge, von Eifersucht und Neide geschärft, entdeckte ihm bald, woher dieses Geld floss. Nicht lange vorher war ein strenges Edikt gegen die Wildschützen erneuert worden, welches den Übertreter zum Zuchthaus verdammte. Robert war unermüdet, die geheimen Gänge seines Feindes zu beschleichen; endlich gelang es ihm auch, den Unbesonnenen über der Tat zu ergreifen. Wolf wurde eingezogen, und nur mit Aufopferung seines ganzen kleinen Vermögens brachte er es mühsam dahin, die zuerkannte Strafe durch eine Geldbuße abzuwenden.

Robert triumphierte. Sein Nebenbuhler war aus dem Felde geschlagen und Hannchens Gunst für den Bettler verloren. Wolf kannte seinen Feind, und dieser Feind war der glückliche Besitzer seiner Johanne. Drückendes Gefühl des Mangels gesellte sich zu beleidigtem Stolze, Not und Eifersucht stürmen vereinigt auf seine Empfindlichkeit ein, der Hunger treibt ihn hinaus in die weite Welt, Rache und Leidenschaft halten ihn fest. Er wird zum zweiten Mal Wilddieb; [...]

Quelle: Friedrich Schiller: Sämtliche Werke in vier Bänden. 4. Band. Weltbild-Verlag, Augsburg 1998. S. 50 f.

Anmerkungen

1 *müßig:* ohne Beschäftigung
2 *verabsäumt:* etwas nicht richtig gemacht
3 *Widrigkeit:* gemeint: Hässlichkeit
4 *honett:* eigentlich „ehrenwert“; hier in der Bedeutung von „allgemein üblich und anerkannt“
5 *Scheelsucht:* Neid

Aufgaben

1. Vervollständige die Schema-Zeichnung: Trage Anlass und Ziel in die leeren Felder ein.

2. Warum sieht Christian nur „den Ausweg, *honett zu stehlen*“ (Z. 46 f.)? Beantworte diese Frage ausführlich.

   Antwort:

   Textbeleg:

   Erläuterung:

7.2 Den Inhalt eines Textes zusammenfassen

Mit einer **Inhaltsangabe** informierst du den Leser knapp und sachlich über den Inhalt eines Textes. Sie besteht wie die meisten Texte aus drei Teilen: einer **Einleitung**, einem **Hauptteil** und einem **Schluss**.

Schritt für Schritt

Eine Inhaltsangabe schreiben

Arbeitsschritt 1 Lies den Text genau durch. **Markiere** und kommentiere **Textstellen**, die du für so wichtig hältst, dass du sie in deiner Inhaltsangabe erwähnen willst.

Arbeitsschritt 2 Erstelle einen **Schreibplan**: Notiere die Informationen, die in die einzelnen Abschnitte der Inhaltsangabe gehören, auf einem Extrablatt.

Arbeitsschritt 3 Informiere in der **Einleitung** über die **Textsorte**, den **Titel** des Textes, den **Verfasser** und das **Thema**. Bei einem Prosatext ist das Thema die erzählte Handlung, also die Antwort auf die Frage: *Was passiert?* Zwei bis drei Sätze genügen.

Arbeitsschritt 4 Gehe im **Hauptteil** auf **Einzelheiten** des Themas ein:

- Bei einem **Sachtext** fragst du dich: *Welche Informationen vermittelt der Verfasser zu dem Thema?* Wähle die wichtigsten aus und zeige auf, welche **Zusammenhänge** es zwischen ihnen gibt.
- Bei einem **Prosatext** rekonstruierst du den Ablauf des Geschehens, indem du die entscheidenden **Handlungsschritte** nennst und sie ebenfalls in einen Zusammenhang bringst. Du fragst dich also: *Wie kommt es dazu?*

Arbeitsschritt 5 Am **Schluss** rundest du deine Inhaltsangabe ab, indem du ein **Ergebnis** formulierst. Bei einem Sachtext kannst du noch einmal auf das Anliegen des Verfassers zu sprechen kommen oder dich auf die wesentliche Textinformation beziehen, die für den Leser neu ist. Bei einem Prosatext kannst du abschließend sagen, wie die Handlung ausgeht. Auch für den Schluss genügen zwei bis drei Sätze.

Beispiel

Eine Inhaltsangabe zu Heinrich von Kleists „Anekdote“ (S. 33) kann so aussehen:

Einleitung Informationen über Textsorte, Titel, Verfasser und Thema	Die „Anekdote“ von Heinrich von Kleist handelt von zwei berühmten englischen Boxern, die erstmals im Kampf gegeneinander antreten, um herauszufinden, wem von ihnen der Ruhm des besseren Boxers gebührt. Die Entscheidung wird zwar herbeigeführt, sie endet aber für beide tödlich.
Hauptteil Rekonstruktion des Ablaufs: die einzelnen Schritte der Handlung	Die beiden sind einander zuvor nie begegnet, weil sie an unterschiedlichen Orten wohnen. Als sie erstmals in London zusammentreffen, nutzen sie die Gelegenheit, um in der Öffentlichkeit einen Zweikampf auszutragen. Vor den Augen der begeisterten Zuschauer verpassen sie einander so starke Schläge, dass es sie beide das Leben kostet. Trotzdem geht einer von ihnen als Sieger aus dem Kampf hervor, weil er nicht – wie der andere – tödlich getroffen zu Boden gegangen ist, sondern „nur“ einen Blutsturz erlitten hat und erst einen Tag später stirbt.
Schluss Ergebnis/Ausgang des Geschehens	Die beiden Boxer haben zwar ihr Ziel erreicht: Einer von ihnen hat den anderen k. o. geschlagen, und ihm ist die Ehre des besseren Boxers zuerkannt worden. Mit ihrem Tod haben sie aber für ihre Ruhmsucht einen hohen Preis bezahlt – und das Volk hat ihnen dabei noch zugejubelt.

Tipp

Bereite das Verfassen einer Inhaltsangabe vor, indem du dich an den **W-Fragen** orientierst:
- In der Einleitung beantwortest du diese W-Fragen: *Wer? Wo? Wann? Was?*
- Im Hauptteil beantwortest du die *Wie-* und die *Warum*-Frage.
- Und zum Schluss gibst du Auskunft über die Frage: *Welche Folgen …?*

Übung 26

Lies noch einmal die Kurzgeschichte „Marathon“ (S. 39 f.) und schreibe eine Inhaltsangabe dazu (→ Heft). Als Vorbereitung trägst du stichwortartig die entscheidenden Informationen in den folgenden Schreibplan ein.

Schreibplan

Einleitung Textsorte, Titel, Verfasser, Thema	______ ______ ______
Hauptteil Die einzelnen Handlungsschritte	1. ______ 2. ______ 3. ______ ______ ______ ______ ______ ______ ______ ______ ______ ______
Schluss Ergebnis/Ausgang des Geschehens	______ ______

Auf einen Blick

So gestaltest du deine Inhaltsangabe richtig

- Drücke dich **sachlich** aus. Verwende keine Umgangssprache.
- Schreibe im **Präsens**. Bei Vorzeitigkeit verwendest du das **Perfekt**.
- Benutze **eigene Worte**. „Klebe“ nicht an den Formulierungen im Text. Solltest du doch einmal ein Wort aus dem Text verwenden, markierst du es durch Anführungszeichen als Zitat.
- Achte darauf, dass du die einzelnen Gedanken oder Handlungsschritte nicht einfach nur aufzählst. Zeige **Zusammenhänge** auf, indem du geeignete Konjunktionen oder Adverbien einfügst.
- Verzichte auf direkte Rede. Wenn du Äußerungen oder Gedanken einer Person wiedergibst, überträgst du sie in die **indirekte Rede**. Dabei verwendest du den Konjunktiv I (vgl. S. 126 f.).
- Untergliedere den Text in **Absätze**. Grenze immer Einleitung und Schluss vom Hauptteil ab.

Besonderheiten bei Inhaltsangaben zu Sachtexten

Wenn du den **Inhalt eines Sachtextes** zusammenfassen sollst, geht es nicht darum, den Ablauf einer Handlung zu rekonstruieren. Denn ein Sachtext erzählt keine Geschichte, sondern befasst sich mit einem Thema.

Gehe hier so vor:

Schritt für Schritt

Den Inhalt eines Sachtexts zusammenfassen

Arbeitsschritt 1 In der **Einleitung** benennst du das **Thema** des Textes. Weise dabei schon auf den **Schwerpunkt** hin, den der Verfasser gesetzt hat. Wie üblich informierst du auch über die **Textsorte** (z. B. Bericht, Reportage etc.), den **Titel** des Textes und den **Verfasser**, evtl. auch über das **Erscheinungsdatum** und die **Quelle**, aus der der Text stammt (z. B. den Namen der Zeitung, in der er erschienen ist).

Arbeitsschritt 2 Im **Hauptteil** stellst du im Einzelnen dar, welche Informationen der Verfasser über das Thema vermittelt. Achte wieder darauf, dass du **Zusammenhänge** herstellst: Handelt es sich bei einer Information um eine allgemeine Aussage, um ein Beispiel, eine Begründung, eine Bedingung, eine Folge …? Bringe diese Zusammenhänge durch geeignete Konjunktionen oder Adverbien zum Ausdruck.

Arbeitsschritt 3 Am **Schluss** rundest du deine Inhaltsangabe ab. Äußere dich z. B. dazu, welche Textinformation für den Leser neu oder besonders interessant ist.

Tipp

In der Einleitung deiner Inhaltsangabe kannst du natürlich nur **Informationen** wiedergeben, die dir **tatsächlich bekannt sind**. Wenn du z. B. nicht weißt, wer einen Text geschrieben hat und wo er erschienen ist, belässt du es bei der Nennung des Titels. Und falls die Textsorte nicht eindeutig zu bestimmen ist, sprichst du einfach allgemein von dem „Text“.

Beispiel

So könnte der Anfang einer Inhaltsangabe zu einem Sachtext aussehen:

Der Text „Bloß keine Panik!“, erschienen im Magazin Geo im Oktober 2009, befasst sich mit dem Verhalten von Menschen, die in eine Katastrophensituation geraten. Dabei wird vor allem der Frage nachgegangen, ob Menschen verschiedener Kulturen in solchen Krisensituationen unterschiedlich reagieren.
Der Verfasser bezieht sich auf eine Studie, an der 20 Wissenschaftler aus acht europäischen Staaten beteiligt gewesen sind. Die Ergebnisse dieser Studie hätten gezeigt, dass Menschen während einer Katastrophe keineswegs panisch reagieren. Auch gebe es keine kulturell bedingten Verhaltensunterschiede. […]

Tipp

Bedenke, dass es **Worte eines Verfassers** sind, die du mit einer Inhaltsangabe zu einem Sachtext zusammenfassend wiedergibst. Es sind keine Tatsachen!
Deshalb musst du bei der Wiedergabe **indirekte Rede** verwenden (vgl. S. 126 f.). Falls du das vermeiden willst, kannst du zu einem **Trick** greifen. Schreibe den Anfang deines Hauptteils einfach so:
[…] Der Verfasser bezieht sich auf eine Studie, an der 20 Wissenschaftler aus acht europäischen Staaten beteiligt gewesen sind. Dies sind die wichtigsten Ergebnisse der Studie: …
Nun kannst du die einzelnen Ergebnisse im Indikativ wiedergeben. Denn du hast vorab angekündigt, dass du nun Resultate einer Studie nennst – und keine Tatsachen.

Übung 27

Verfasse eine Inhaltsangabe zum Text „Bloß keine Panik!“ (→ Heft). Du kannst die Einleitung und den Anfang des Hauptteils aus dem Beispiel (S. 74) übernehmen.

Ein Amerikaner, ein Italiener und ein Deutscher warten auf die U-Bahn. Da bricht im Tunnel ein Feuer aus. Der Amerikaner rennt blindlings davon. Der Italiener greift zum Handy und ruft die Mamma an. Der Deutsche starrt in den Tunnel. Er ist sauer, weil die U-Bahn nicht kommt.

Was so oder ähnlich als Witz erzählt werden könnte, enthält die Kernidee eines internationalen Forschungsprojekts: Wie reagieren Menschen aus verschiedenen Kulturen in Katastrophensituationen? 20 Wissenschaftler aus acht europäischen Ländern befragen dazu Personen, die in jüngster Zeit unterschiedlichste Krisen erlebt haben.

Spektakuläre Ereignisse wie die Attentate von London und Madrid oder der New Yorker Terroranschlag vom 11. September 2001 werden dabei ebenso untersucht wie Erdbeben in der Türkei und Italien.

Besonderes Augenmerk richten die Forscher allerdings auf „normale“ Krisen wie Feuerkatastrophen. Weil solche Unglücke überall ähnlich ablaufen, ist es möglich, das Verhalten der Betroffenen in solchen Situationen zu vergleichen und dadurch Länderbesonderheiten zu erkennen.

Erste Ergebnisse deuten an, dass die Vermutung, „Menschen würden in Krisen häufig panisch reagieren, auf unsere bisherigen Analysen nicht zutrifft“, sagt die Projektleiterin Silke Schmidt von der Universität Greifswald. „Sogar Personen, die sich als ängstlich einschätzen und sich im Alltag selbst vor Handy-Strahlung fürchten, handelten zum Beispiel bei Terrorakten vollkommen ruhig und rational.“

Ebenso habe es sich als ein Vorurteil entpuppt, dass vor allem Südeuropäer Krisen eher plan- und kopflos angingen. Allerdings mit Ausnahmen: „Erste Forschungsergebnisse legen nahe, dass die Menschen in der Türkei unmittelbarere, stärkere Reaktionen zeigen und beispielsweise bei Bränden eher einen unbedachten Sprung vom Balkon wagen als Menschen in anderen Ländern in gleicher Lage.“

Überall finde man auch altruistisches[1] Verhalten – keineswegs ist sich also in der Not jeder selbst der Nächste. Wichtiger, als Vorurteile zu entkräften, sind den Forschern allerdings praktische Anwendungen ihrer Studie: So könnten die Ergebnisse dazu dienen, Fluchtzeichen in Gebäuden wirksamer zu gestalten.

Außerdem soll ein interkulturelles Kompetenztraining entwickelt werden für Feuerwehrleute, Suchdienste und medizinische Nothelfer – die immer häufiger grenzüberschreitend Hilfe leisten.

Quelle: Magazin Geo, Heft 10, 2009

Anmerkung
1 *altruistisch*: selbstlos

Besonderheiten bei Inhaltsangaben zu Gedichten

In einem Gedicht stellt ein lyrischer Sprecher kunstvoll verdichtet seine Gedanken und Gefühle dar. Er erzählt weder eine Geschichte (Ausnahme: Ballade, vgl. S. 45) noch stellt er einen Sachverhalt zusammenhängend dar. Deshalb erscheint es auf den ersten Blick ziemlich schwierig, den Inhalt eines Gedichts zusammenzufassen. Aber das täuscht! Bei genauer Betrachtung ist es sogar ganz einfach, eine Inhaltsangabe zu einem Gedicht zu schreiben.

Gehe dabei so vor:

Schritt für Schritt

Den Inhalt eines Gedichts zusammenfassen

Arbeitsschritt 1 In der **Einleitung** nennst du wieder die **Textsorte** (in diesem Fall: Gedicht), den **Titel** und den **Verfasser**. Danach sagst du, worüber sich der lyrische Sprecher **Gedanken** macht. Du solltest dich auch schon zur Anzahl der **Strophen** äußern.

Arbeitsschritt 2 Im **Hauptteil** wendest du dich Details zu.
Wenn das Gedicht aus mehreren Strophen besteht, kannst du dir **jede Strophe einzeln** vornehmen: Gehe jeweils kurz auf die Gedanken ein, die der lyrische Sprecher dort zum Ausdruck bringt. So rekonstruierst du seinen Gedankengang.

Arbeitsschritt 3 Zum **Schluss** kannst du äußern, wie das Gedicht auf den Leser wirkt. Beispielsweise sagst du, welche **Stimmung** in dem Gedicht zum Ausdruck kommt.

Beispiel

Eine Inhaltsangabe zu dem Gedicht „Septemberliches Lied vom Storch" (S. 46) könnte so anfangen:

In dem Gedicht „Septemberliches Lied vom Storch" von Günter Eich beschreibt der lyrische Sprecher eine Situation in der Natur, die sich am Anfang des Herbstes zeigt: Zwar scheint die Sonne fast noch so hell und warm wie im Sommer, aber der Storch hat bereits gespürt, dass die kalte Jahreszeit naht, und den Flug nach Süden angetreten. Seine Abwesenheit führt dazu, dass die anderen Tiere die letzten Sonnenstrahlen noch einmal richtig genießen können, weil sie nicht mehr der Gefahr ausgesetzt sind, die ihnen vom Storch droht …

Tipp

Bei mehrstrophigen Gedichten solltest du darauf achten, dass deine Aussagen zu den einzelnen Strophen nicht alle gleich anfangen: *In der ersten Strophe …, in der zweiten Strophe …* usw. Bringe Abwechslung in deine Formulierungen, z. B. so: *In der ersten Strophe äußert der lyrische Sprecher seine Gedanken zu … Anschließend wendet er sich … zu …*

Übung 28

Schreibe eine Inhaltsangabe zu dem Gedicht „Septemberliches Lied vom Storch" (S. 46) (→ Heft).
Du kannst den Anfang aus dem Beispiel verwenden.

7.3 Einen Text analysieren

Wenn du aufgefordert wirst, einen Text zu **analysieren**, genügt es nicht, seinen Inhalt zusammenzufassen. Man analysiert etwas, indem man es in seine Bestandteile **zerlegt** und daraus neue **Erkenntnisse gewinnt**.
Einen Text kann man in Bezug auf die **Inhalte** und in Bezug auf die **sprachliche Darstellung** analysieren. Wenn man den „Bauplan" eines Textes durchschaut, gewinnt man tiefere Einsichten in dessen Sinn.
Mit einer Textanalyse stellst du zum einen unter Beweis, dass du den Text genau verstanden hast, zum anderen zeigst du, dass du dein Textverständnis auch in einem zusammenhängenden Text zum Ausdruck bringen kannst.

In einer Textanalyse beantwortest du nacheinander ausführlich diese **drei Fragen**:

- **Was steht im Text?** Mit einer (kurzen) Inhaltsangabe führst du zur eigentlichen Textanalyse hin.
- **Wie ist das, was im Text steht, zu verstehen?** Du beziehst dich gezielt auf einzelne Textstellen, die für das Textverständnis von Bedeutung sind. Deute sie und stelle Zusammenhänge zwischen ihnen her.
- **Wie ist das, was im Text steht, dargestellt?** Nun untersuchst du den Aufbau und die sprachliche Gestaltung des Textes. Belasse es aber nicht dabei, einzelne Gestaltungsmerkmale zu nennen; mache immer auch deutlich, welche Wirkung von ihnen ausgeht.

Vorbereiten

Eine gute Textanalyse kannst du nur schreiben, wenn du den Text genau verstanden hast. Lies daher absolut gründlich. Danach erstellst du deinen **Schreibplan**.

Schritt für Schritt

Eine Textanalyse vorbereiten

Arbeitsschritt **1** Lies den Text genau. Markiere dabei wichtige oder auffällige Textstellen und kommentiere sie am Rand.

Arbeitsschritt **2** Auf Grundlage deiner Randkommentare formulierst du **deutende Aussagen** zum Text. Notiere diese auf einem Extrablatt.
(Manchmal kannst du auch einige der Randkommentare als Gruppe zusammenfassen und nur eine deutende Aussage dazu formulieren.)

Arbeitsschritt **3** Lege nun die **Reihenfolge** fest. Nummeriere die deutenden Aussagen auf dem Extrablatt. Beginne mit derjenigen, die eher offensichtlich ist. An den Schluss setzt du die anspruchsvollste Aussage, die einiges Nachdenken erfordert hat. Überlege auch, zwischen welchen Aussagen sich am besten **Überleitungen** herstellen lassen, und bestimme die Abfolge dementsprechend.

Arbeitsschritt **4** Erstelle den ersten Teil deines **Schreibplans**.
Notiere stichwortartig die Informationen, die in die **Inhaltsangabe** gehören. Sie bildet die Einleitung und den Anfang des Hauptteils und führt zur eigentlichen Textanalyse hin.
(In die Einleitung gehören die Angaben zu Textsorte, Titel und Autor sowie die Antworten auf die ersten W-Fragen: *Wer? Wann? Wo? Was?* Der erste Absatz des Hauptteils umfasst die Informationen über den Handlungsverlauf: *Wie? Warum?*)

Danach folgen die **deutenden Aussagen**, deren Reihenfolge du bei Arbeitsschritt 3 festgelegt hast. Sie gehören in den zweiten Teil des Hauptteils.

Arbeitsschritt **5** Denke über den Sinn der **Überschrift** nach und stelle einen Zusammenhang zum Text her. Füge deine Überlegungen stichwortartig nach den deutenden Aussagen hinzu.

Arbeitsschritt **6** Lies den Text noch einmal und markiere **sprachliche Auffälligkeiten**. (Verwende am besten eine andere Farbe als bei deinen Markierungen zum Inhalt.) Wähle von diesen Besonderheiten der Darstellung zwei bis drei aus. Beschränke dich auf die wesentlichen: Auf jedes Gestaltungsmittel kannst du nicht eingehen.

Arbeitsschritt **7** **Vervollständige** deinen **Schreibplan**. Notiere die sprachlichen Besonderheiten aus Arbeitsschritt 6. Sie bilden den dritten Teil des Hauptteils.

Arbeitsschritt **8** Überlege, wie du deine Textanalyse am **Schluss** gut abrunden kannst. Verbinde z. B. den Textinhalt mit deinem Wissen oder deinen Erfahrungen. Oder äußere dich dazu, wie dir der Text gefällt. (Vergiss aber nicht, deine Meinung auch zu begründen.)
Notiere die Ideen für den Schluss stichwortartig in deinem Schreibplan.

Beispiel

So können deine Notizen für erste deutende Aussagen (Arbeitsschritt 2) zur Kurzgeschichte „Schlittenfahren" von Helga M. Novak aussehen.

Helga M. Novak: Schlittenfahren

Das Eigenheim steht in einem Garten. Der Garten ist groß. Durch den Garten fließt ein Bach. Im Garten stehen zwei Kinder. Das eine der Kinder kann noch nicht sprechen. Das andere Kind ist größer. Sie sitzen auf einem Schlitten. Das kleinere Kind weint. Das größere sagt, gib den Schlitten her. Das kleinere weint. Es schreit.

Aus dem Haus tritt ein Mann. Er sagt, wer brüllt, kommt rein. Er geht in das Haus zurück. Die Tür fällt hinter ihm zu.

Das kleinere Kind schreit.

Der Mann erscheint wieder in der Haustür. Er sagt, komm rein. Na wird's bald. Du kommst rein. Wer brüllt, kommt rein.

Komm rein.

Der Mann geht hinein. Die Tür klappt.

Das kleinere Kind hält die Schnur des Schlittens fest. Es schluchzt.

Der Mann öffnet die Haustür. Er sagt, du darfst Schlitten fahren, aber nicht brüllen. Wer brüllt, kommt rein. Ja. Ja. Jaaa. Schluss jetzt.

Das größere Kind sagt, Andreas will immer allein fahren.

Der Mann sagt, wer brüllt, kommt rein. Ob er nun Andreas heißt oder sonstwie.

Er macht die Tür zu.

Das größere Kind nimmt dem kleineren den Schlitten weg. Das kleinere Kind schluchzt, quietscht, jault, quengelt.

keine Mutter da

gute Wohnsituation, wohlhabend?
gefährlich!
nicht mal zwei Jahre alt!
nur ein Schlitten
Kinder streiten um den Schlitten

Mann = Vater: fragt nicht nach Gründen, macht seine Drohung nicht wahr

Es will die Hilfe vom Vater
Er ist genervt

Es kommt kein Kind mit rein = schlechte Erziehung

Er will den Vater auf seiner Seite haben

Das Thema ist für ihn nicht interessant bzw. wichtig

brüllt, wiederholt, macht Drohungen nicht wahr
→ Schwäche, Unfähigkeit

Der Mann tritt aus dem Haus. Das größere Kind gibt dem kleineren den Schlitten zurück. Das kleinere Kind setzt sich auf den Schlitten. Es rodelt.
Der Mann sieht in den Himmel. Der Himmel ist blau. Die Sonne ist groß und rot. Es ist kalt.
Der Mann pfeift laut. Er geht wieder ins Haus zurück. Er macht die Tür hinter sich zu.
Das größere Kind ruft, Vati, Vati, Vati, Andreas gibt den Schlitten nicht mehr her.
Die Haustür geht auf. Der Mann steckt den Kopf heraus. Er sagt, wer brüllt, kommt rein. Die Tür geht zu.
Das größere Kind ruft, Vati, Vativativati, Vaaatiii, jetzt ist Andreas in den Bach gefallen.
Die Haustür öffnet sich einen Spalt breit. Eine Männerstimme ruft, wie oft soll ich das noch sagen, wer brüllt, kommt rein.

will Ärger verhindern

Er wartet ab, ob was passiert. = kein Zeitdruck

Macht auf gute Laune

Er glaubt nicht, dass es ernst wird → Unfähigkeit die Gefahr zu verstehen

Quelle: Helga M. Novak: Schlittenfahren. In: Dies.: Aufenthalt in einem irren Haus. Gesammelte Prosa. Schöffling & Co. Verlagsbuchhandlung GmbH. Frankfurt a.M. 1995, S. 82 f.

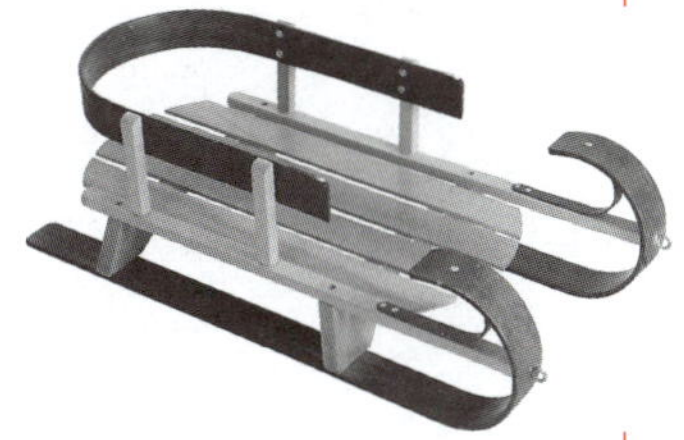

Lies den Text „Schlittenfahren" von Helga M. Novak (S. 78 f.) noch einmal genau und bearbeite dann die Aufgaben.

Übung 29

Aufgaben

a) Bereite das Formulieren von deutenden Aussagen zu der Kurzgeschichte „Schlittenfahren" vor. Markiere dazu weitere Textstellen und ergänze jeweils passende Kommentare. Trage diese in die rechte Spalte neben dem Text ein.

Tipp

Um **deutende Aussagen** zu einem Text zu formulieren, solltest du dir möglichst oft die **Warum**-Frage stellen. Wenn es in der Kurzgeschichte „Schlittenfahren" z. B. heißt, dass der Vater vor die Tür tritt und seine Kinder ermahnt, ruhig zu sein, dann solltest du dich fragen: *Warum tut er das?*
Antworten auf solche Warum-Fragen helfen dir, die **Handlungsmotive** einer Figur zu verstehen (vgl. S. 69). Merke: Man tut und sagt nichts ohne Grund! Diese Gründe sollst du herausfinden.

b) Untersuche den Text „Schlittenfahren" in Bezug auf Besonderheiten der Darstellung (z. B. die Wortwahl oder den Satzbau).
Markiere sie mit einer anderen Farbe und kommentiere sie wieder am Rand.

Tipp

Achte bei der Suche nach Besonderheiten der **Darstellung** (Arbeitsschritt 6) besonders auf …

- den **Aufbau**, d. h. die mögliche Untergliederung des Textes in Sinnabschnitte,
- die **Wortwahl**, insbesondere auf die verwendeten Nomen, Adjektive und Verben,
- den **Satzbau**, z. B. auf die Verteilung von Satzgefügen oder Satzreihen (vgl. S. 130),
- besondere **Stilmittel**, z. B. Sprachbilder oder auffällige Wiederholungen,
- die **Haltung des Erzählers**: Zeigt er Anteilnahme oder verhält er sich eher wie ein kühler Beobachter?

c) Vervollständige diesen bereits begonnenen Schreibplan zur Analyse der Kurzgeschichte „Schlittenfahren“.
Benutze dazu deine Erkenntnisse aus den Aufgaben a) und b).

Einleitung Basisinformationen, erster Teil der Inhaltsangabe	Kurzgeschichte „Schlittenfahren“ von Helga M. Novak Wann: an einem schönen Wintertag Wo: im eigenen Garten Wer: zwei kleine Kinder Was: Unfall eines der Kinder beim Schlittenfahren im Garten
Hauptteil, Teil 1 zweiter Teil der Inhaltsangabe, Ablauf der Handlung	• Kinder streiten sich um Schlitten • Vater fühlt sich wiederholt durch den Lärm belästigt • tritt mehrmals vors Haus, ermahnt die Kinder zur Ruhe, spricht Drohungen aus („Wer brüllt, kommt rein.“, z. B. Z. 20) • geht zurück ins Haus → macht Drohungen nicht wahr • Streit zwischen Kindern hält an • kleineres Kind fällt mit dem Schlitten in den Bach • Vater bemerkt die Gefahr nicht • fühlt sich weiter belästigt • bleibt im Haus
Hauptteil, Teil 2 Deutende Aussagen zum Text; Bezugnahme auf die Überschrift	• Spielsituation gefährlich für Kinder (Bach fließt durch den Garten) • eines der Kinder noch sehr klein (kann noch nicht sprechen) __________ __________ __________ __________ __________ __________ __________
Hauptteil, Teil 3 Besonderheiten der Darstellung	• Wortwahl: einfach, fast naiv („Haus“, „Schlitten“, „Garten“) • „Eigenheim“ passt nicht zur sonstigen Wortwahl __________ __________ __________ __________
Schluss	__________ __________ __________

Schreiben

Auf der Grundlage deines Schreibplans beginnst du nun mit dem Schreiben.
Gehe so vor:

Schritt für Schritt

Eine Textanalyse verfassen

Arbeitsschritt **1** Schreibe die **Inhaltsangabe**. Sie bildet die Einleitung und den ersten Teil des Hauptteils (vgl. S. 77, Arbeitsschritt 4).

Arbeitsschritt **2** Führe deine **deutenden Aussagen** aus. Orientiere dich an deinem Schreibplan. Aussagen, die zusammengehören, notierst du im selben Absatz.
Belege alle deutenden Aussagen anhand von Textstellen.
(Verfahre wie bei den ausführlichen Antworten auf offene Fragen, vgl. S. 67–69.)

Arbeitsschritt **3** Formuliere ein **Zwischenergebnis**. Überlege, was die einzelnen Textaussagen, auf die du im zweiten Teil des Hauptteils eingegangen bist, zeigen.
Es bietet sich an, an dieser Stelle Bezug auf die **Überschrift** zu nehmen.

Arbeitsschritt **4** Gehe auf die **Darstellung** ein. Nenne die sprachlichen Besonderheiten, die du als wesentlich ausgewählt hast, und äußere dich zur ihrer **Wirkung**.
Überlege, ob die sprachliche Gestaltung die im Text zum Ausdruck kommende Stimmung eher unterstreicht oder nicht.

Arbeitsschritt **5** Formuliere dein **Ergebnis**. Du kannst an dieser Stelle das Verhalten der einzelnen Figuren bewerten. Du kannst auch sagen, wie dir der Text gefällt.
Begründe deine abschließende Meinung.

Beispiel

Die ersten beiden deutenden Aussagen aus dem Schreibplan (S. 80) zur Kurzgeschichte „Schlittenfahren" könntest du so ausführen und anhand des Textes belegen:

Die Situation in dem Garten ist gefährlich für die Kinder, denn sie sind noch klein. Das jüngere von den beiden dürfte noch nicht einmal zwei Jahre alt sein, denn es heißt, dass es noch nicht sprechen kann (vgl. Z. 3 f.). Eigentlich müsste jemand die beiden Jungen bei ihrem Spiel mit dem Schlitten beaufsichtigen. Immerhin fließt ein Bach durch den Garten (vgl. Z. 2). Da könnte es leicht passieren, dass sie beim Rodeln ins Wasser fallen. Trotzdem sind sie ganz allein draußen.

Tipp

Achte darauf, deine Aussagen durch **Überleitungen** zu verbinden. Zähle sie nicht nur auf!
Verwende **Konjunktionen** und **Adverbien**, um Zusammenhänge deutlich zu machen.
Sage nicht nur, was im Text steht, sondern erkläre auch, was das zeigt. Das ist jeweils der Sinn!

Übung 30

Analysiere die Kurzgeschichte „Schlittenfahren" von Helga M. Novak (→ Heft).

Auf einen Blick

Worauf du beim Verfassen einer Textanalyse achten solltest

- Die **Vorbereitung** ist das Wichtigste: Du musst den Text zuerst wirklich **gründlich lesen** und untersuchen, sonst weißt du gar nicht, was du in deiner Textanalyse schreiben sollst.
- Gib nicht einfach das wieder, was im Text steht, sondern **deute es** (bei literarischen Texten) oder stelle die entscheidenden **Zusammenhänge** her (bei Sachtexten).
- Halte dich nicht sklavisch an die Reihenfolge, die der Text vorgibt. Es kann sein, dass einige Sinnzusammenhänge erst hergestellt werden können, wenn du dich auf **mehrere Textstellen** beziehst, und die können über den ganzen Text **verstreut** sein.
- Fasse **Inhalte**, die zusammengehören, **als Gruppe** zusammen, um dazu deutende Aussagen zu formulieren.
- **Belege deine Aussagen** zum Text. Reine Verweise auf Textstellen reichen nicht aus. Erläutere stets deren Sinn, um den Zusammenhang mit deinen Aussagen zum Text zu verdeutlichen.
- Zeige bei Formmerkmalen und sprachlichen Mitteln immer ihre **Wirkung** für den Textsinn auf.
- Vergiss nicht, die **Überschrift** zu berücksichtigen.
  Bei Sachtexten ist es zwar möglich, dass sie nur dazu dient, die Aufmerksamkeit des Lesers zu wecken; bei literarischen Texten trägt sie aber immer zum Sinn des Textes bei.

Besonderheiten bei der Analyse von Sachtexten

Bei der Analyse eines Sachtextes geht es weniger darum, deutende Aussagen zum Text zu machen. Denn in der Regel formuliert der Verfasser seine Sätze so, dass sie nicht erst interpretiert werden müssen. Wichtig ist hier vor allem der **Aufbau des Textes:** Du solltest aufzeigen, wie der Verfasser seine **Aussagen strukturiert** hat. Achte z. B. auf die Verteilung von allgemeinen Aussagen und Beispielen und zeige, welche Zusammenhänge im Text dargestellt sind.

Bedenke im Einzelnen Folgendes:

- In der Regel stellt ein Sachtext keine Handlung, sondern einen bestimmten **Sachverhalt** dar. Bestimme deshalb zunächst das **Thema**.
- Frage dich, welche **Absicht der Verfasser** verfolgt (vgl. S. 18): Will er ganz sachlich über ein Thema informieren? Oder will er den Leser beeinflussen?
- Überlege, was für einen **Leser** der Verfasser im Sinn hat: einen Fachmann oder einen interessierten Laien?
- Berücksichtige, **woher** der Verfasser seine **Kenntnisse** zu dem Thema hat. Äußert er sich aufgrund eigenen Wissens oder eigener Beobachtungen oder hat er seine Informationen aus zweiter Hand, z. B. aus einem anderen Text?
- Unterscheide zwischen **allgemeinen Aussagen**, **Erläuterungen** und **Beispielen** (vgl. S. 3). Die allgemeinen Aussagen sind am wichtigsten. Erläuterungen dienen der Präzisierung von allgemeinen Aussagen, und Beispiele tragen zur Veranschaulichung bei.
- Auch für die Analyse von Sachtexten gilt: Gehe am Ende des Hauptteils auf die **sprachliche Darstellung** ein (vgl. S. 79). Mit der Sprache verrät der Verfasser, wie seine Darstellung zu verstehen ist: ernsthaft, sachlich – oder belustigend? Anerkennend – oder kritisch? Manchmal bringt er seine Meinung nur indirekt zum Ausdruck, z. B. indem er bestimmte Wörter verwendet.

Beispiel

Textauszug aus „Bloß keine Panik!“ (S. 75)

allgemeine Aussage Beispiel Erläuterung (hier: Begründung)	Besonderes Augenmerk richten die Forscher [...] auf „normale“ Krisen wie Feuerkatastrophen. Weil solche Unglücke überall ähnlich ablaufen, ist es möglich, das Verhalten der Betroffenen in solchen Situationen zu vergleichen und dadurch Länderbesonderheiten zu erkennen.

Tipp

Die **Grundlage für deine Textanalyse** schaffst du, wenn es dir gelingt, die **allgemeinen Aussagen** aus einem Sachtext herauszufiltern. Du kannst diese leicht erkennen: Sie beziehen sich entweder auf Sachverhalte, die grundsätzlich gelten, oder sie treffen auf viele Menschen (oder viele Dinge) zu. Einzelfälle stellen in der Regel Beispiele dar.
Hast du die allgemeinen Aussagen identifiziert, musst du nur noch die **Zusammenhänge herstellen**. Besonders wichtig ist es, zu unterscheiden: *Was ist ein Grund? Was ist eine Folge?*

Übung 31

Analysiere den Text „Bloß keine Panik!“ von S. 75 (→ Heft).

Hinweis: Du kannst als Einstieg die Inhaltsangabe verwenden, die du bei Übung 27 (vgl. Seite 75) erstellt hast.

Besonderheiten bei der Analyse von Gedichten

Grundsätzlich gehst du bei der Analyse eines Gedichts so vor wie bei der Analyse eines Prosatextes. Beachte aber diese **Besonderheiten** der Gedichtanalyse:

- Erkunde zunächst die **Situation** und die **Haltung des lyrischen Sprechers**. Sie trägt entscheidend zum Sinn des Textes bei. Stelle dir diese Fragen:
  - Gibt er sich als lyrisches Ich zu erkennen oder bleibt er eher im Hintergrund?
  - Zu wem spricht er: zu sich selbst? zu einem (einzelnen) Gegenüber? zu den Lesern?
  - Welche Situation beschreibt er?
- Äußere dich zu den **Gedanken und Gefühlen**, die der lyrische Sprecher zum Ausdruck bringt. Versuche, Zusammenhänge zwischen der dargestellten Situation und seinen Gedanken und Gefühlen herzustellen.
- Berücksichtige die entscheidenden **Formmerkmale**. Dabei geht es vor allem um die Frage, wie regelmäßig das Gedicht gestaltet ist. Gibt es durchgängig ein bestimmtes Reimschema? Ist ein eindeutiges Metrum zu erkennen? Regelmäßigkeiten in der Form deuten auf Harmonie hin, Unregelmäßigkeiten wirken eher beunruhigend oder verstörend (vgl. S. 50).
- Auch der **Klang der Sprache** spielt eine Rolle: Stimmlose Konsonanten (z. B. t, k oder p) und helle Vokale (e und i) klingen in der Regel eher kühl und hart, stimmhafte Konsonanten (z. B. m, n oder w) und dunkle Vokale (a, o und u) eher harmonisch und warm.
- Dass du gerade bei einem Gedicht auch auf **Sprachbilder** achten solltest, versteht sich von selbst. Überlege, wie sie wirken: harmonisch oder irritierend, fröhlich oder traurig?

Wie bei der Analyse eines Prosatextes musst du dich in jedem Fall fragen, **wie die Darstellung wirkt**: Unterstreicht sie die Stimmung, die das Gedicht ausstrahlt, oder widerspricht sie ihr eher? Passt die Form zum Inhalt des Gedichts oder nicht?

Hinweis: Detaillierte Erläuterungen zu den Merkmalen und der Form von Gedichten findest du ab Seite 48 in diesem Buch.

Tipp

Auch **Songtexte** gehören übrigens zu den Gedichttexten, denn auch sie sind in Strophen und Versen verfasst. Verfahre bei der Untersuchung eines Liedtextes deshalb genauso, wie du bei der Analyse eines Gedichtes vorgehen würdest.

Beispiel

Bei dem Gedicht „Septemberliches Lied vom Storch" (S. 46) gibt es im Großen und Ganzen einen Gleichklang zwischen dem Inhalt einerseits und Form und Sprache andererseits. Die Stimmung, die das Gedicht ausstrahlt, ist ruhig und harmonisch: Derjenige, der früher für Gefahr gesorgt hat – der Storch – ist verschwunden. So haben die anderen Tiere ihre Ruhe und können unbesorgt die Sonne genießen. Diese Harmonie spiegelt sich erkennbar in der Form wider: Es gibt ein regelmäßiges Reimschema (Paarreim), und es liegt auch ein regelmäßiges Versmaß vor (vierhebiger Jambus). Auch die Sprache wirkt harmonisch: Der Dichter reiht seine Aussagen ganz ruhig aneinander. Es gibt nur eine kleine „Störung", und zwar in der letzten Strophe: Sie beginnt mit der Konjunktion „obgleich", womit angezeigt wird, dass es in der Harmonie eine Einschränkung gibt. Diese betrifft die Mücke: Sie „tanzt im Weidehag" (V. 15). Das deutet darauf hin, dass sie unbeschwert und fröhlich ist. Allerdings heißt es im Vers vorher, dass die Spinne immer noch „ihre Fäden spinnt" (V. 14), und das ist für die Mücke gefährlich. Die Ruhe ist also doch etwas trügerisch, auch wenn das Gedicht insgesamt Harmonie ausstrahlt.

Übung 32

Analysiere den Songtext „Das zweite Gesicht“ von Peter Fox (→ Heft).

Peter Fox: Das zweite Gesicht (2008)

Die Stimme bebt und der Blick ist Eis
Gleich geht jemand hier zu weit
Die Zunge ist geladen und bereit
Die Wörter von der Leine zu lassen, sich Feinde zu machen

Die Pfeilspitzen voller Gift
Der Feind wackelt, wenn du triffst
Du triumphierst, wenn er kippt
Doch morgen um diese Zeit tut es dir leid

Hahnenkampf um einen Haufen Mist
Jemanden opfern für einen lauen Witz
Eine Spinne tot – duschen, wenn du in der Wanne sitzt
Einem Dummen zeigen, dass du schlauer bist

Denn es steckt mit dir unter einer Haut
Und du weißt, es will raus ans Licht
Die Käfigtür geht langsam auf und da zeigt es sich:
Das zweite Gesicht

Ein Biest lebt in deinem Haus
Du schließt es ein, es bricht aus
Das gleiche Spiel jeden Tag
Vom Laufstall bis ins Grab

Ein Biest lebt in deinem Haus
Du schließt es ein, es bricht aus
Es kommt durch jede Tür
Es wohnt bei dir und bei mir

Du willst nach vorn, die anderen wollen zurück
Du hast Visionen, doch sie kommen nicht mit
Jemand steht zwischen dir und deinem Glück
Und es macht dich rasend, du kannst es nicht ertragen

Du guckst dir zu und du hörst dich reden
Du bist grad sensationell daneben
Versuchst vom Gas zu gehen, dein Fuß ist grad gelähmt
Du siehst die Wand und fährst dagegen

Du spielst falsch, um nicht zu verlieren
Dann feiern, als wär nix passiert
Dein Gewissen ist betrunken
Die Frau deines Freundes kommt mit zu dir

Es steckt mit dir unter einer Haut
Und du weißt, es will raus ans Licht
Die Käfigtür geht langsam auf und da zeigt es sich:
Das zweite Gesicht

[Wiederholung des Refrains: Strophe 5 und 6]

Ein Biest lebt in deinem Haus
Du schließt es ein, es bricht aus

7.4 Eine literarische Figur charakterisieren

Hin und wieder bekommst du den Auftrag, die Persönlichkeit einer literarischen Figur zu beschreiben. Dann musst du **aus den Verhaltensweisen**, die sie zeigt, ihre **Charaktereigenschaften ableiten**. Bei literarischen Texten ist es selten der Fall, dass der Erzähler direkt sagt, welche Eigenschaften eine Figur auszeichnen. Ob jemand stolz, neidisch, eifersüchtig, habgierig oder hilfsbereit ist, kann man in der Regel nur anhand seiner Verhaltensweisen erkennen.
Wenn man die Persönlichkeit einer literarischen Figur analysieren soll, schreibt man eine **Charakteristik**. Eine Charakteristik baust du so auf:

Schritt für Schritt

Eine Figurencharakterisierung schreiben

Arbeitsschritt 1 — In der **Einleitung stellst du die Figur**, um die es geht **vor**. Nenne ihren Namen, ihr Geschlecht, ihr Alter, ihren Familienstand, ihren Beruf, ihre Wohnverhältnisse u. Ä., soweit der Text diese Informationen gibt. Auch das Aussehen gehört dazu.

Arbeitsschritt 2 — Im **Hauptteil** beschreibst du ihren **Charakter**. Formuliere Aussagen zu ihren Charaktereigenschaften und stelle dar, woran du sie erkennst. Belege deine Aussagen anhand von Textstellen, aus denen sich diese Eigenschaften ablesen lassen. Beachte dabei die Hinweise zum richtigen Umgang mit Textbelegen (S. 104).

Arbeitsschritt 3 — Am **Schluss** rundest du deine Charakteristik ab, z. B., indem du die Figur **bewertest**. Wenn deine Bewertung negativ ausfallen sollte, kannst du auch versuchen, eine Erklärung dafür zu finden: Befindet sich die Figur in einer misslichen Situation? Wird sie von anderen unterdrückt oder ausgenutzt?

Beispiel

Ein Auszug aus einer Charakteristik des Vaters aus der Kurzgeschichte „Schlittenfahren" von Helga M. Novak (S. 78 f.) könnte so lauten:

Aussage zu einer Charaktereigenschaft Textbelege Erläuterung/ Schlussfolgerung	Der Vater handelt gegenüber seinen Kindern verantwortungslos. Er lässt sie allein im Garten Schlitten fahren, und das, obwohl sie noch sehr klein sind (vgl. Z. 3 f.). Hinzu kommt, dass es dort nicht ungefährlich für sie ist, denn es fließt ein Bach durch den Garten (vgl. Z. 2). Es kann also leicht passieren, dass eines der Kinder beim Schlittenfahren ins eiskalte Wasser fällt.

Tipp

Um aus den Verhaltensweisen einer Figur die entsprechenden Charaktereigenschaften abzuleiten, musst du dein **Erfahrungswissen** zu Rate ziehen. Frage dich jeweils:
Wann verhält man sich so? Was sagt das normalerweise über einen Menschen aus?
Danach orientierst du dich wieder am Text. Überlege, ob dein Erfahrungswissen zum Text passt. Gegebenenfalls musst du **mehrere Textstellen** berücksichtigen, um das Verhalten einer Figur eindeutig beurteilen zu können.

Übung 33

Schreibe auf Grundlage des Textauszugs eine Charakteristik über die Figur Christian Wolf aus der Erzählung „Der Verbrecher aus verlorener Ehre" von Friedrich Schiller (S. 70) (→ Heft).

Auf einen Blick

Was du beim Schreiben einer Charakteristik beachten solltest

- Im Prinzip gehst du genauso vor wie bei einer Textanalyse: Du formulierst **Aussagen zum Text** (hier: zu einer Figur aus dem Text) und **belegst diese** jeweils anhand von Textstellen. Eine Analyse der Darstellung (sprachliche Gestaltung) entfällt allerdings.
- Zur Vorbereitung musst du den gegebenen Text genau lesen. **Markiere** dabei alle **Textstellen**, die etwas über den Charakter einer Figur verraten.
- Formuliere **Aussagen zu den Charaktereigenschaften** dieser Figur. Wie bei allen Aussagen zu einem Text verwendest du das Tempus **Präsens**.
- Stelle jede Charaktereigenschaft in einem eigenen **Absatz** dar.
- Beziehe dich auf Textstellen, um die Richtigkeit deiner Aussagen nachzuweisen.
- Berücksichtige auch die **Handlungsmotive** der Figur (vgl. S. 69). Diese sind wichtig für eine abschließende Bewertung.

7.5 Einen argumentativen Text schreiben: Erörterung und Stellungnahme

Ziel eines argumentativen Texts ist es, den Leser von der Richtigkeit der eigenen Meinung zu einem Thema zu überzeugen. Man möchte erreichen, dass er sich dieser Meinung anschließt. Oft möchte man ihn auch zu einer Handlung bewegen. Um dieses Ziel zu erreichen, muss man **überzeugende Argumente** anführen. Es gibt Pro- und Kontra-Argumente: Mit einem Pro-Argument äußert man seine Zustimmung, ein Kontra-Argument drückt Ablehnung aus.
Einige Schreibaufgaben verlangen von dir, dass du dich auf **dein Erfahrungswissen** beziehst, um einen argumentativen Text zu verfassen. Es gibt aber auch Schreibaufgaben auf der **Grundlage eines Textes**. Dann musst du die Textinformationen berücksichtigen, um eine Argumentation zu entwickeln.

Die Struktur von Argumenten kennen

Ein überzeugendes Argument besteht aus zwei Teilen: einer **These** (Behauptung) und einer ausführlichen **Begründung**. Oft bietet es sich an, die Begründung durch ein passendes **Beispiel** anzureichern. So wirkt die Darstellung anschaulicher und auch lebendiger und interessanter.
Die Reihenfolge der einzelnen Bestandteile eines Arguments ist nicht festgelegt. Man kann mit einer These beginnen und die Begründung (evtl. mit Beispiel) folgen lassen. Es ist auch möglich, als Erstes ein Beispiel anzuführen, das man anschließend erläutert *(Was zeigt dieses Beispiel?)*. Danach folgt eine Schlussfolgerung; das ist in diesem Fall die These.
Besonders „rund“ wirkt ein Argument, wenn es am Anfang und am Ende von einer These „eingerahmt“ wird. Die These, mit der man das Argument beschließt, klingt dann wie eine Bekräftigung der Anfangsthese. Man muss nur aufpassen, dass man die These am Anfang des Arguments anders ausdrückt als am Schluss. (Wenn dir das nicht gelingt, solltest du lieber auf die Bekräftigungs-These verzichten.)

Beispiel

Ist es richtig, wenn Schüler am Nachmittag einen Nebenjob annehmen?
Zu dieser Frage könnte ein **Pro-Argument** so aussehen:

These	Es ist eine gute Idee, wenn Schüler nachmittags einen Nebenjob annehmen.
Begründung Veranschaulichung durch **Beispiele** Weitere Erläuterungen zur Begründung	Denn so verdienen sie eigenes Geld, und wenn sie sich davon hin und wieder etwas Neues kaufen, z. B. ein Kleidungsstück oder eine CD, dann können sie sich nicht nur über ihre Einkäufe freuen, sondern sie können sich auch voller Stolz sagen: „Das habe ich mir erarbeitet!“ Jugendliche, die kein eigenes Geld verdienen, kennen dieses Gefühl nicht.
Schlussfolgerung (= Bekräftigung der These)	Deshalb kann man es jedem Jugendlichen nur empfehlen, nachmittags einen Job anzunehmen.

Tipp

Wenn dir kein **passendes Beispiel** einfällt, um die Begründung in einem Argument zu veranschaulichen, kannst du dir notfalls auch eines **ausdenken**. Vielleicht gehst du einfach von dir selbst aus, z. B.: *Ich würde mir gern durch einen Nebenjob ein wenig Geld verdienen. Das würde ich sparen, um mir davon später meinen Führerschein zu finanzieren.* Falls dir auch das nicht gelingt, musst du versuchen, deine Begründung auch ohne Beispiel möglichst ausführlich zu gestalten.

Übung 34

Formuliere zu der Frage, ob es richtig ist, wenn Schüler am Nachmittag einen Nebenjob annehmen, ein **Kontra-Argument.** Achte darauf, dass dein Argument vollständig ist. Benenne die einzelnen Bestandteile wie in dem Beispiel oben: Trage die Bezeichnungen an den passenden Stellen in die linke Spalte ein.

Bestandteile	**Kontra-Argument**

Arten von argumentativen Texten unterscheiden

Es gibt zwei Arten von argumentativen Texten: die **Stellungnahme** und die **Erörterung**. Sie unterscheiden sich wie folgt:

Unterschiede von Stellungnahme und Erörterung

- Mit einer **Stellungnahme** äußerst du ausführlich und begründet deine Meinung zu einem Thema. Du beziehst dabei von vornherein eine bestimmte Position und gibst diese gleich zu Anfang bekannt. Anschließend führst du zwei bis drei Argumente aus, um deine Position zu begründen. Am Schluss formulierst du ein Ergebnis, in dem du deine Meinung noch einmal bekräftigst.
- Bei der **Erörterung** unterscheidet man zwei Arten: die **kontroverse** (zweigliedrige) und die **eingliedrige** Erörterung.
  - Bei einer **kontroversen Erörterung** wägst du Für und Wider ab und gelangst erst am Schluss zu deiner Meinung. Im Hauptteil trägst du sowohl **Pro-** als auch **Kontra-Argumente** zum Thema vor. Eine solche Erörterung ist zweigliedrig, der Hauptteil besteht aus **zwei Teilen**: einem Pro- und einem Kontra-Teil. Ordne deine Argument-Gruppen immer so an, dass du nach dem Hauptteil nahtlos zum von dir angestrebten Ergebnis überleiten kannst: Wenn du die Pro-Meinung vertrittst, beginnst du mit den Kontra-Argumenten; bist du für die Kontra-Seite, beginnst du mit Pro-Argumenten.
  - Bei einer **eingliedrigen Erörterung** musst du eine Fragestellung durchdenken, die **nicht kontrovers** angelegt ist. Beispielsweise sollst du für ein bestimmtes Problem eine **Erklärung** suchen. Du nennst dann mehrere Erklärungsansätze und gelangst so schließlich zu einem Ergebnis. Die einzelnen Erklärungsansätze sind wie Argumente, denn auch sie bestehen jeweils aus einer These und einer zugehörigen Begründung.

Tipp

Im **Aufbau** unterscheiden sich die beiden **Erörterungsarten** nur in Bezug auf den Hauptteil; ansonsten sind sie ähnlich strukturiert:
In der **Einleitung** führt man den Leser jeweils zur Fragestellung hin: Entweder nennt man ein passendes Beispiel oder man erklärt, weshalb man sich mit dem Thema befassen will.
Im **Hauptteil** trägt man die Argumente oder Erklärungsansätze vor.
Und am **Schluss** gelangt man zu einem Ergebnis.

Beispiel

So könnten Aufgaben zur Stellungnahme und Erörterung lauten.

- **Stellungnahme:** *Einige Politiker fordern, dass Eltern von Schülern, die regelmäßig die Schule schwänzen, das Kindergeld entzogen wird. Nimm begründet Stellung zu dieser Forderung.*
- **Zweigliedrige, kontroverse Erörterung:** *Erörtere die folgende Fragestellung: Sollte Eltern, deren Kinder regelmäßig die Schule schwänzen, das Kindergeld entzogen werden?*
- **Eingliedrige Erörterung:** *Es gibt immer wieder Schüler, die anfangen, regelmäßig die Schule zu schwänzen. Wie ist das zu erklären? Erörtere diese Frage.*

Tipp

Auch bei einer Stellungnahme ist es geschickt, wenn du neben deinen eigenen Argumenten ein bis zwei **Argumente der Gegenseite** anführst. Damit signalisierst du dem Leser, dass du gründlich über das Thema nachgedacht hast, und du wirkst **überzeugender**, als wenn du nur deine eigene Position vertrittst.
Allerdings solltest du bei einem Argument der Gegenseite schnell deutlich machen, dass du es schwach findest. Lege das Argument so an, dass der Leser geradezu auf das erlösende „Aber" wartet, z. B. so: *Zwar ist es richtig, dass … Aber man darf nicht vergessen, dass …*

Übung 35

Verfasse eine Stellungnahme zur ersten Aufgabe aus den Beispielen auf S. 89 (→ Heft). Verfahre so:

- Entscheide dich für die Position, die du einnehmen willst: Sollte Eltern, deren Kinder regelmäßig die Schule schwänzen, das Kindergeld entzogen werden – ja oder nein?
- Wähle aus der Ideen-Liste unten drei Stichpunkte aus, die du zu vollständigen Argumenten ausformulieren willst. Lege deren Reihenfolge fest, indem du sie entsprechend nummerierst.
- Schreibe nun den Einleitungssatz, in dem du deine Position schon klar zum Ausdruck bringst.
- Entkräfte danach ein mögliches Argument der Gegenseite.
- Führe anschließend deine drei Argumente aus.
- Formuliere zum Schluss ein Ergebnis, in dem du deine anfangs geäußerte Position nochmals bekräftigst.

Ideen-Liste

1. Eltern evtl. machtlos, Bestrafung der Falschen
2. Entzug von sozialen Leistungen als Druckmittel möglicherweise effektiv
3. wichtiger: Gründe für das Schulschwänzen herauszufinden
4. besserer Kontakt zwischen Schule und Elternhaus nötig
5. Schule attraktiver machen durch Verbesserung des Unterrichts
6. Erziehung der Eltern zur Erfüllung ihrer Fürsorgepflicht
7. Rechtliche Durchsetzbarkeit fraglich
8. Unterstützung wichtiger als Strafe
9. Maßnahmen des Staats gegenüber Schülern nicht zulässig, Verantwortung liegt bei den Eltern
10. Sparen von Ausgaben eigentliches Ziel?

Auf einen Blick

Was du beim Schreiben eines argumentativen Texts beachten solltest	
Nicht zu viele Argumente anführen	Auf die Anzahl der Argumente kommt es nicht an. Vier überzeugende Argumente sind besser als sechs schwache! (Wenn allerdings die Zahl der Argumente vorgegeben ist, solltest du sie alle möglichst gleichermaßen überzeugend gestalten.)
Nach ansteigender Wichtigkeit argumentieren	Ordne deine Argumente nach dem Prinzip ansteigender Wichtigkeit an: Beginne mit einem Argument, dem du eher wenig Gewicht beimisst. Erläutere dann zunehmend bedeutsame Aspekte. Am Schluss führst du das überzeugendste Argument aus. (Bei den Argumenten der Gegenseite verfährst du umgekehrt: Beginne mit einem einleuchtenden Argument und füge dann noch eines oder zwei weniger wichtige hinzu.)
Abwechslungsreich gestalten	Gestalte deine Argumente möglichst abwechslungsreich. Ordne These, Begründung und Beispiel nicht immer in der gleichen Reihenfolge an. Das wirkt monoton.
Verknüpfungen herstellen	Zähle deine Argumente nicht nur auf, sondern stelle Überleitungen zwischen ihnen her. Eigentlich gibt es nur zwei Möglichkeiten: • Zwei aufeinanderfolgende Argumente passen zusammen, z. B. weil beide Pro-Argumente sind. Dann wählst du eine Überleitung, die eine Reihung zum Ausdruck bringt, z. B.: *Hinzu kommt, dass … Außerdem sollte man berücksichtigen, dass …* • Zwei aufeinanderfolgende Argumente passen nicht zusammen, z. B. weil das erste ein Pro-Argument und das zweite ein Kontra-Argument ist. Dann wählst du eine Überleitung, die einen Gegensatz ausdrückt, z. B.: *Aber … Andererseits … Allerdings …*
Durch Absätze strukturieren	Stelle jedes Argument in einem eigenen Absatz dar. Beginne also mit jedem neuen Argument einen neuen Absatz.
Widersprüche vermeiden	Verstricke dich nicht in Widersprüche. Das kann leicht passieren, wenn du außer deinen eigenen Argumenten auch Argumente der Gegenseite ausformulierst. Gegnerische Argumente solltest du spätestens dann entkräftet haben, wenn du mit deinen eigenen Argumenten anfängst.

7.6 Einen informativen Text verfassen

Mit einem informativen Text **vermittelt** der Verfasser dem Leser **Kenntnisse** zu einem bestimmten Thema. Wenn du also einen informativen Text schreiben willst, solltest du dir zunächst genügend **Wissen über das Thema** aneignen. Für deinen Text musst du dann die entscheidenden **Informationen** sinnvoll **auswählen**, sie geschickt **anordnen** und verständlich **darstellen**.
Als Grundlage für einen solchen informativen Text dienen stets **mehrere verschiedene Materialien**. Indem man unterschiedliche Informationsquellen berücksichtigt, gewährleistet man eine gewisse Objektivität und erhält überdies einen umfassenden Einblick in ein Thema.

Folgendes solltest du beim Verfassen eines informativen Textes beachten:

- Du schreibst **sachlich** und **neutral** – wie bei einem Bericht. Persönliche Wertungen und Kommentare äußerst du nicht. (Ausnahme: Im Schluss deines Textes kannst du kurz auf deine eigene Meinung zum Thema eingehen.)
- Die Darstellung erfolgt im **Präsens**, denn du informierst über Sachverhalte, die grundsätzlich gelten.
- Achte darauf, **eigene Worte** zu verwenden. Umgangssprachliche Ausdrücke solltest du aber vermeiden. Schreibe möglichst immer in der **Standardsprache**.
- Für den **Aufbau** des **Hauptteils** gilt: vom Allgemeinen zum Besonderen. Beantworte also nacheinander diese Fragen: a) Was lässt sich **grundlegend** über das Thema sagen? (*Was ist …? Wo gibt es …? Wie häufig …?*) b) Welche **Besonderheiten** sind zu erkennen? c) Welche **Probleme** gibt es damit?

Schritt für Schritt

Arbeitsschritt 1 **Informationen einholen:** Beschaffe dir Informationen zum Thema. Suche im Internet oder in Bibliotheken nach geeigneten Materialien.
(Dieser Arbeitsschritt entfällt, wenn dein/e Lehrer/in dir Materialien vorlegt.)

Arbeitsschritt 2 **Materialien prüfen:** Nummeriere all die Materialien, die du für gut befindest und die du für deinen Text heranziehen willst. So kannst du deine ausgewählten Informationen später problemlos den jeweiligen Materialien zuordnen.

Arbeitsschritt 3 **Materialien auswerten:** Lies die Materialien gründlich und suche dabei nach wesentlichen Auskünften über das Thema. Markiere die entsprechenden Textstellen oder schreibe sie heraus.
Informationen, die inhaltlich zusammengehören, kennzeichnest du mit gleichen Buchstaben oder Zeichen. Finde Zwischenüberschriften für diese „Informations-Gruppen", z. B.: *Problem, Häufigkeit* etc. (Siehe dazu auch den Tipp auf Seite 94.)

Arbeitsschritt 4 **Die Reihenfolge bestimmen:** Lege für deine „Informations-Gruppen" samt Zwischenüberschriften (aus Schritt 3) eine sinnvolle Reihenfolge fest: Nummeriere sie.

Arbeitsschritt 5 **Den Schreibplan erstellen:** Trage die Zwischenüberschriften und die zugehörigen Informationen in Stichworten in deinen Schreibplan ein. Sie gehören in den Hauptteil. Notiere jeweils auch die Quelle der Informationen. Ergänze dann im Schreibplan stichwortartig deine Ideen für die Einleitung und den Schluss.

Arbeitsschritt 6 **Die Einleitung schreiben:** Entwirf deine Einleitung auf einem Extrablatt. Wecke das Interesse des Lesers, z. B., indem du ein anschauliches Beispiel schilderst und von da aus zum Thema hinführst. (Du kannst auch einige allgemeine Aussagen zum Thema äußern.) Wenn dir dein Entwurf gefällt, schreibst du ihn ins Reine.

Arbeitsschritt **7** **Den Hauptteil schreiben:** Nimm dir nacheinander die einzelnen „Informations-Gruppen“ vor, die du in deinem Schreibplan notiert hast, und formuliere sie aus. Zähle die Informationen aber nicht bloß auf, sondern stelle Zusammenhänge her, z. B. mithilfe von Konjunktionen und Adverbien.

Arbeitsschritt **8** **Den Schluss schreiben:** Schreibe wieder deinen Entwurf auf ein Extrablatt. Formuliere ein Fazit, indem du weiterführende Gedanken zum Thema äußerst. Du kannst z. B. sagen, welche Meinung du zu dem Thema hast. Oder du forderst den Leser auf, die eigenen Verhaltensweisen und Einstellungen zu überdenken. Wichtig: Vermeide die Wiederholung von Aussagen, die du bereits im Hauptteil gemacht hast! Übertrage am Ende den fertigen Entwurf in deine Reinschrift.

Beispiel

Ein Schreibplan zum Thema „Kinderarbeit“ könnte so beginnen:

Zwischenüberschriften	Einzelinformationen	Quellen
Einleitung Hinführung zum Thema	Kinderarbeit heute, z. B. Schuhputzer in Indien	C, D
Hauptteil (1) Definition von Kinderarbeit	• Arbeit von Kindern unter 15 Jahren • regelmäßiges Arbeiten für Geld • …	A
Hauptteil (2) Verbreitung und Häufigkeit von Kinderarbeit	• überwiegend in Entwicklungsländern, vor allem Lateinamerika, Südostasien, Afrika • auch in anderen Regionen (USA, Australien, Europa) • 215,3 Millionen Kinderarbeiter weltweit • …	C
Hauptteil (3) Ursachen von Kinderarbeit		
Hauptteil (4) Folgen von Kinderarbeit		
Hauptteil (5) Mögliches Vorgehen gegen Kinderarbeit		
Schluss Appell an die Eltern		

Tipp

Geeignete **Zwischenüberschriften** findest du, indem du dir bestimmte Fragen stellst. Zum Thema „Kinderarbeit“ könnten es z. B. diese Fragen sein:

- **Was** ist Kinderarbeit? (→ Definition/Erläuterung)
- **Wo** gab oder gibt es Kinderarbeit? (→ Regionen, in denen es Kinderarbeit gab oder gibt)
- **In welchem Ausmaß** gibt es Kinderarbeit? (→ Häufigkeit von Kinderarbeit)
- **Warum** gibt es Kinderarbeit? (→ Ursachen von Kinderarbeit)
- **Wie** wirkt sich Kinderarbeit aus? (→ Folgen von Kinderarbeit)
- **Was** kann man **gegen** Kinderarbeit tun? (→ Lösungsmöglichkeiten)

Übung 36

Schreibe einen informativen Text zum Thema „Kinderarbeit“.
Stelle dir Folgendes vor:

Ihr habt im Gesellschaftskundeunterricht das Thema Kinderarbeit behandelt. Deshalb seid ihr gut darüber informiert und wollt nun zumindest einen kleinen Beitrag dazu leisten, dass Kinderarbeit eingedämmt wird. Gemeinsam mit eurem Lehrer plant ihr eine Informationsveranstaltung für die Eltern eures Jahrgangs, um sie anhand von Beispielen über Kinderarbeit in verschiedenen Ländern zu informieren. Am Ende hältst du ein Referat, in dem du zusammenfassend informierst über …

- die Definition von Kinderarbeit,
- die Verbreitung und Häufigkeit von Kinderarbeit,
- die Ursachen von Kinderarbeit,
- die Folgen von Kinderarbeit,
- mögliche Maßnahmen gegen Kinderarbeit.

Zum Schluss der Veranstaltung erhalten die Eltern eine Broschüre, in der sie alle eure Vorträge noch einmal nachlesen können.

Schreibe den Text für dein Referat. (→ Heft)

Gehe so vor:

- Lies die **Materialien A–F** zum Thema „Kinderarbeit“ (S. 95–97). Markiere beim Lesen gleich alle Aussagen, die dir wesentlich erscheinen, und notiere kommentierende Stichworte am Rand.
- Bereite das Schreiben deines Textes vor, indem du einen **Schreibplan** anlegst und ihn ausfüllst: Trage zu den einzelnen Unterpunkten stichwortartig Notizen ein. In der Spalte **Quellen** notierst du jeweils die Materialien, denen du deine Informationen entnimmst.
(Das angefangene Beispiel auf Seite 93 kannst du natürlich nutzen.)
- In der **Einleitung** führst du zum Problem hin. Informiere in Kürze allgemein über Kinderarbeit heute.
- Im **Hauptteil** vermittelst du die wesentlichen Informationen über Kinderarbeit.
- Am **Schluss** appellierst du an die Eltern, künftig möglichst keine Produkte mehr zu kaufen, bei deren Herstellung Kinderarbeiter beteiligt waren.

A. Kinderarbeit heute

Man spricht von Kinderarbeit, wenn Kinder regelmäßig zum Zweck des Gelderwerbs arbeiten gehen. Als Kinder gelten in diesem Zusammenhang Personen, die jünger als 15 Jahre sind. Diese Altersgrenze hat die ILO[1] so festgelegt.

Ein Kind, das seiner Mutter gelegentlich im Haushalt hilft, verrichtet demnach keine Kinderarbeit, denn es erledigt nur hin und wieder einige Arbeiten. Diese übernimmt es auch nicht, um Geld zu verdienen. Weder bekommt es für seine Dienste einen Stundenlohn, noch stellt es Dinge her, die anschließend auf dem Weltmarkt mit Gewinnabsicht verkauft werden.

Es sind also drei Kriterien, die erfüllt sein müssen, damit man von Kinderarbeit sprechen kann: das Alter der Kinder (unter 15), die Regelmäßigkeit des Arbeitens und der Zweck der Arbeit (das Geldverdienen).[2]

1 *ILO:* Internationale Arbeitsorganisation, eine Unterorganisation der Vereinten Nationen
2 Jugendlichen ab 13 Jahren ist aber erlaubt, durch leichte Tätigkeiten, z. B. Babysitten, ihr Taschengeld aufzubessern.

B. Kinderarbeit weltweit

[…] Millionen Mädchen und Jungen müssen Tag für Tag unter gefährlichen und ausbeuterischen Bedingungen schuften. Sie ruinieren ihre Gesundheit und können nicht zur Schule gehen. Einige dieser Kinderarbeiter stellen Waren her, die in die ganze Welt exportiert werden: T-Shirts, Kaffee, Kakao, Tee, Orangensaft, Natursteine, Kosmetik und glitzernde Strass-Steine. Mittlerweile gibt es eine Vielzahl von Initiativen, die sich gegen die Ausbeutung von Kindern engagieren: *terre des hommes*[1]-Projektpartner eröffnen Schulen, helfen Schuldknechten[2] in die Freiheit, leisten Rechtshilfe, werben für die Einschulung und stärken Kinderarbeiter in ihren Rechten.

Quelle: http://www.tdh.de/content/themen/schwerpunkte/kinderarbeit/ (aus didaktischen Gründen gekürzt)

1 *terre des hommes:* französisch für „Erde der Menschen"; eine Kinderschutzorganisation
2 *Schuldknecht:* Jemand, der wie ein Sklave arbeiten muss, um seine Schulden zu tilgen. Kinderarbeiter sind manchmal wie Schuldknechte, weil ihre Eltern bei jemandem Schulden haben (vgl. auch Text E).

C. Wo Kinder arbeiten müssen[1]

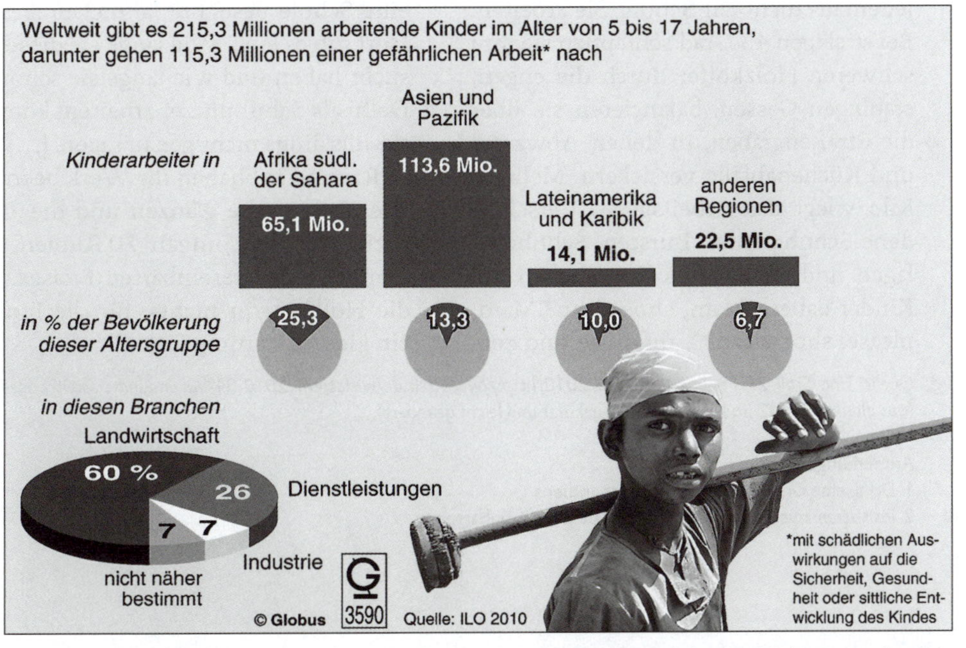

1 Neben der generellen Altersgrenze für Kinderarbeit von 15 Jahren (vgl. Text A) hat die ILO bestimmt, dass kein Kind unter 18 Jahren einer *gefährlichen* Arbeit nachgehen sollte. Deshalb berücksichtigt das Schaubild auch Jugendliche im Alter von 15 bis 17 Jahren.

D. Schuhe putzen für ein paar Rupies

Täglich machen Raj und Lal ihre Runde durch Karol Bagh, vorbei am Bazar, an den kleinen Läden, die bunte Stoffe, Lederwaren, Schuhe oder Heiligenstatuen feilbieten. In dem bunten Viertel mitten im Herzen von Delhi[1] haben sich zahlreiche billige Hotels angesiedelt. Rucksacktouristen aus dem Westen bevölkern die Straßen. Auf sie haben es Raj und Lal abgesehen. Die beiden Zwölfjährigen arbeiten als Schuhputzer. Für zehn Rupien, umgerechnet nicht einmal 20 Cent, putzen und polieren die beiden Jungen die Schuhe der Touristen. Sieben Tage die Woche, von morgens bis abends. Ihre Körper sind klein, die Haare verfilzt, die Hände verhornt und schmutzig. Raj und Lal sind zwei von schätzungsweise 13 Millionen Kinderarbeitern im Alter zwischen fünf und 14 Jahren in Indien. Die Zahl ist eine vorsichtige Schätzung der Regierung. Der indische Journalist und Buchautor M.V. Kamath vermutet, dass die Zahl deutlich höher liegt. „Es gibt mindestens 70 bis 80 Millionen Kinder in Indien, die nicht die Schule besuchen. Was machen diese Kinder? Man muss davon ausgehen, dass sie alle arbeiten." [...]

Raj und Lal gehen an diesem Tag jedenfalls nicht zur Schule. Sie arbeiten. Bei stickigen 43 Grad schleppen sie ihre schweren Holzkoffer durch die engen, staubigen Gassen, balancieren sie über die Straßengräben, in denen Abwasser und Küchenabfälle versickern. Mehrere Kilo wiegt das Arbeitsgerät. Verschiedene Schuhcremes, Bürsten, Schuheinlagen und auch Werkzeuge haben die Kinder dabei. „Mam, shoe clean? Mam, please, shoe clean?", rufen sie und zerren an einer Europäerin, die schwarze Halbschuhe trägt.

Eigentlich möchte die Holländerin die Dienste der Jungen nicht in Anspruch nehmen. [...] „Mam, 10 Rupies! Mam!", insistieren[2] die Kinder. Raj und Lal haben gelernt, energisch zu sein. Dann gucken sie die Frau mit großen, traurigen Augen an, greifen nach ihrer Hand. Die Touristin zieht ihre Hand erst erschrocken zurück, dann lässt sie es geschehen. [...] Die beiden kleinen Schuhputzer tun ihr leid. [...]

Raj und Lal haben sich über die Schuhe der Touristin hergemacht. Sie bürsten sie kräftig ab und reiben den Staub weg, dann schmieren sie erst schwarze, dann weiße Schuhcreme auf die Synthetik-Halbschuhe. [...] Es sieht aus, als seien die Kinder ganz eins mit ihrer Tätigkeit, die kleinen Körper wiegen sich vor und zurück im Rhythmus der Bürsten.

Von einem Ladenbesitzer erfährt die Touristin, dass Raj und Lal aus einem Dorf in Rajasthan stammen; in Delhi würden sie bei einem Onkel leben. Für ihn arbeiten sie. Einen Teil des Geldes, das sie verdienen, bekommen ihre Eltern. [...] Haben die Jungen denn jemals eine Schule besucht? Ja, nicken sie. Im Dorf gab es eine. Wie lange sie diese besucht haben und wie lange sie schon in Delhi als Schuhputzer arbeiten, können sie allerdings nicht genau sagen. [...]

Raj und Lal haben ihr Werk beendet. Die Halbschuhe glänzen und die Touristin gibt den Jungen 20 Rupien, das Doppelte des vereinbarten Preises. Für die Holländerin nichts, für die Jungen ein kleines Vermögen. [...]

Quelle: Tina Groll, ZEIT online vom 27. 4. 2010; http://www.zeit.de/wirtschaft/2010-04/indien-kinderarbeit?page=all (aus didaktischen Gründen stellenweise gekürzt und leicht geändert)

Anmerkungen:
1 *Delhi*: eine Großstadt im Nordosten Indiens
2 *insistieren*: mit Nachdruck auf etwas bestehen, beharren

E. Ursachen von Kinderarbeit

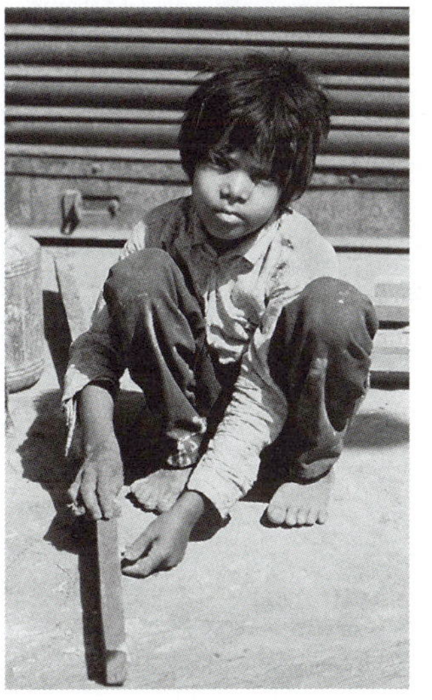

Die Ursachen von Kinderarbeit liegen im wirtschaftlichen Ungleichgewicht dieser Welt und in einem Teufelskreis von mangelhaften Sozialsystemen, fehlender Bildung, Armut und Ausbeutung. Laut Statistiken der Vereinten Nationen hatte 2004 in den Entwicklungsländern gut jeder Fünfte weniger als einen US-Dollar pro Tag zur Verfügung. Das reicht nicht, um eine Familie zu ernähren. Die Eltern können sich einen Schulbesuch der Kinder nicht leisten oder sehen zum Teil auch gar keine Notwendigkeit. In manchen Kulturen gilt es als selbstverständlich, dass Kinder als Zeichen ihrer Dankbarkeit mitarbeiten müssen, um die Familie zu ernähren. Diese Tradition kann allerdings von kleinen Jobs und etwas Mithilfe bis hin zu brutaler Ausbeutung reichen. Nicht selten bedeutet das: Die Kinder müssen Geld heimbringen, egal wie.

Oft geht es dabei um das blanke Überleben. Statt zu lernen und eine richtige Ausbildung zu bekommen, müssen viele Kinder von klein auf arbeiten. Oft geht es auch darum, die Schulden der Eltern abzuarbeiten. Besonders in Südasien gibt es die sogenannte Schuldknechtschaft. Arbeitgeber leihen ihren Angestellten zu Wucherzinsen Geld und lassen sie nicht mehr gehen, bevor alles zurückbezahlt ist. Wegen der Hungerlöhne hat kaum ein Arbeiter die Chance, das Geld mitsamt den Zinszahlungen aufzubringen. Die Schulden werden weitergegeben an die nächste Generation und alle Familienmitglieder, auch die Kinder, werden zu Sklaven des Unternehmers.

Viele der Kinderarbeiter gehören Minderheiten oder anderen unterdrückten gesellschaftlichen Gruppen an. Besonders Mädchen, die in vielen Kulturen weniger gelten als Jungen, sind gefährdet. Statt zur Schule zu gehen, müssen sie arbeiten oder sich gar prostituieren. Besonders in Afrika führen Bürgerkriege und die Verbreitung von Aids auch dazu, dass viele Kinder zu Waisen werden und sich dann alleine durchschlagen müssen.

Quelle: Romana Schuschitz, Eva Felber; http://kinderarbeit.wordpress.com/ursachen-von-kinderarbeit/

F. Was Verbraucher tun können

[...] Wichtig bei allen Anstrengungen gegen ausbeuterische Kinderarbeit ist, dass jedes einzelne Kind tatsächlich eine sinnvolle Alternative bekommt: In der Regel ist das der Besuch einer Schule oder eine Ausbildung. Allein mit Aufrufen zum Boykott von Firmen und Produkten ist es nicht getan. Beispiele aus der Vergangenheit haben gezeigt, dass solche Aufrufe nur zur Entlassung der Kinder führten, ohne ihnen aber eine alternative Überlebensperspektive anzubieten. [...]

Kaufen Sie, wo möglich, Produkte aus fairem Handel oder mit einem seriösen Sozialsiegel. Diese Kennzeichnungen sind eine Möglichkeit zu erkennen, unter welchen Bedingungen Produkte hergestellt wurden. Die Angabe des Herstellungslandes sagt wenig aus, denn dort kann es Betriebe ohne Kinderarbeiter geben und solche, die Kinder ausbeuten. Auch Markenartikel und teure Designerprodukte können unter Beteiligung von Kindern hergestellt sein. Der Endpreis einer Ware allein lässt in der Regel keine Rückschlüsse auf die Herstellungsbedingungen zu.

Sorgen Sie dafür, dass auch Großverbraucher zu gesiegelten Produkten greifen: In Kantinen kann TransFair-Kaffee ausgeschenkt werden, Gewerkschaften, Vereine oder Pfarrgemeinden können nur noch Blumen aus gesiegelter Produktion oder heimischen Betrieben verschenken. Sportvereine können Bälle aus fairem Handel anschaffen. [...]

Quelle: http://www.tdh.de/content/themen/schwerpunkte/kinderarbeit/was_verbraucher_tun_koennen.htm

7.7 Produktiv-kreative Texte schreiben

Aufgaben, die produktiv-kreativ angelegt sind, beziehen sich meist auf einen **literarischen Text**. Eine solche Schreibaufgabe verlangt von dir, dass du auf der Grundlage des Originaltextes einen neuen Text schreibst. Entweder sollst du

Arten von produktiven Schreibaufgaben

- den Text **umgestalten** (z. B. eine Kurzgeschichte in ein Gedicht oder einen Dialog umwandeln) oder
- eine **Fortsetzung** zu einem Text schreiben oder
- die **Perspektive einer der beteiligten Figuren** einnehmen und dich aus ihrer Sicht schriftlich äußern oder
- die **Perspektive eines unbeteiligten Beobachters** einnehmen und einer Figur aus dem Text schriftlich deine Meinung mitteilen, ihr einen Rat geben o. Ä.

Die **Informationen**, die du dem **Originaltext** entnehmen kannst, bilden die Grundlage für dein Schreiben. In Form und Sprache musst du dich an der **Textsorte** orientieren, die dir laut Aufgabenstellung vorgegeben wird.
Wenn du z. B. eine Fortsetzung zu einem Text schreiben sollst (z. B. zu einer Kurzgeschichte), muss dein Text im gleichen Stil wie der Originaltext geschrieben sein. Auch der Inhalt, den du dir überlegst, muss dazu passen. Und wenn dir aufgetragen wird, aus der Sicht einer Figur einen persönlichen Brief zu schreiben, musst du zusätzlich die Merkmale eines persönlichen Briefes berücksichtigen.

Am ehesten kommen diese Textsorten infrage:

- Tagebucheintrag
- persönlicher Brief
- Leserbrief
- formaler Brief, z. B. ein Beschwerdebrief

Wie bei allen Schreibaufgaben musst du vor dem Schreiben eines produktiv-kreativen Textes als Erstes die Aufgabenstellung genau durchdenken. Am besten siehst du dir noch einmal die Schema-Zeichnung auf S. 58 an und hältst die wesentlichen Aspekte der Aufgabe stichwortartig auf einem Extrablatt fest:

- Welche **Art von Text** (**Textsorte**) sollst du schreiben?
  Welche besonderen Merkmale zeichnen einen solchen Text aus? Welche Form und welche Sprache ist passend für diese Textsorte?
- Aus wessen **Sicht** sollst du den Text schreiben (**Schreiber**)?
  Um wen handelt es sich bei dem Schreiber: Was für eine Person ist es? Was will diese Person erreichen? Was weiß sie, was weiß sie nicht? In welcher Situation befindet sich die Person? Welche Sprache wird sie verwenden?
- Wer ist der **Adressat**?
  An welchen Leser richtet sich der Text? Was für eine Person ist es? In welcher Beziehung steht sie zum Schreiber? Welche Meinung vertritt diese Person zu dem Thema? Welche Kenntnisse hat sie, welche nicht? Welche Erwartungen hat diese Person an Sprache und Form eines solchen Textes?

- Um welches **Thema** geht es?
  Welche Informationen vermittelt der Text dazu? Welches Erfahrungswissen hast du zu diesem Thema?

Wähle dann eine Sprache und Form, die zur Textsorte, zum Schreiber und zum Leser passt und auch dem Thema gerecht wird.

Tipp

Bei produktiv-kreativen Schreibaufgaben solltest du dich unbedingt **am Text orientieren**, denn deine Darstellung muss stimmig sein und genau dazu passen. Schreibe nichts, was dem Text widerspricht! Erfinde z. B. kein Happy-End, wenn der Originaltext das nicht nahelegt.

Trotzdem musst du auch deine **Fantasie** spielen lassen, d. h., du solltest die Darstellung in deinem Text durch dein **Erfahrungswissen** anreichern. Überlege also, was sich über den Schreiber oder den Leser glaubhaft hinzuerfinden lässt. Denke dir passende Einzelheiten aus!

Die wichtigsten **Textsorten** im Bereich produktiv-kreativen Schreibens sind:

Tagebucheintrag

Textsorte: *Ziel:* Erinnerungen festhalten, Erinnerungen verarbeiten
Aufbau: Beginn in der Regel mit der Erinnerung an ein Erlebnis, das an diesem Tag stattgefunden hat; Ende evtl. mit Gedanken über die Zukunft
Merkmale der Darstellung: Der Text wirkt spontan. Er ist so geschrieben, wie es dem Schreiber in den Sinn kommt, stellenweise Umgangssprache möglich (nicht zu viel). Der Schreiber äußert vor allem Gefühle und Gedanken. Tempus: Perfekt oder Präteritum (für die Darstellung des Erlebten), Präsens und Futur (für die Gedanken über das Erlebte)

Schreiber: in der Regel eine Figur aus einem literarischen Text (meist die Hauptfigur); evtl. auch eine Figur, die man sich als Beobachter des Geschehens vorstellen soll

Adressat: der Schreiber selbst; evtl. spricht er das Tagebuch direkt an *(Liebes Tagebuch …)*

Thema: ein Erlebnis des Tages, das den Schreiber bewegt hat (z. B. eine Konfliktsituation)

Persönlicher Brief

Textsorte: *Ziel:* schriftlicher Austausch mit einer vertrauten Person
Aufbau: Beginn mit Briefkopf (Ort, Datum, darunter Anrede: *Lieber …* oder: *Sehr geehrter …*), im eigentlichen Brieftext zunächst Hinweis auf den Anlass des Schreibens, dann die Auseinandersetzung mit dem Thema, danach nochmaliges Herausstellen des Anliegens, Ende mit Grußformel und Unterschrift
Merkmale der Darstellung: Kommunikationssituation erkennbar (z. B. durch gelegentliche direkte Anrede des Empfängers), Darstellung erfolgt einfühlsam, in der Sprache an den Erwartungen des Empfängers ausgerichtet, aber auch zum Schreiber passend; Tempus: Präsens und Perfekt

Schreiber: eine Figur aus einem literarischen Text oder eine Figur, die man sich vorstellen soll und in deren Lage man sich hineinversetzen soll
Adressat: eine andere Figur aus dem Text oder eine andere Figur, die man sich als am Geschehen Beteiligte vorstellen soll
Thema: entsprechend dem Anliegen des Schreibers: z. B. Entschuldigung, Appell, Grüße, Genesungswünsche etc.

Leserbrief

Textsorte: *Ziel:* Meinungsäußerung, in der Regel als Reaktion auf einen Pressetext
Aufbau: Beginn mit Bezugnahme auf ein Ereignis oder eine Entwicklung, über die man etwas gelesen hat, danach Äußerung der eigenen Meinung, anschließend Begründung der Meinung, am Ende eine Art Fazit formulierend
Merkmale der Darstellung: deutliche Sprache, um die eigene Meinung klar zum Ausdruck zu bringen, gelegentlich auch ein wenig pointiert oder provozierend (sonst wird der Leserbrief gar nicht erst abgedruckt), stellenweise Umgangssprache möglich (nicht zu viel); Tempus: Perfekt (für Dinge, die sich ereignet haben und auf die man sich bezieht) und Präsens oder Futur (für die Darstellung einer Entwicklung, für die eigenen Gedanken)
Schreiber: der Leser einer Zeitung oder Zeitschrift
Adressat: zunächst die Redaktion, hauptsächlich aber die anderen Leser der Zeitung/Zeitschrift
Thema: ein aktuelles Ereignis oder eine Entwicklung, die in der Diskussion steht

Formaler Brief

Textsorte: *Ziel:* Vorbringen eines Anliegens (z. B. Vortragen einer Bitte, Beschwerde o. Ä.)
Aufbau: Beginn mit Briefkopf (Name und Anschrift des Schreibers, Datum, darunter Name und Anschrift des Empfängers), darunter Nennung des Anliegens (in Betreffzeile), dann höfliche Anrede des Empfängers; im eigentlichen Brieftext zunächst Bezugnahme auf den Anlass des Schreibens, Vortragen des Anliegens, evtl. Begründung des Anliegens; abschließend eine Erwartungshaltung zum Ausdruck bringend, endend mit Grußformel und Unterschrift
Darstellung: Standardsprache, höflich und sachlich;
Tempus: Perfekt (bei Bezug auf den Anlass) und Präsens oder Futur (zur Darstellung des Anliegens und der Erwartungen)
Schreiber: eine Person, die ein Anliegen an eine Behörde, eine Institution oder ein Unternehmen zum Ausdruck bringen will
Adressat: Mitarbeiter einer Behörde, einer Institution oder eines Unternehmens
Thema: ein Anliegen, das man gegenüber der Behörde, der Institution oder dem Unternehmen vertritt; Grundlage ist die Darstellung eines Geschehens in einem literarischen Text oder in einem Sachtext

Beispiel

Ein **Tagebucheintrag** als mögliche produktiv-kreative Schreibaufgabe zur Kurzgeschichte „Schlittenfahren" von Helga M. Novak (S. 78 f.) könnte so aussehen:

Eine Nachbarin hat den Vorfall zufällig beobachtet. Durch ihr rasches und tatkräftiges Eingreifen hat sie den kleinen Jungen gerade noch aus dem eiskalten Bach retten können. Sie kann es nicht fassen, dass der Vater der beiden Kinder seine Aufsichtspflicht so grob vernachlässigt hat. Die Beinahe-Katastrophe geht ihr gar nicht aus dem Kopf. Am Abend versucht sie, ihre Gedanken zu ordnen, indem sie einen Eintrag in ihr Tagebuch schreibt.

Anfang einer möglichen Lösung:

Heute habe ich etwas geradezu Unglaubliches erlebt, das mir gar nicht aus dem Sinn geht – und das in unmittelbarer Nachbarschaft! Der kleine Sohn unserer neuen Nachbarn ist beim Schlittenfahren in den eiskalten Bach gefallen. Beinahe wäre er ertrunken. Zum Glück kam ich zufällig gerade vom Einkaufen zurück und sah das Unglück. Ohne mich zu besinnen, riss ich die Pforte auf, stürzte hinunter zum Bach und zog den Kleinen heraus. Die Kinder hatten schon eine ganze Weile im Garten gespielt – allein! Es lag ja Schnee, und das Wetter war herrlich. Da kann man ja verstehen, dass sie ihren neuen Schlitten ausprobieren wollten. Aber dass der Vater sich überhaupt nicht um seine Kinder gekümmert hat, ist mir unbegreiflich. Der jüngste Sohn dürfte erst knapp zwei Jahre alt sein, er kann ja noch nicht einmal sprechen. Da hätte man die beiden doch nicht unbeaufsichtigt Schlitten fahren lassen dürfen! Ich bin fassungslos! – Wo war eigentlich die Mutter? Mir scheint, viele Eltern sind heutzutage mit der Erziehung ihrer Kinder heillos überfordert ...

Übung 37

Lies noch einmal die Erzählung „Marathon" von Reinhold Ziegler (S. 39 f.). Bearbeite dann die beiden produktiv-kreativen Schreibaufgaben (→ Heft).

a) Das Erlebnis des Marathonlaufs mit seinem Sohn geht dem Vater nicht aus dem Kopf. Um sich über seine Gedanken und Gefühle klar zu werden, schreibt er am Abend einen Eintrag in sein Tagebuch.

   Hinweis: Denke dir für den Sohn einen Namen aus. Falls du der Meinung bist, dass der Vater auch auf seine Frau zu sprechen kommen sollte, überlegst du dir auch für sie einen Namen.

b) Am Tag nach dem Marathonlauf mit seinem Vater verlässt der Sohn seine Eltern und fährt wieder zu sich nach Hause. Während der Fahrt mit der Bahn denkt er noch einmal über das Erlebnis des Vortages nach. Er ist froh darüber, dass er seinem Vater zum ersten Mal ehrlich seine Meinung gesagt hat. Kurzentschlossen nutzt er die Zeit in der Bahn, um seinem Vater einen Brief zu schreiben.

8 Einen Text überzeugend gestalten

8.1 Geschickt formulieren

Um einen wirklich guten Text zu schreiben, genügt es nicht, dass du etwas Interessantes zu sagen hast; du musst deine Informationen auch so „verpacken“, dass der **Leser** sich **durch die Darstellung angesprochen** fühlt.

Von einem guten Text erwartet man diese Darstellungsqualitäten:

- **Verständlichkeit:** Der Text enthält keine unübersichtlichen, endlos langen „Bandwurmsätze“. Die einzelnen Sätze werden auch nicht nur aneinandergereiht, sondern die Zusammenhänge zwischen ihnen sind deutlich zu erkennen.
- **Interessantheit:** Es gibt keine unnötigen (sprachlichen) Wiederholungen. Der Text vermittelt interessante Informationen (z. B. über etwas, das neu ist). Grundlegende allgemeine Aussagen werden durch Beispiele veranschaulicht.
- **Prägnanz:** Es ist leicht zu erkennen, wo die wesentlichen Informationen stehen. Sie sind an einer herausragenden Stelle positioniert (z. B. am Anfang oder Ende eines Absatzes) und nicht in einer Fülle von erläuternden Sätzen „versteckt“. Außerdem sind sie klar formuliert, am besten in Form von Hauptsätzen. Die Wortwahl ist treffend und angemessen.

Tipp

> Denke daran: Ein guter Text macht **auch äußerlich einen ansprechenden Eindruck.**
> Achte darauf, dass deine **Schrift** sauber und gut zu lesen ist,
> dass du Aussagen, die inhaltlich zusammengehören, in **Absätzen** zusammenfasst und
> dass du rund um den Text einen ausreichenden **Rand** (zwei bis drei Zentimeter) lässt.

Im folgenden Text sind die wesentlichen Aussagen unterstrichen. Wörter, die **Zusammenhänge** herstellen, sind durch Fettdruck hervorgehoben.

Beispiel

Der Größere ist meistens schuld

Größere Männer scheinen gegenüber kleineren in der Regel im Vorteil zu sein. Seit langem ist bekannt, dass sie mehr Geld verdienen, und oft haben sie auch die schöneren Frauen.

Im Fußball scheint es **aber** so etwas wie eine ausgleichende Gerechtigkeit zu geben. Bei Fouls treffen die Schiedsrichter **nämlich** oft eine Entscheidung zugunsten kleinerer Spieler. **Diese Entdeckung** haben Forscher der Universität Rotterdam gemacht. **Sie** analysierten über 100 000 Fouls aus der Bundesliga, der Champions League und WM-Spielen, **und dabei** fanden **sie** etwas Interessantes heraus: Unfaires Verhalten wurde in den meisten Fällen den größeren Spielern angelastet.

Ganz so unparteiisch, **wie** man meint, sind Schiedsrichter **also** vielleicht gar nicht. Anscheinend denken sie, dass größere Spieler kräftiger und aggressiver sind, und neigen **deshalb** im Zweifel dazu, ihnen die Schuld zuzuschieben. **Das** wäre eine mögliche Erklärung für das Phänomen, dass kleinere Männer im Stadion überraschend häufig bevorzugt behandelt werden.

Übung 38

Im folgenden Schülertext hat der Lehrer sowohl positive als auch negative Kommentare an den Rand geschrieben. Überarbeite die Textstellen, die er kritisiert.

Hinweis: Es handelt sich bei dem Text um eine Fortsetzung zum Anfang der Novelle „Das Erdbeben in Chili" von Heinrich von Kleist.

Jeronimo klammerte sich still und reglos, gleich einer Statue, an den Pfeiler, bis er sich langsam und vorsichtig aus dem zerstörten Gefängnis heraus bewegte, immer auf der Hut, nicht von einem herabfallenden Trümmerstück erschlagen zu werden.	*guter Vergleich!* *Hier lieber einen neuen Satz anfangen!*
Das Gefängnis war vollkommen zerstört; nur ein kleiner Bestandteil war standhaft geblieben. Als Jeronimo das Gefängnis, das durch die zerstörerische Kraft des Erdbebens zu einem Labyrinth geworden war, endlich verlassen hatte, erblickte er	*Wiederholung unschön (s. o.); Formulierung ungeschickt; eingeschobenen Relativsatz besser zum Hauptsatz machen und voranstellen;*
ein grausames Gebilde. Er erkannte die Stadt, die er so sehr liebte, nicht mehr wieder. Alle Häuser lagen in Schutt und Asche. […]	*Ausdruck ungeschickt. Die Trümmer sind kein „Gebilde"!*

Auf einen Blick

Wie du deinen Text gut formulierst	
Treffende Wörter verwenden	Schreibe z. B. nicht: *Sie machte das Fenster auf.* Besser ist: *Sie öffnete das Fenster.*
Unübersichtliche Satzkonstruktionen vermeiden	Am besten schreibst du Satzgefüge, die jeweils aus nur einem Hauptsatz und einem Nebensatz bestehen. Vermeide unübersichtliche „Schachtelsätze", in denen zwei nebensatzeinleitende Konjunktionen direkt aufeinanderfolgen wie z. B. in diesem Satz: *Viele Schüler denken, dass, wenn sie keine Markenkleidung tragen, sie gemobbt werden.* Besser ist es so: *Viele Schüler denken, dass sie gemobbt werden, wenn sie keine Markenkleidung tragen.*
Wichtige Informationen richtig platzieren	Schreibe Hauptsätze, um deine wichtigen Aussagen zum Ausdruck zu bringen. In die Nebensätze gehören die Zusatzinformationen, die eher als beiläufig anzusehen sind.
Satzanfänge unterschiedlich gestalten	Beginne nicht immer mit dem Subjekt. Stelle auch einmal eine adverbiale Bestimmung an den Satzanfang. Das macht deinen Text abwechslungsreicher und interessanter.
Sätze sinnvoll verbinden	Wähle zum Verknüpfen von Sätzen gezielt passende Konjunktionen und Adverbien aus, um den Zusammenhang zu verdeutlichen. Schreibe nicht *und*, *auch* oder *außerdem*, um einen Grund, eine Bedingung oder einen Gegensatz auszudrücken. Verwende besser die Konjunktionen *weil* oder *denn* für einen Grund, *wenn* oder *falls* für eine Bedingung und *aber* oder *doch* für einen Gegensatz.
Eine angemessene Sprache wählen	Verwende keine umgangssprachlichen Ausdrücke in Textsorten, die man in der Standardsprache schreibt. Umgangssprachlich ist es auch, wenn du Wörter unangemessen verkürzt. Schreibe also z. B. nicht *reinkommen*, denn korrekt heißt es *hereinkommen*.
Wiederholungen vermeiden	Achte darauf, einzelne Nomen nicht unnötig zu wiederholen. Ersetze sie durch passende Pronomen oder Synonyme, z. B. so: *Große Männer sind erfolgreicher als kleinere. Sie verdienen mehr Geld.*

8.2 Zitate gezielt einsetzen

Bei der Arbeit mit Texten musst du deine Aussagen immer wieder anhand von Zitaten belegen. Dabei geht es weniger darum, dass du möglichst viele Zitate anführst. Entscheidend ist vielmehr, dass du deine Thesen mit **besonders aussagekräftigen Textstellen** untermauerst. Dies ist vor allem bei den Aufgaben zum Erschließen des Textsinns und zur Untersuchung der Sprache notwendig.

Auf einen Blick

Wie zitiert man richtig?

- Schreibe **wortwörtlich** auf, was im Text steht. Verfälsche nichts!
  Du musst nicht immer ganze Sätze zitieren. Manchmal genügen auch einzelne Wörter.
  Du kannst Sätze auch durch Auslassungspunkte verkürzen: *„Gestern […] war er auf der Halfpipe."*
- Setze wörtlich zitierte Textstellen immer in **Anführungszeichen**.
- Ergänze nach dem Zitat die **Zeilennummer**.
  Dann kann der Leser deines Aufsatzes schnell im Text nachschauen, in welchem Zusammenhang das Zitat steht. Setze die Zeilenangabe in Klammern: (Z. …).
- **Verknüpfe** die Zitate gut mit deinem eigenen Text.
  Füge nicht nur das Zitat ein: *„xxx …"* (Z. …).
  Führe **mit eigenen Worten** dazu hin, z. B. durch eine deutende Aussage zum Text:
  Dass die junge Frau in Wirklichkeit gar nicht so selbstsicher ist, wie es den Anschein hat, wird an ihrem Verhalten deutlich. So heißt es: „xxx …" (Z. …).
- **Erläutere** jeweils auch den **Sinn** der Zitate.
  Es genügt nicht, eine Textstelle nur zu zitieren oder womöglich nur eine Zeilenangabe zu machen. Mit der Erläuterung machst du deutlich,
  - **warum** die zitierte Textstelle **eine Aussage**, die du zum Inhalt oder zur Darstellung des Textes gemacht hast, **unterstützt** oder
  - **was** man an der Textstelle hinsichtlich der Handlung oder einer Figur **erkennen** kann.

  Die Erläuterung kann dem Zitat vorangestellt sein oder ihm nachfolgen.

Beispiel

So könntest du in einem Aufsatz zum Text „Schlittenfahren" (S. 78 f.) zitieren:

- *Das kleinere Kind dürfte kaum zwei Jahre alt sein. Es heißt nämlich: „Das eine der Kinder kann noch nicht sprechen." (Z. 3 f.)*
- *„Wer brüllt, kommt rein." (Z. 8 f., 13 f., 20, 23, 39, 43 f.). Diese Worte wiederholt der Mann immer wieder. Das zeigt, dass es ihn gar nicht interessiert, weshalb die Kinder streiten oder schreien. Sie scheinen ihm gleichgültig zu sein.*
- *Am Schluss öffnet er die Tür nur noch „einen Spalt" (Z. 42). Der Vater macht sich also nicht einmal mehr die Mühe, die Tür ganz zu öffnen. Das Geschrei der Kinder ist ihm offenbar nur lästig.*

Tipp

Du solltest nur Textstellen zitieren, **deren Sinn** dem Leser **nicht auf den ersten Blick klar** ist. Einen Satz wie: *Das kleine Kind setzt sich auf den Schlitten.* solltest du also nicht zitieren. Greife solche Textstellen heraus, die mehr sagen, als der Leser vielleicht spontan denkt.

Deine Erläuterungen kannst du beispielsweise mit diesen Worten beginnen:

- *Das zeigt, dass …*
- *Daran kann man erkennen, dass …*
- *Hier wird deutlich, dass …*
- *Wenn …, dann …*
- *Also/Folglich …*

Lies noch einmal die Erzählung „Marathon“ von Reinhold Ziegler (S. 39 f.) und bearbeite dazu die folgenden Aufgaben (→ Heft).

Übung 39

Aufgaben

1. Was kann man an den folgenden Textstellen erkennen? Erkläre ihren Sinn.
   a) „Später standen wir beieinander, alle die, denen Laufen Spaß machen musste.“ (Z. 78 f.)
   b) „Von nun an war ich, wie die Zeitungen schrieben, abonniert auf Sieg, das große deutsche Talent, unsere Olympiahoffnung und vieles andere mehr [...].“ (Z. 92–95)
   c) „Wie fremd saß ich dort an dem vertrauten Esstisch, trank Kaffee mit meinen Eltern wie früher und fand doch keine Worte, um das Versagen auszulöschen oder an die kleinen Siege meiner Vergangenheit anzuknüpfen.“ (Z. 123–128)

2. Suche im Text nach Belegen für die folgenden Aussagen und erkläre, warum sie als Belege geeignet sind. (Manchmal gibt es mehrere Möglichkeiten.)
   a) Hass ist das vorherrschende Gefühl, das der Ich-Erzähler empfindet, wenn er an seinen Vater denkt.
   b) Im Rückblick hat der Ich-Erzähler den Eindruck, dass sein Vater für ihn von Anfang an eine Karriere als Läufer im Blick gehabt hat.
   c) Der Vater hat seinen Sohn nie danach gefragt, ob er überhaupt eine Karriere als Läufer machen will.
   d) Der Sohn will sich an seinem Vater rächen.
   e) Der Ich-Erzähler hat nicht wirklich das Ziel, seinen Vater umzubringen.

3. Wähle aus dem letzten Abschnitt (Z. 184–202) eine Textstelle aus, von der du meinst, dass sie etwas Wichtiges über die Entwicklung der Beziehung zwischen Vater und Sohn aussagt.

   Schreibe einen kompletten Absatz, der aus drei Teilen besteht:
   - aus einer Aussage zum Text,
   - einem Zitat, das diese Aussage belegt, und
   - einer Erklärung, die zeigt, dass das Zitat als Beleg für die Aussage geeignet ist.

   Hinweis: Die Reihenfolge der drei Teile ist nicht festgelegt.

9 Richtig schreiben

9.1 Grundregeln der Rechtschreibung kennen

„Kommt es auch auf die Rechtschreibung an?" Diese Frage hören Lehrer immer wieder, wenn sie ihren Schülern eine Schreibaufgabe stellen. Dass ein Text auch **möglichst fehlerfrei** geschrieben sein sollte, versteht sich aber eigentlich von selbst. Grobe Verstöße gegen die Regeln der Rechtschreibung und Zeichensetzung sollten nicht vorkommen.
Allerdings ist es manchmal gar nicht so einfach, alle Wörter korrekt zu schreiben: Warum schreibt man *Moor* – aber *Tor*? Warum *Stoß* – aber *Los?* Warum *Fächer* – aber *Becher*? Warum *bald* – aber *kalt*?

Die wichtigsten Rechtschreibprinzipien

Zum Glück gibt es in der **Rechtschreibung** einige **Prinzipien**, an denen man sich orientieren kann:

- **Das Laut-Buchstaben-Prinzip:** Für einen bestimmten Laut schreibt man je einen bestimmten Buchstaben, z. B.: *Pelz – Stapel – Biotop*. Auf dieses Prinzip sollte man sich allerdings nicht verlassen, weil es einige Unsicherheiten birgt.
- **Das Stammprinzip:** Alle Wörter, die derselben Wortfamilie angehören, behalten ihre typischen Schreibweisen in allen Wortformen bei. Allenfalls wandelt sich ein Vokal evtl. in einen Umlaut; so wird etwa aus **a** manchmal **ä**.
  Z. B.: *essen, (er) isst, Esstisch; fahren, (er) fährt, gefährlich, Fährte.*
- **Das Silbenprinzip:** Wörter bestehen aus Silben. Die kürzesten Wörter haben nur eine Silbe (z. B. *Hut, bis*), viele Wörter bestehen aus zwei Silben (z. B.: *Hose, gehen, Grenze*); einige Wörter haben mehr als zwei Silben (z. B.: *Margarine, fotografieren*). Am Ende einer Silbe kann man ein mehrsilbiges Wort trennen, wenn der Platz am Zeilenende nicht mehr reicht.
  Es gibt nur wenige Wörter, bei denen eine Silbe mit einem Vokal aufhört und die darauffolgende Silbe mit einem Vokal beginnt (z. B.: *Kni|e, Bau|er, sä|en*). In der Regel markiert ein Konsonant den Beginn der Folgesilbe (z. B.: *be|ten, Ma|de, Re|gen*). Ein Sonderfall ist das h als Kennzeichen des Beginns einer neuen Silbe (z. B.: *ge|hen, zie|hen, lei|hen*). Beachte hier das Stammprinzip: Das h bleibt in allen Wörtern, die zur selben Wortfamilie gehören, erhalten – auch dann, wenn es nicht mehr am Silbenanfang steht (z. B.: *geht, zieht, leiht*).
- **Das Prinzip von Wort und Bedeutung:** Für das, was eine (einzige) Bedeutung hat (eine „Sache" ist), schreibt man auch nur ein Wort, z. B.: *Kinderbett* (und nicht: *Kinder Bett*), *notlanden* (und nicht: *Not landen*), *fortsetzen* (und nicht: *fort setzen*).
- **Das Prinzip der Groß- und Kleinschreibung:** Im Deutschen schreibt man Eigennamen und Nomen sowie Satzanfänge, Anfänge von Überschriften und die Anrede *Sie* mit einem großen Anfangsbuchstaben. Alle anderen Wörter schreibt man klein. Was die Großschreibung von Nomen betrifft: Es kommt nicht unbedingt darauf an, wie ein Wort im Wörterbuch registriert ist. Im

Prinzip kann in einem Satz jedes Wort, ja, sogar ein einzelner Buchstabe zum Nomen werden. Von Bedeutung ist, wie es in einem Satz verwendet wird. Wenn ein Wort, das ursprünglich einer anderen Wortart angehört, in einem Satz als Nomen verwendet wird, spricht man von einer Nominalisierung. Z. B.: *Es war ein Kommen und Gehen, was ihn beim Lesen störte. – Was soll dieses ewige Hin und Her? – Man darf die Straße bei Rot nicht überqueren.*

In Zweifelsfällen sollte man **mindestens zwei** von diesen **Prinzipien** berücksichtigen, um die richtige Schreibweise eines Wortes herauszufinden. Denn nicht jedes Prinzip ist gleichermaßen verlässlich. Das gilt vor allem für das Laut-Buchstaben-Prinzip. Die Aussprache eines Buchstabens kann zum Beispiel davon abhängen, an welcher Stelle eines Wortes er sich befindet. Am Wortanfang klingen einige Buchstaben anders als am Wortende (oder am Ende einer Silbe), z. B.: *Degen – Held.* Es gibt auch Laute, die ähnlich klingen, aber unterschiedlich geschrieben werden, z. B.: *stechen* – (sich) *rächen.*

Tipp

Wenn du bezüglich der Schreibweise eines Wortes unsicher bist, solltest du entweder nach einer anderen Wortform suchen, bei der du die richtige Schreibweise hören kannst, z. B.: *Gäste – Gast, Wald – Wälder.* Oder du suchst nach einem anderen Wort aus derselben Wortfamilie, z. B.: *gefährlich – Gefahr.*

Übung 40

Begründe die Schreibweise der fettgedruckten Stellen in den folgenden Wörtern. Nenne zur Begründung entweder eine andere Wortform oder ein anderes Wort aus derselben Wortfamilie. Schreibe deine Lösung rechts neben das Wort.

l**ä**cheln	________	Beh**ä**lter	________
Hem**d**	________	F**äh**re	________
kr**ä**ftig	________	Gestan**k**	________
Lo**b**	________	Dan**k**	________
verst**ä**ndlich	________	Gestal**t**	________
belie**bt**	________	L**ä**nge	________
Mu**t**	________	St**ä**rke	________
Stau**b**	________	Lei**d**	________
Kr**ä**nkung	________	Bar**t**	________
Tra**b**	________	bestre**bt**	________

Die wichtigsten Rechtschreibregeln

Neben den grundsätzlichen Prinzipien gibt es auch einige **Regeln zur Rechtschreibung**. Hier sind die wichtigsten:

Regeln zur Kennzeichnung von kurz gesprochenen Vokalen

Auf einen betonten, **kurzen Vokal** folgen **zwei Konsonanten:** entweder zwei **gleiche** oder zwei **verschiedene**.	*Sonne, Mutter, doppelt* *Winter, Wespe, bergig*
Bei zwei verschiedenen Konsonanten nach kurzem Vokal, schreibst du **keinen** Doppelkonsonanten. Ausnahme: Der Doppelkonsonant gehört zum Wortstamm.	*Veranstaltung (nicht: Veranstalltung)* *bestellt (wegen: bestellen)*
Die Konsonanten k und z werden nach kurz gesprochenen Vokalen zu **ck** und **tz** (statt kk und zz).	*Zicke, Katze*

Regeln zur Schreibung von s-Lauten

Es gibt zwei Arten von s-Lauten:	
Für den **stimmhaften**, **weich** gesprochenen s-Laut schreibt man immer **s**.	*Sahne, Esel, Bluse*
Für den **stimmlosen**, **scharf** gesprochenen s-Laut schreibt man entweder **ss** oder **ß**:	
• Nach **kurzem Vokal** schreibt man **ss**.	*Kuss, Wasser*
• Nach **langem Vokal** und **Diphthong** (= Doppellaut, z. B. ei, au, eu) schreibt man **ß**.	*Spaß, Gruß, Fleiß, außen*

Regeln zur Kennzeichnung von lang gesprochenen Vokalen

In den meisten Fällen werden **lange Vokale** nicht besonders gekennzeichnet.	*Lage, reden, Tube*
Vor l, m, n oder r folgt nach einem langem Vokal oft ein **Dehnungs-h**.	*Stuhl, Rahmen, Sohn, Lehrer*
Dies gilt aber nicht in allen Fällen. Beachte deshalb gerade bei Wörtern mit langem Vokal das Stammprinzip!	*Aber: Schule, Scham, schonen, Ware*
Bei einigen Wörtern wird der lang gesprochene Vokal **verdoppelt**. Auch hier gilt das Stammprinzip.	*Haar, Boot, Staat, Seele; staatlich, seelisch*

Regeln zum Schreiben des lang gesprochenen i-Lauts

In der Regel schreibt man den langen **i**-Laut als **ie**.	*Tier, Fliege, lieben*
In wenigen Wörtern schreibt man das lange i als **einfaches i**. Viele dieser Wörter enden auf **-ine**.	*Krise, Bibel, lila, Maschine, Apfelsine*
Das **Dehnungs-h** zur Kennzeichnung des langen i-Lauts gibt es nur in einigen Pronomen.	*ihm, ihr, ihnen*

Regeln zur Zusammen- und Getrenntschreibung

Zusammen schreibt man zwei (oder mehr) Wörter, wenn sie nur **eine einzige Sache bezeichnen**. (Der Fachbegriff für ein zusammengesetztes Wort ist **Kompositum**.)

Wäschekorb (= Korb für die Wäsche, nicht Korb und Wäsche)

Wörter mit einem Fugenbuchstaben, z. B. dem **Fugen-s**, schreibt man **zusammen**.

Zeitungslektüre, Gerichtsurteil

Hilfreich ist auch die Aussprache:

- Hat das erste von zwei benachbarten Wörtern die **Hauptbetonung** und das nachfolgende höchstens noch eine **Nebenbetonung**, schreibt man sie **zusammen**.
- Haben **beide** benachbarten Wörter eine eigene **Hauptbetonung**, schreibt man sie **getrennt**.

Éselsohr, férnsehen, fléischfressend

árbeiten géhen, Brót bácken, fröhlich spíelen

Getrennt schreibt man meistens auch in diesen Fällen: Verb + Verb, Nomen + Verb, Adjektiv + Verb.

schwimmen gehen, Milch trinken, laut singen

Regeln zur Groß- und Kleinschreibung

Nomen schreibt man **groß**. Erkennen kann man sie an

- bestimmten **Endungen**, z. B. *-ung, -heit, -nis, -keit*;
- bestimmten **Begleitern**, z. B. Artikel, Pronomen und unbestimmte Zahlen- und Mengenangaben.

Sendung, Sturheit, Zeugnis; der, die, ein; mein, deine, dieser; wenig, einige, etwas, nichts;

Aber **nicht jedes Nomen** in einem Satz hat einen der typischen **Begleiter**. Das betrifft vor allem Materialien.

Mehl, Salz, Sand

Komposita schreibt man **groß**, wenn ihr letzter Bestandteil ein Nomen ist.

Besen|stiel, Wetter|karte

In allen anderen Fällen schreibt man sie **klein** – auch dann, wenn sie mit einem Nomen beginnen.

fahnen|flüchtig, glas|klar

Ob man ein Wort groß oder klein schreibt, hängt oft davon ab, **wie es in einem Satz verwendet wird**.

stolz/Stolz:
Herr Meier ist stolz auf seinen Sohn. (Adjektiv)
Sein Sohn ist sein ganzer Stolz. (Nomen)

Tipp

Werde immer wachsam, wenn du auf typische Begleitwörter von Nomen stößt (Artikel, Pronomen oder unbestimmte Zahlen- oder Mengenangaben). Sie beziehen sich in der Regel auf ein Nomen, das kurz darauf folgt und **großgeschrieben** werden muss.
Es kann auch eine **Nominalisierung** vorliegen, z. B. *das Weinen, dein Lachen, etwas Neues.*
Das gilt auch, wenn der Artikel mit einer Präposition verschmolzen ist, z.B. *fürs Essen, beim Zuhören, zum Ausgehen.*

Wenn du nicht sicher bist, ob es sich bei einem Wort um ein Nomen handelt, weil du **keinen typischen Begleiter** entdeckst, kannst du **zur Probe** eine unbestimmte Zahlen- oder Mengenangabe einfügen, z. B. so: *Wir brauchen noch Käse.* → *Wir brauchen noch **etwas** Käse.*
Wichtig: Du darfst sonst nichts an dem Satz verändern!

Übung 41

Erkläre, warum die unterstrichenen Wörter in dem folgenden Text falsch geschrieben sind. Korrigiere die Schreibweise und nenne die Regel. Stichworte genügen, z. B.: *Doppelkonsonant nach kurzem Vokal.*

Einfache Mittel verbessern den „Durchfluss"

[...] Fussgänger zeigen ein viel komplexeres verhalten als Autofahrer. Das entstehen spontaner Staus auf dicht befarenen Autobahnen kann man inzwischen sehr gut erkleren: Ein einziger unaufmerksamer Fahrer, der plözlich stark bremmst, genügt. Fußgänger sind im vergleich dazu deutlich schwiriger zu modellieren.
Menschen laufen nicht in fessten Spuren, bleiben auch gern mal Stehen, wechseln spontan die richtung und versuchen, großem Gedrenge aus dem Weg zu gehen.
Je genauer Wissenschaftler Pasanten simulieren können, umso besser lassen sich Gebeude, Kreuzfahrt Schiffe oder Bahnhöfe planen. Unnötiges Gedrenge oder gar Panik werden so vermiden. Modellrechnungen haben Beispielsweise gezeigt, dass einfache Mittel den „Durchfluss" an Not Ausgengen verbessern können. Ein Pfeiler genükt, denn er spalltet die schibende Menschenmasse. So singt der Druck auf die Tür, durch die sich alle so schnell wie möglich zwengen wollen.
Aber nicht immer ist der einzelne Spielball der wogenden Maße. Bei entsprechend viel Platz kann sich ein Fußgänger nähmlich auch entscheiden, nach rechts oder lings auszuweichen, stehenzubleiben oder umzukehren.

Quelle: http://www.spiegel.de/wissenschaft/mensch/0,1518,699080,00.html

Korrektur/ Regel

9.2 Grundregeln der Zeichensetzung kennen

Zeichen dienen dazu, einen Text **optisch** so **zu untergliedern**, dass der Leser keine Mühe hat, die Sinnzusammenhänge zu verstehen. Am wichtigsten sind die Satzschlusszeichen (**. ? !**), die Kommas und die Anführungszeichen.

Die wichtigsten Regeln der Zeichensetzung

Regeln zu Satzschlusszeichen

Satzschlusszeichen markieren das Ende eines Satzes.
Man setzt
- einen **Punkt** nach einem Aussagesatz,
- ein **Fragezeichen** am Ende eines Fragesatzes und
- ein **Ausrufezeichen** nach einer dringenden Aufforderung (oder einem Befehl oder einem Ausruf).

Ich tanze gern.
Gehst du heute in die Disco?
Komm doch mit!

Regeln zu Kommas

Das Komma trennt die einzelnen **Glieder einer Aufzählung** – es sei denn, sie sind durch *und* oder *oder* verbunden.
Die Glieder einer Aufzählung können kurz oder lang sein.

Er möchte Vanille, Pistazie und Erdbeer. Sie kam nach Hause, aß etwas, legte sich hin und schlief bald ein.

Das Komma trennt **Gegensätze**: Es steht vor Konjunktionen und Adverbien wie *aber, doch* oder *sondern.*

Der Mann ist nicht schön, aber reich.

Das Komma trennt **Sätze** voneinander. Das gilt für
- **Hauptsätze**, die eine Satzreihe bilden, und
- Satzgefüge aus **Haupt- und Nebensatz** (vgl. S. 130). Ein Nebensatz, der in einen Hauptsatz **eingeschoben** ist, wird vorne und hinten durch Komma vom Hauptsatz abgetrennt.

Der MP3-Spieler ist super, ich kaufe ihn.
Wenn es regnet, bleibt sie hier.
Der Vulkan, der auf Island ausgebrochen war, behinderte tagelang den Flugverkehr.

Das Komma trennt **nachgestellte Erläuterungen** (d. h. Wortgruppen, z. B. Appositionen) vom vorangehenden Hauptsatz ab.
Wenn eine Erläuterung in einen Hauptsatz **eingeschoben** ist, wird sie vorne und hinten durch Komma abgetrennt.

Ich habe schon Mathe gelernt, und zwar gestern.

Mein Freund, ein echter Chaot, verliert ständig etwas.

Durch Komma wird die **Anredeformel** vom Namen der angesprochenen Person getrennt.

Guten Morgen, Herr Müller.

Regeln zu Anführungszeichen

Anführungszeichen kennzeichnen **wörtliche Rede**, d. h. Worte, die jemand sagt oder denkt und die man wörtlich wiedergibt.

„Ganz schön mutig", dachte Heiko, als er Dilara im Boxring sah.

Mit Anführungszeichen markiert man **Textbelege**, die man wortwörtlich wiedergibt. Das gilt auch für die **Überschrift** eines Textes.

Der Roman „Katz und Maus" von Günter Grass …

Übung 42 Setze im Text die fehlenden Kommas und begründe sie: Nenne je kurz die Regel.

Studie findet Häufung von Risikofaktoren

In Schottland lebt einer neuen Studie zufolge fast jeder Erwachsene mit einem bedeutenden Gesundheitsrisiko mehr als die Hälfte haben sogar drei oder mehr Risikofaktoren. Die Forscher der Universität Glasgow untersuchten die fünf lebensgefährlichen Angewohnheiten Rauchen Trinken Bewegungsmangel schlechte Ernährung und Übergewicht und fanden heraus dass niemand es den Schotten bei deren Anhäufung gleichtut. „Schotten leben gefährlich“ sagte David Conway Leiter der jetzt veröffentlichten Studie.

„Nur 2,5 Prozent der Bevölkerung tragen überhaupt keine Risikofaktoren“ sagte Conway in einem telefonisch geführten Interview. Die im Wissenschaftsjournal „BMC Public Health“ veröffentlichte Forschungsarbeit befasst sich mit einem neuen Forschungsansatz bei dem nicht nur einzelne Risikofaktoren sondern auch deren Anhäufung untersucht wird. „Ungesunde Verhaltensweisen bündeln sich die Kombination ist dabei synergetisch[1] dadurch steigt das allgemeine Risiko unverhältnismäßig an“ bedauert Conway. [...]

Grundlage der Studie war eine staatliche Gesundheitsumfrage aus dem Jahr 2003 Daten lagen für 6574 Männer und Frauen vor. Als gefährdet stuften die Wissenschaftler beispielsweise Menschen ein die zum Zeitpunkt der Befragung rauchten Männer die mehr als 24 Gramm und Frauen die mehr als 16 Gramm Alkohol pro Tag zu sich nahmen. Als fettleibig galten Menschen mit einem Body-Mass-Index (BMI) von über 30. [...]

Obwohl Conway mit einem wenig ermutigenden Ergebnis rechnete wurde er vom Ernst der Lage doch überrascht. Mehr als 85 Prozent der Erwachsenen hatten mindestens zwei Risikofaktoren 55 Prozent hatten sogar drei und fast ein Fünftel brachte es sogar auf alle fünf. Die am weitesten verbreitete Angewohnheit war schlechte Ernährung [...]. Zehn Prozent der Befragten waren sowohl Raucher als auch starke Trinker von diesen zehn Prozent hatten sich drei Viertel noch zwei oder drei weitere Risikofaktoren zugelegt.

Als mögliche Ursachen werden soziale und wirtschaftliche Faktoren vermutet – Menschen aus den ärmsten Gegenden mit dem schlechtesten Bildungsstand lebten am ungesündesten. [...]

Quelle: AFP (gekürzt)

Korrektur/Regel

Anmerkung: 1 *synergetisch:* zusammenwirkend

Kompetenz Sprachwissen und Sprachbewusstsein

Was muss man können? Was wird geprüft?

Was man früher als „Grammatikkenntnisse" bezeichnete, nennt man heute den „Kompetenzbereich Sprachwissen". **Grammatikkenntnisse** sind nämlich einfach nur (mehr oder weniger) angelerntes Wissen über die Grammatik einer Sprache, z. B. über Wortarten oder Satzglieder. Kenntnisse allein reichen aber nicht aus; man muss sie auch **anwenden können**. Beispielsweise genügt es nicht zu wissen, dass Wörter wie *als, wenn* und *weil* Konjunktionen sind, sondern man sollte auch in der Lage sein, gezielt passende Konjunktionen auszuwählen, um Sinnzusammenhänge zwischen Sätzen deutlich zu machen.
In der Prüfung wird vorausgesetzt, dass du über gute Grammatikkenntnisse verfügst – und anhand von Beispielen aus Texten wird geprüft, ob du sie anwenden kannst. Dieses Kapitel ist deshalb so angelegt, dass du deine Grammatikkenntnisse auffrischen kannst. Aufgaben, wie sie in der Prüfung vorkommen könnten, findest du im Abschnitt „Übungsaufgaben im Stil der Prüfung" (ab S. 141).

10 Wortarten unterscheiden

In der Fülle der Wörter, die es in der deutschen Sprache gibt, kann man eine Ordnung erkennen: Wörter, die Ähnliches bezeichnen, lassen sich zu einer Gruppe zusammenstellen; sie gehören derselben Wortart an.

Beispiel

fliegen, erst, Haus, später, wann, weil, kommen, Auto, schreiben, …
Die Wörter *fliegen, kommen* und *schreiben* bezeichnen Ähnliches, nämlich eine Handlung. Sie gehören zur Gruppe der **Verben**.

Tipp

> Am besten merkst du dir zu jeder **Wortart** ein bis zwei Beispiele. Dann kannst du andere Wörter, die derselben Wortart angehören, leicht zuordnen. Achte aber darauf, dass du dir nur solche **Beispiele** merkst, die für diese Wortart **typisch** sind. Es gibt nämlich Wörter, die sich unterschiedlichen Wortarten zuordnen lassen, z. B. *das* und *auch*. Welcher Wortart solche Wörter angehören, lässt sich nur aus ihrer **Verwendung im Satz** erkennen.

Übung 43

Ordne die Wörter aus dem folgenden Text den passenden Wortarten zu.
Schreibe sie jeweils in der Grundform auf.
Orientiere dich im Zweifelsfall an der Übersicht (S. 115).

Noch nicht ausgereift

Roboter sind bis heute noch nicht ausgereift. Der Roboter Monty kann sich zwar schon auf Rädern fortbewegen und das Gleichgewicht halten. Und mit seinen Greifern, zwei motorbetriebenen Händen, kann er sogar schmutziges Geschirr vom Tisch räumen und in die Spülmaschine einsortieren. Aber er merkt nicht, ob eine Tasse voll oder leer ist. Und wie man Ordnung hält, versteht er auch nicht. Aber irgendwann werden Roboter in Haushalten einsetzbar sein.

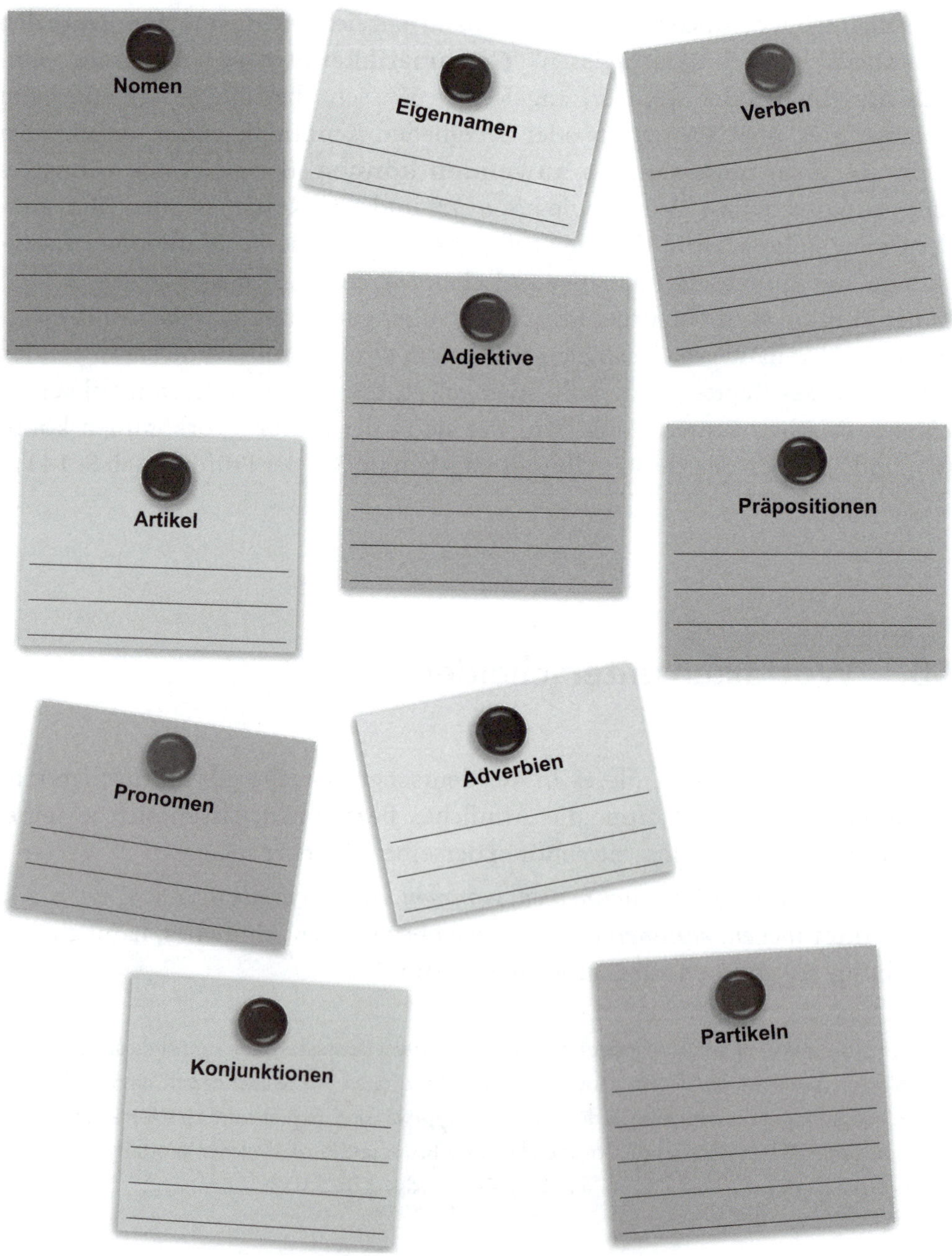

Auf einen Blick

Die wichtigsten Wortarten	
Fachbegriff und Funktion	**Beispiele**
Nomen bezeichnen Lebewesen und Dinge. Man unterscheidet: Nomen, die etwas **Reales** bezeichnen (Konkreta) und Nomen, die etwas **Gedachtes** bezeichnen (Abstrakta).	 *Haus, Ball, Auto, Junge* *Frieden, Angst, Freiheit*
Eigennamen geben Lebewesen oder Dingen persönliche Namen.	*Samira*: Name eines Mädchens *Paris*: Name einer Stadt
Verben bezeichnen eine **Handlung**. Man unterscheidet: **Vollverben**, **Hilfsverben** und **Modalverben.**	 *gehen, essen, liegen* *haben, sein, werden* *können, wollen, sollen, müssen, dürfen*
Adjektive bezeichnen **Eigenschaften**. Auch Zahlen (Zahladjektive) gehören dazu	*gelb, fröhlich, leicht, still* *drei, zehn, hundert*
Artikel sind typische **Begleiter** von **Nomen**. Es gibt: **bestimmte** Artikel und **unbestimmte** Artikel.	 *der, die, das* *ein, eine*
Adverbien bezeichnen die **Umstände**, unter denen eine Handlung erfolgt. Die wichtigsten sind: **Lokaladverbien** (wo? woher? wohin? → Ort), **Temporaladverbien** (wann? seit wann? bis wann? wie lange? wie oft? → Zeit), **Modaladverbien** (wie? → Art und Weise), **Kausaladverbien** (warum? → Grund).	 *dort, hier, oben, überall* *gestern, heute, jetzt, morgens, nachts, selten, oft, manchmal* *gern/ungern, barfuß, blindlings* *vorsichtshalber, deshalb*
Pronomen sind typische **Begleiter** oder **Stellvertreter** von Nomen. Die wichtigsten sind: **Personalpronomen**, **Possessivpronomen**, **Reflexivpronomen**, **Demonstrativpronomen**, **Indefinitpronomen**, **Relativpronomen**, **Fragepronomen.**	 *ich, du, er/sie/es, wir, ihr, sie* *mein, dein, sein/ihr/sein, unser, euer, ihr* *mich, dich, sich, uns, euch, sich* *dieser/diese/dieses, jener/jene/jenes, der/die/das (da)* *etwas, nichts, viel, wenig, kein, alle/alles, einige, man* *der, die, das; welcher, welche, welches* *wer? wo? was? wann? wie? warum?*
Konjunktionen sind „Verbindungswörter“: Sie **verbinden** Wortgruppen oder Sätze miteinander und stellen so Sinnzusammenhänge her. Man unterscheidet: **nebenordnende** Konjunktionen, die Gleichrangiges miteinander verbinden, z. B. Hauptsätze, und **unterordnende** Konjunktionen, die Haupt- und Nebensätze miteinander verbinden.	 *und, oder, denn, aber, doch* *als, weil, obwohl, nachdem*
Präpositionen zeigen an, wie zwei Dinge zueinander stehen (welche „Position“ sie zueinander haben).	*an, bei, mit, vor, zwischen, neben, über, unter, gegen*
Partikeln sind kleine Wörter, die eine Aussage kommentieren, präzisieren oder verneinen können.	*auch, besonders, fast, kaum, nicht, sehr, sogar, vielleicht*

10.1 Besonderheiten bei Nomen

Nomen zeichnen sich durch folgende Eigenschaften aus:

- Sie haben ein **grammatisches Geschlecht** (Genus). Weil sich das Genus eines Nomens im Deutschen nicht von der „Natur" der jeweiligen Sache ableiten lässt, spricht man vom **grammatischen** Geschlecht (z. B.: *der Tisch, die Lampe, das Bild*).

- Nomen können im **Singular** (Einzahl) und im **Plural** (Mehrzahl) stehen.
  Es gibt unterschiedliche Arten der Pluralbildung:
  - durch Anfügen einer Endung (z. B. *Auto → Autos, Schule → Schulen*),
  - durch Umwandlung des Stammvokals in einen **Umlaut** (z. B. *Laden → Läden, Mutter → Mütter*)
  - oder durch beides (z. B. *Hut → Hüte, Fass → Fässer*).

  Bei einigen Nomen sind die Formen von Singular und Plural **gleich** (z. B. *das Segel → die Segel, der Lehrer → die Lehrer*).
  Von manchen Nomen gibt es **nur** die **Singularform**; das betrifft vor allem Materialbezeichnungen (z. B. *Mehl, Sand*). Es gibt auch Nomen, die **nur** im **Plural** verwendet werden (z. B.: *Leute*).

- Man kann Nomen **deklinieren**. Je nach ihrer Verwendung im Satz setzt man sie in den entsprechenden Fall (Kasus): **Nominativ**, **Genitiv**, **Dativ** oder **Akkusativ**. Als Subjekt (oder Teil eines Subjekts) steht ein Nomen immer im Nominativ; als Objekt (oder Teil eines Objekts) oder Teil einer adverbialen Bestimmung kann es im Genitiv, Dativ oder Akkusativ stehen. Dativ und Akkusativ kommen am häufigsten vor; der Genitiv wird nur selten verwendet.

Auf einen Blick

Deklination: Singular

Kasus (Fall)	Maskulinum	Femininum	Neutrum
Nominativ (wer? was?)	**der** Tisch	**die** Lampe	**das** Bild
Genitiv (wessen?)	**des** Tisch**es**	**der** Lampe	**des** Bild**es**
Dativ (wem?)	**dem** Tisch	**der** Lampe	**dem** Bild
Akkusativ (wen? was?)	**den** Tisch	**die** Lampe	**das** Bild

Deklination: Plural

Kasus (Fall)	Maskulinum	Femininum	Neutrum
Nominativ (wer? was?)	**die** Tische	**die** Lampe**n**	**die** Bild**er**
Genitiv (wessen?)	**der** Tische	**der** Lampe**n**	**der** Bild**er**
Dativ (wem?)	**den** Tische**n**	**den** Lampe**n**	**den** Bild**ern**
Akkusativ (wen? was?)	**die** Tische	**die** Lampe**n**	**die** Bild**er**

Oft erkennt man den Kasus nur an der Form des **zugehörigen Artikels**. Das gilt vor allem für Nomen im Femininum. Doch selbst die Form des Artikels gibt **nicht immer eindeutig** Auskunft über den Kasus. Um den Kasus eines Nomens zuverlässig zu bestimmen, musst du deshalb immer auch den **Satzzusammenhang** berücksichtigen.

Wenn du z. B. den Kasus eines Nomens wie *Lampe* bestimmen willst, reicht der Blick auf den begleitenden Artikel nicht aus, denn im Singular unterscheidet sich die Form des Genitivs nicht von der Form des Dativs (vgl. Tabelle S. 116). Erst die **Verwendung** der Worte **in einem Satz** verschafft Klarheit.

Beispiel

Der Schein der Lampe war hell. (**Wessen** Schein war hell? *der (Schein) der Lampe* → Genitiv). *Der Lampe fehlt eine Glühbirne.* (**Wem** fehlt eine Glühbirne? *der Lampe* → Dativ).

Tipp

Stelle beim Ermitteln des Kasus in Zweifelsfällen zur Probe die entsprechenden **Fragen**: *Wer …? Wessen …? Wem …? Wen …?*
Wenn ein Nomen eine Sache bezeichnet, solltest du die **Was-Frage** immer mit der **Wer-Frage** bzw. der **Wen-Frage** kombinieren, um den Kasus zu bestimmen. (Die Was-Frage ist nämlich nicht eindeutig und kann sowohl auf Nominativ als auch auf Akkusativ hinweisen.)

Übung 44

Welche Kasus kommen bei den folgenden Beispielen infrage?
Trage die Fachbegriffe ein. Orientiere dich an der tabellarischen Übersicht.

die Geschenke	
den Löwen	
der Frage	

Woher weiß man, welchen Kasus man verwenden muss?

Welcher Kasus in einem Satz erforderlich ist, hängt vom zugehörigen **Verb** ab. Falls sich zwischen ein Verb und das zugehörige Nomen eine **Präposition** gedrängt hat, entscheidet diese über den Kasus. Man sagt auch, dass Verben oder Präpositionen den Kasus „regieren".

Beispiel

- **Genitiv-Verben:** (jemand**es**/etwas) gedenken, erinnern (z. B. *der Toten gedenken, sich eines Vorfalls erinnern*)
- **Dativ-Verben:** (jemand**em**) danken, helfen, trauen, vertrauen, verzeihen (z. B. *dem Freund danken, helfen, trauen, …*)
- **Akkusativ-Verben:** (jemand**en**/etwas) lieben, hassen, kennen, kaufen, mögen, bauen, haben (z. B. *eine Frau lieben, hassen, kennen …*)
- **Genitiv-Präpositionen:** trotz, wegen, statt, anstelle (z. B. *trotz des schlechten Wetters, wegen der guten Noten, statt/anstelle einer Belohnung*)
- **Dativ-Präpositionen:** mit, von, bei (z. B. *mit dem Freund, von einem Fest, bei dem Gewitter*)
- **Akkusativ-Präpositionen:** für, ohne, gegen (z. B. *für den Besuch, ohne den Hund, gegen den Wind*)

Sätze mit dem Hilfsverb *sein* können zwei Nomen im Nominativ enthalten. Der zweite Nominativ ist dann ein **Gleichsetzungs-Nominativ**.

Beispiel

Mein Nachbar ist ein netter Mann (Nachbar = netter Mann). Einige meiner Mitschüler sind meine besten Freunde (einige Mitschüler = meine besten Freunde).

Tipp

In einigen Sätzen werden Nomen **ohne** begleitenden **Artikel** verwendet.
Um den Kasus solcher Nomen sicher zu bestimmen, solltest du **probeweise** einen Artikel oder ein Pronomen **voranstellen**, z. B. so:
Auf Reisen kann man viel entdecken. → Auf (den/einigen) Reisen kann man viel entdecken.
Achte aber darauf, dass du in dem Satz **keine weiteren Veränderungen** vornimmst! Dadurch könnte sich der zu bestimmende Kasus des Nomens nämlich ebenfalls ändern, und dann gelangst du zu einem falschen Ergebnis.

Übung 45

Bestimme den Kasus der unterstrichenen Nomen.
Schreibe zusätzlich das Wort heraus, das für den Kasus „verantwortlich" ist (das zugehörige Verb oder die zugehörige Präposition).

Krähen sind extrem clevere Werkzeugnutzer

Krähen können komplizierte Aufgaben[1] mit Hilfe von Werkzeugen lösen […]. Wissenschaftler in Neuseeland haben mit einem Experiment[2] gezeigt, dass die Tiere ihre Hilfsmittel höchst strategisch zum Einsatz[3] bringen. Der Versuchsaufbau erinnert an ein Geschicklichkeitsspiel[4]: Um an die Belohnung[5] heranzukommen, muss man eine Kiste mit einem Loch[6] öffnen. Dafür braucht man einen langen Stock. Doch der liegt in einer Gitterbox[7]. Und nur mit Hilfe[8] eines zweiten, kleineren Stocks[9] lässt er sich dort herausmanövrieren. Dumm nur, dass dieses so dringend benötigte Hölzchen an einer Schnur von der Decke[10] hängt …
Um an Fleisch[11] zu kommen, können Geradschnabelkrähen […] diese Aufgaben[12] jedoch durchaus bewältigen, wie Forscher […] gezeigt haben.

Quelle: chs/ddp 21. 4. 2010 (gekürzt)

1 ______________________

____

2 ______________________

____

3 ______________________

____

4 ______________________

____

5 ______________________

____

6 ______________________

____

7 ______________________

____

8 ______________________

____

9 ______________________

____

10 ______________________

____

11 ______________________

____

12 ______________________

____

10.2 Besonderheiten bei Adjektiven

Adjektive kann man **steigern**. Neben der Grundform (dem **Positiv**) gibt es den **Komparativ** (1. Steigerungsform) und den **Superlativ** (2. Steigerungsform). Gebildet werden die Steigerungsformen mit den Endungen **-er** und **-(e)st** (z. B.: *dick – dicker – (am) dicksten*).

Man unterscheidet **drei Verwendungsweisen** von Adjektiven:

- Als **Attribut** bezieht sich ein Adjektiv auf ein **Nomen**; es passt sich dem Nomen im Kasus an.
  der kluge Junge, das schüchterne Mädchen
- Als **Adverb** bezieht es sich auf ein **Verb**; dabei verändert es seine Form nicht.
  Der Junge antwortet klug. Das Mädchen reagierte schüchtern.
- Als **Teil des Prädikats** bezieht es sich auf ein **Nomen**. Zusammen mit dem Hilfsverb *sein* bildet es das Prädikat. Auch dann verändert es seine Form nicht.
  Der Junge ist klug. Das Mädchen war schüchtern.

Tipp

Adjektive können in einem Satz durch einen typischen „Nomen-Begleiter" **zu Nomen werden**, z. B. durch die Indefinitpronomen *etwas* (z. B. *schlecht* → *etwas Schlechtes*) und *nichts* (z. B. *gut* → *nichts Gutes*).
Auch nach manchen Präpositionen wird ein Adjektiv in einem Satz zum Nomen (z. B. *bei Grün, mit Rot*). Das ist aber nur der Fall, wenn das ursprüngliche Adjektiv in der Grundform steht!

Es kann vorkommen, dass ein Wort, das ursprünglich ein **Verb** war, in einem Satz **als Adjektiv verwendet** wird. Das betrifft aber nur zwei Verbformen:

- das Partizip Präsens (z. B.: *lachend, singend, schlafend*);
  Sie ging singend am Strand entlang.
  (ursprüngliches Verb: *singen;* als Adjektiv adverbial verwendet)
- das Partizip Perfekt (z. B.: *geöffnet, beworben, verliebt*).
  Durch das geöffnete Fenster konnte man bunte Blumen sehen.
  (ursprüngliches Verb: *öffnen;* als Adjektiv attributiv verwendet)

Übung 46

Unterstreiche in dem folgenden Text alle Adjektive und bestimme ihre Verwendungsweise: Attribut oder Adverb?

Richtungsweisende Nase	Verwendung
[...] Haie besitzen einen ausgeprägten Geruchssinn und orten zielsicher ihre nächste Mahlzeit. Wie es die Knorpelfische schaffen, so genau auf ihre Beute zuzusteuern, haben Jayne Gardiner und ihre Kollegen von der University of South Florida in Tampa nun an acht Exemplaren des Glatthais Mustelus canis in einem Experiment festgestellt. Dafür wurde jeweils ein hungriger Hai in einem Becken ausgesetzt und mit Geruchsimpulsen aus Düsen konfrontiert. Beobachtet wurden die Versuche	

mit einer Kamera über dem Becken. So konnten die Wissenschaftler beobachten, wie schnell der Hai auf die Stimulanz[1] reagierte, indem er sich der jeweiligen Düse zuwandte. Dabei wurde auch der genaue Winkel registriert, in dem die Geruchsfahne den Hai erreichte.
Es stellte sich heraus, dass die Haie kleine Unterschiede in der Zeitspanne erkennen, in der ein Beutegeruch ihre beiden auseinanderliegenden Nasenlöcher erreichen. Erreichen die Geruchsmoleküle zuerst das linke Nasenloch, wendet sich der Hai nach links. [...]

Quelle: ddp

Anmerkung: 1 *Stimulanz:* Reiz

10.3 Besonderheiten bei Pronomen

Pronomen nehmen Bezug auf **Nomen**: entweder als deren (vorangestellte) **Begleiter** – oder als deren **Stellvertreter**. Einige Pronomen können beides sein: Begleiter und Stellvertreter eines Nomens; es gibt auch Pronomen, die nur Stellvertreter sein können.
Einen **Sonderfall** bildet das Demonstrativpronomen *das*: Es kann auch Stellvertreter für einen ganzen Satz sein. Dann bezieht es sich rückblickend auf den vorangehenden Satz. (Beispiel: *Heute ist bei uns schulfrei. Das finde ich super.)*

Pronomen als Stellvertreter	**Beispiele**
Personalpronomen	*Der Junge kam nach Hause. Er war müde.* (*er* = der Junge)
Relativpronomen	*Die Hose, die du dir gekauft hast, sitzt gut.* (*die* = die Hose)
Reflexivpronomen	*Die Frau wundert sich.* (*sich* = die Frau selbst)
Fragepronomen	*Wann fängt das Fußballspiel an?* (*wann?* = die Uhrzeit)

Pronomen als Stellvertreter oder Begleiter	**Beispiele**
Demonstrativpronomen	*Diese Musik macht richtig gute Laune.* (*diese* = Begleiter von *Musik*) *Jene gefällt mir gar nicht.* (*jene* = Stellvertreter für *die andere Musik*)
Possessivpronomen	*Meine Wohnung ist mir zu klein.* (*meine* = Begleiter von *Wohnung*) *Eure ist viel größer.* (*eure* = Stellvertreter für *Wohnung*)
Indefinitpronomen	*Kann ich noch etwas Kuchen bekommen?* (*etwas* = Begleiter von *Kuchen*) *Es ist keiner mehr da.* (*keiner* = Stellvertreter für *Kuchen*)

Tipp

Pronomen, die sich als **Stellvertreter** für ein Nomen verwenden lassen, können dir helfen, ungeschickte **Wortwiederholungen** in einem Text **zu vermeiden**. Du musst aber unbedingt darauf achten, dass du ein Pronomen erst dann als Stellvertreter verwendest, wenn du das Nomen, auf das es sich bezieht, bereits genannt hast – und zwar möglichst im Satz davor. Sonst weiß der Leser gar nicht, worauf sich das stellvertretende Pronomen bezieht!

Übung 47

Suche im folgenden Text nach Pronomen. Unterstreiche sie und trage den entsprechenden Fachbegriff für die Art des Pronomens in die rechte Spalte ein. Das Pronomen „es" brauchst du dabei nicht zu berücksichtigen, weil es hier jeweils auf eine besondere Art verwendet wird.

Hinweis: Einen Überblick über die verschiedenen Arten von Pronomen kannst du dir mit Hilfe der Tabelle auf S. 115 verschaffen.

Vom Startloch zum Startblock	Art des Pronomens
Heute wäre es schwierig, Startlöcher in die modernen Kunststoff-Laufbahnen zu graben. Als die Leichtathleten noch auf Asche liefen, war das allerdings durchaus üblich, jedenfalls auf den Kurzstrecken. Für die erfand der amerikanische Trainer Mike Murphy 1887 den Tiefstart aus der Hocke. Bei diesem Start bringt der Sprinter mehr Kraft auf die Bahn. Er erreicht daher eine höhere Beschleunigung, allerdings besteht auch die Gefahr, dass ihm dabei die Füße wegrutschen. Deshalb war es üblich, dass die Sportler kleine Schäufelchen mit zum Rennen brachten und sich ihre individuellen Startlöcher gruben. Das war nicht nur den Platzwarten ein Dorn im Auge, die anschließend die Bahn wieder glätten mussten, die Sportler konnten sich auch verletzen, wenn ihr Fuß am Rand des Startlochs hängen blieb. Es war wieder ein amerikanischer Trainer, George Bresnahan, der im Jahr 1927 den Startblock zum Patent anmeldete – eine genial einfache Erfindung, die sich bis heute nur unwesentlich verändert hat. Aber die Mühlen der Sportbürokratie mahlen langsam. Während sich die Startblöcke in den USA schnell verbreiteten, betrachtete der internationale Leichtathletikverband IAAF die Entwicklung mit Argwohn. Zeitweise wurden zwei Weltrekorde geführt, mit und ohne Blöcke. Bei den Olympischen Spielen in Berlin 1936 war schließlich Jesse Owens der letzte Sprint-Olympiasieger, der mit Schäufelchen zum Rennen ging und seine eigenen Startlöcher buddelte. Erst 1937 akzeptierte die IAAF die neue Starthilfe. *Quelle: Christoph Drössler; http://www.zeit.de/2010/20/Stimmts-Sprinter*	

10.4 Besonderheiten bei Verben

Verben können durch ihre Form viele Informationen geben. Diese Form erhalten sie durch die **Konjugation**. Man konjugiert ein Verb, indem man dem **Stamm** eine **Endung** hinzufügt. So gibt das Verb Auskunft darüber, …

- **wer** der Handelnde ist, und wie die Äußerung zu verstehen ist: Spricht der Sprecher jemanden **direkt** an? Oder spricht er **über** jemanden – z. B. über sich selbst oder über eine andere Person (oder mehrere)?
(→ Grammatische Person: erste, zweite oder dritte Person)
- **wie viele** Personen (oder Sachen) es sind, die handeln. (→ Singular oder Plural)
- **wann** eine Handlung erfolgt: in der Gegenwart, in der Vergangenheit oder in der Zukunft. (→ Tempus, siehe S. 123 f.)
- ob sich der Blick auf **den Handelnden** oder **das Geschehen** richtet.
(→ Aktiv oder Passiv, siehe S. 125 f.)
- ob eine Aussage als **Feststellung einer Tatsache**, als **Aufforderung**, als **Wiedergabe von Worten** eines anderen oder als **Äußerung einer Vorstellung** verstanden werden soll.
(→ Modus: Indikativ, Imperativ, Konjunktiv, siehe S. 126 f.)

Beispiel

sieg|ten: mehrere Personen; ihre Handlung ist bereits in der Vergangenheit erfolgt (Präteritum), und der Sprecher äußert sich über die Handelnden.
komm|st: eine Person; die Handlung geschieht jetzt oder regelmäßig (Präsens), und der Sprecher spricht die handelnde Person direkt an.

Tipp

Es gibt **trennbare Verben**, die sich im Satz in ihre Bestandteile aufteilen können. Dann rutscht der erste Bestandteil ans Satzende, während der Hauptbestandteil auf seiner Position bleibt. Beispiele: *auf|steh|en – er steht auf, vor|lass|en – sie lässt vor, hin|setz|en – wir setzen uns hin.* Sollst du in einem Satz das Verb benennen, musst du die Bestandteile wieder zusammenfügen.

Übung 48

Kreuze an, welche Informationen in den folgenden Verbformen enthalten sind.

Hinweis: Du musst in jeder Zeile mindestens zwei Kreuze machen. Wenn es bezüglich einer Information mehrere Möglichkeiten gibt, kreuzt du sie alle an.

	Singular	Plural	über sich	über andere	zu jemandem
kommt					
frage					
folgst					
erscheinen					
sieht					
wissen					
vergesst					
bleibt					

Die Tempora des Verbs

Die grundlegenden Tempora sind das **Präsens** und das **Präteritum**. Sie bestehen nur aus einer einzigen Verbform (z. B. *geht, lacht; fragte, wusste*).
Alle übrigen Tempora bestehen aus mindestens zwei Verbformen: Außer dem eigentlichen Verb, dem **Vollverb**, benötigen sie noch eines der **Hilfsverben** *haben, sein* oder *werden*. Für das **Perfekt** und das **Plusquamperfekt** braucht man neben dem Hilfsverb *haben* oder *sein* das Partizip Perfekt des Vollverbs (z. B.: *gesagt, gelesen, bearbeitet …*); für das **Futur I** braucht man neben dem Hilfsverb *werden* den Infinitiv des Vollverbs (z. B.: *sagen, lesen, bearbeiten*); das **Futur II** besteht aus dem Hilfsverb *werden*, dem Partizip Perfekt des Vollverbs und dem Infinitiv des Hilfsverbs *sein* oder *haben*.
Unregelmäßige Verben verändern in einigen Formen ihren Stammvokal, wie z. B.: *kommen – kam – gekommen, singen – sang – gesungen, essen – aß – gegessen.*

Auf einen Blick

Konjugation: Singular						
	Präsens	**Präteritum**	**Perfekt**	**Plusquamperfekt**	**Futur I**	**Futur II**
1. Pers. (ich)	sage	sagte	habe gesagt	hatte gesagt	werde sagen	werde gesagt haben
	gehe	ging	bin gegangen	war gegangen	werde gehen	werde gegangen sein
2. Pers. (du)	sagst	sagtest	hast gesagt	hattest gesagt	wirst sagen	wirst gesagt haben
	gehst	gingst	bist gegangen	warst gegangen	wirst gehen	wirst gegangen sein
3. Pers. (er/sie/es)	sagt	sagte	hat gesagt	hatte gesagt	wird sagen	wird gesagt haben
	geht	ging	ist gegangen	war gegangen	wird gehen	wird gegangen sein

Konjugation: Plural						
	Präsens	**Präteritum**	**Perfekt**	**Plusquamperfekt**	**Futur I**	**Futur II**
1. Pers. (wir)	sagen	sagten	haben gesagt	hatten gesagt	werden sagen	werden gesagt haben
	gehen	gingen	sind gegangen	waren gegangen	werden gehen	werden gegangen sein
2. Pers. (ihr)	sagt	sagtet	habt gesagt	hattet gesagt	werdet sagen	werdet gesagt haben
	geht	ging(e)t	seid gegangen	wart gegangen	werdet gehen	werdet gegangen sein
3. Pers. (sie)	sagen	sagten	haben gesagt	hatten gesagt	werden sagen	werden gesagt haben
	gehen	gingen	sind gegangen	waren gegangen	werden gehen	werden gegangen sein

Tipp

> Die Tempora **Perfekt** und **Plusquamperfekt** unterscheiden sich nur in der **Form des Hilfsverbs**: Beim Perfekt stehen die Hilfsverben *haben* oder *sein* im Präsens, und beim Plusquamperfekt stehen sie im Präteritum.
> Das passt zu ihrer **Verwendungsweise**: Das Perfekt verwendet man, um – ausgehend vom **Präsens** – **Vorzeitigkeit** auszudrücken; das Plusquamperfekt drückt **Vorzeitigkeit** in Bezug auf das **Präteritum** aus, z. B. so:
> *Ich gehe früh nach Hause. Das habe ich dir ja gestern schon gesagt.* (Vorzeitigkeit zum Präsens)
> *Der Lehrer beurteilte Rolands Leistungen im Fach Deutsch mit Eins. Darauf hatte Roland schon lange gehofft.* (Vorzeitigkeit zum Präteritum)

Übung 49 Unterstreiche im folgenden Text alle Verbformen und bestimme die Tempora.

Die Broken-Windows-Theorie

Die Verwahrlosung eines Stadtviertels beginnt mit einer zerbrochenen Fensterscheibe, die niemand repariert. Das besagt die sogenannte „Broken-Windows-Theorie", die Stadtplaner vor Jahren in den USA entwickelt haben. Auch Müll, der auf dem Bürgersteig gelandet ist und einfach dort liegen bleibt, trägt dazu bei, dass eine Gegend verkommt. Eine Person, die durch eine solche Straße geht, sagt sich vielleicht: „Ich werde doch nicht den Dreck wegmachen, den andere verursacht haben!" Oder sie fügt den schon entstandenen Schäden oder Verunreinigungen noch weitere hinzu.
Wahrscheinlich glaubt sie: „Auf mich kommt es ja nicht an. Andere haben ja auch schon ihren Unrat hinterlassen." So wird sie ihre leere Cola-Dose einfach fallen lassen. Und nach einiger Zeit wird das ganze Viertel heruntergekommen sein. Das Nachsehen haben die Bürger, die dort wohnen. Sie hatten sich ihr Leben dort bestimmt anders vorgestellt.

Tempus

____
____
____
____
____
____
____
____
____
____
____
____
____
____
____
____
____
____
____
____
____
____
____
____

Aktiv und Passiv

Wer tut was? Diese Frage beantwortet man mit dem **Aktiv**. Die Person (das Lebewesen, die Sache), die aktiv tätig ist, steht dabei im Mittelpunkt und ist das Subjekt im Satz. Da das Aktiv in der Alltagssprache der Regelfall ist, braucht man seine Formen nicht extra zu lernen.

Was wird getan? Auf diese Frage antwortet man mit dem **Passiv**. Das Hauptaugenmerk liegt auf dem Geschehen und auf demjenigen, mit dem etwas getan wird. Das „Opfer" der Handlung wird deshalb im Passiv-Satz zum Subjekt. Um das Passiv zu bilden, benötigt man das Hilfsverb *werden* und das Partizip Perfekt.

Beispiel

Aktiv: Der Lehrer **benotet** die Schüler.
↑ Subjekt ↑ Objekt

Passiv: Die Schüler **werden** (vom Lehrer) **benotet**.
↑ Subjekt

Das Passiv kann unterschiedliche **Tempora** annehmen, z. B. *werden benotet* (Präsens), *wurden benotet* (Präteritum), *sind benotet worden* (Perfekt), *waren benotet worden* (Plusquamperfekt), *werden benotet werden* (Futur I), *werden benotet worden sein* (Futur II).

Den **„Täter"** kann man im Passiv-Satz **verschweigen**, z. B.: *Die Schüler werden benotet.* Es gibt zwei Gründe dafür, den „Täter" zu verschweigen:

- Man weiß nicht, wer eine Handlung ausgeführt hat. (Beispiel: *Ein Auto wurde in Brand gesetzt.* Wer das getan hat, ist nicht bekannt.)
- Man hält es für unnötig, den Handelnden zu nennen. (Beispiel: *Der Einbrecher wurde festgenommen.* Dass es Polizisten gewesen sein müssen, ist ohnehin klar und muss nicht extra gesagt werden.)

Tipp

Zu oft sollte man das **Passiv nicht** verwenden. Zum einen klingt es etwas steif und unlebendig (eben nicht „aktiv"), zum anderen kommt es durch die Verwendung des Hilfsverbs *werden* zu unschönen Wiederholungen.

Übung 50

1. Wandle die folgenden Aktiv-Sätze in Passiv-Sätze um.
   a) Die Weltraumforschung hat rasante Fortschritte gemacht.

   ____

   b) Inzwischen schicken die Forscher schon Roboter zum Mars.

   ____

   c) Die Roboter sollen wichtige Informationen sammeln.

   ____

   d) Eines Tages werden die ersten Astronauten den Mars anfliegen.

   ____

2. Der folgende Text steht ausschließlich im Passiv. Er soll überarbeitet werden. Wandle die unterstrichenen Sätze ins Aktiv um. Schreibe die überarbeiteten Sätze auf die Linien.

Big Brother auf dem Mars

Von der russischen Weltraumagentur Roskosmos und der europäischen ESA (European Space Agency) ist ein Experiment organisiert worden: Sechs Männer werden für einen Zeitraum von 520 Tagen in einen Container eingesperrt. Während dieser langen Zeit wird jeder ihrer Schritte von Kameras verfolgt. Die Aufzeichnungen werden zu Forschungszwecken genutzt. Auf diese Weise wird erprobt, welche Belastungen von den Crewmitgliedern während einer Expedition zum Mars ertragen werden müssen. Die Bedingungen im All wurden von den Forschern möglichst real inszeniert. Nur auf die Schwerelosigkeit wird verzichtet.

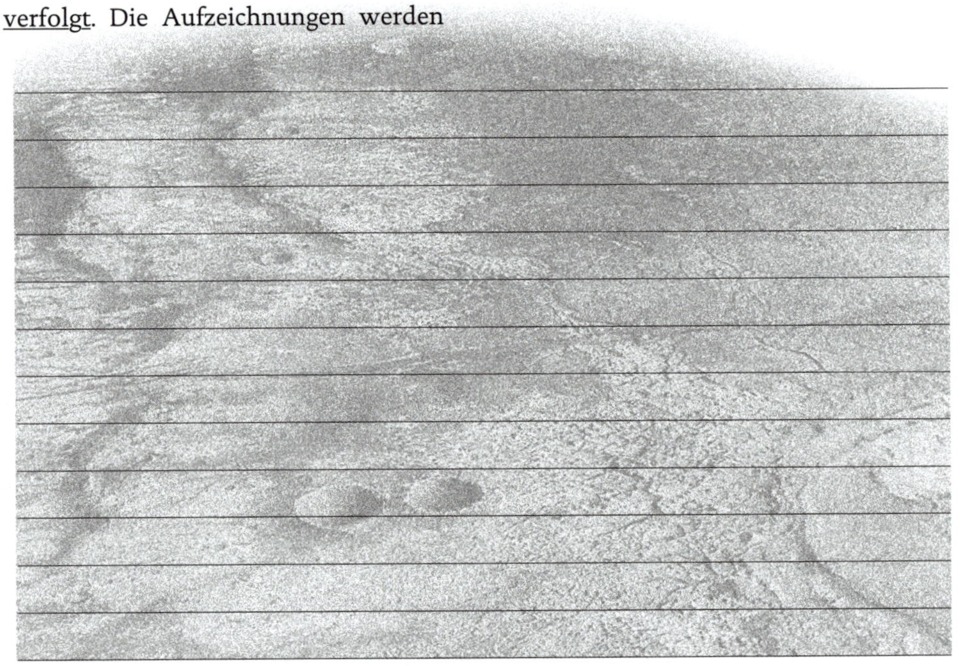

Die Modi: Indikativ, Imperativ und Konjunktiv

Der Begriff „Modus“ bedeutet „Art und Weise“. Der Modus zeigt an, **wie eine Aussage verstanden** werden soll. Es gibt drei Möglichkeiten:

- Man verwendet den **Indikativ**, wenn eine Aussage als Darstellung einer Tatsache verstanden werden soll – nach dem Motto: So ist es!
  Der Indikativ wird im Alltag am häufigsten verwendet, deshalb braucht man seine Formen nicht eigens zu lernen.
  Beispiel: *Es regnet. Die Benzinpreise steigen schon wieder. Die Sieger wurden gefeiert.*
- Man verwendet den **Imperativ**, um eine Aufforderung oder einen Befehl auszusprechen – nach dem Motto: So soll es sein!
  Du kennst diese Formen auch aus dem Alltag. Bei einigen Verben **verändert sich** im Imperativ der **Stammvokal** des Verbs. Das betrifft aber nur Verben mit dem Stammvokal e *(helfen → hilf, geben → gib, lesen → lies).*
  Beispiel: *Hilf mir bitte beim Tragen. Gib mir deine Jacke! Pass doch auf!*

- Man verwendet den **Konjunktiv**, um anzuzeigen, dass man **nicht von Tatsachen** spricht – nach dem Motto: So denkt man es sich (nur).
  Deutschland müsste im Fußball wenigstens Europameister werden. Beispiel
  (keine Tatsache, sondern Äußerung einer Vorstellung)
  Viele Leute sagen, die deutsche Mannschaft sei sehr gut.
  (keine Tatsache, sondern Wiedergabe einer Meinungsäußerung)
  - Den **Konjunktiv I** verwendet man in der **indirekten Rede**. Damit drückt man aus, dass man nur wiedergibt, was man gehört oder gelesen hat.
    Man bildet den Konjunktiv I, indem man nach dem Stamm ein **e** einfügt (z. B.: *du hab|e|st, er lieg|e*). Beim Umwandeln von direkter Rede in indirekte Rede muss man evtl. außer den Verbformen noch ein Pronomen verändern: Aus *ich* wird *er* oder *sie*.
    Leo sagte: „Ich habe keine Zeit." → Leo sagte, er habe keine Zeit. Beispiel
  - Den **Konjunktiv II** verwendet man, um etwas zu sagen, das man sich nur vorstellen kann; man weiß genau, dass es **nicht der Realität entspricht**.
    Man bildet den Konjunktiv II aus der Präteritum-Form; dabei werden die Vokale a, o und u oft zu den Umlauten ä, ö und ü (*sehen: sah → sähe; fliegen: flog → flöge; tragen: trug → trüge)*
    Ich wäre gern berühmt. Dann hätte ich viele Fans. Beispiel

Tipp

> Es kann vorkommen, dass eine **Konjunktiv-Form genauso** klingt **wie der Indikativ**.
> In diesem Fall kannst du ersatzweise die Formulierung mit *würde* verwenden.
> Beispiel: *Sie haben versprochen, sie kommen* (*kommen*: sowohl Form des Konjunktivs I als auch des Indikativs). Um sicherzugehen, dass man nicht missverstanden wird, kann man sagen:
> *Sie haben versprochen, sie würden kommen.*

1. Gib die folgende Meinungsäußerung eines Schülers in Form von indirekter Rede wieder. Verwende durchgängig den Konjunktiv I. Übung 51

   Hinweis: Du brauchst keinen weiteren Begleitsatz hinzuzufügen.

   „Manchmal ist es im Unterricht so langweilig, dass ich ständig gähnen muss. Ich weiß nicht, weshalb. Aber ich kann das einfach nicht unterdrücken. Es überkommt mich einfach. Komischerweise scheint Gähnen ansteckend zu sein. Denn kaum habe ich damit angefangen, da machen meine Mitschüler es mir nach. Das finde ich seltsam."

   Der Schüler sagt, manchmal ______________________________

   ____

2. Die Schülerin Britta hat für ihre Zukunft viele Wünsche und Vorstellungen. Formuliere zu jedem Wunsch einen vollständigen Satz.

   Verwende nach Möglichkeit den echten Konjunktiv II. Nur wenn die Form des Konjunktivs nicht von der Form des Indikativs zu unterscheiden ist, verwendest du die Umschreibung mit *würde*.

   Das erste Beispiel ist schon gelöst.

Brittas Wünsche:

A. einen guten Schulabschluss machen
B. einen interessanten Beruf erlernen
C. viel Geld verdienen
D. ein Cabrio fahren
E. Reitunterricht nehmen
F. einen netten Mann kennenlernen
G. eine Traumhochzeit feiern
H. eine Familie gründen
I. nach Neuseeland fliegen
J. genügend Freizeit haben

A. Britta würde gern einen guten Schulabschluss machen.

11 Satzglieder und Satzbau beherrschen

11.1 Sätze untergliedern

Jeder Satz ist wie eine Kette von Satzgliedern. Die vier wichtigsten Satzglieder sind diese:

- **Subjekt** (zu erfragen mit: *Wer oder was ...?*),
- **Prädikat** (zu erfragen mit: *Was tut ...?*),
- **Objekt** (zu erfragen mit: *Wem ...? Wen ...?*),
- **adverbiale Bestimmung** (auch „Adverbiale" genannt, zu erfragen mit: *Wo ...? Wohin ...? Woher ...?* → lokal, mit: *Wann ...? Seit wann ...? Bis wann ...? Wie lange ...?* → temporal; *Wie ...?* → modal oder mit: *Warum ...?* → kausal).

Ein Satz besteht aus **mindestens zwei Satzgliedern**: einem **Subjekt** und einem **Prädikat**. Ob darüber hinaus noch weitere Satzglieder erforderlich sind, hängt vom Verb ab – und davon, welche Zusatzinformationen man vermitteln will. Sätze, bei denen entweder das Subjekt oder das Prädikat fehlt (oder beide), sind **unvollständig** (Fachbegriff: Ellipsen/elliptisch verkürzte Sätze).
Satzglieder können unterschiedlich lang sein. Das gilt auch für das Prädikat: Es gibt einstellige, zweistellige und sogar dreistellige Prädikate.
Die **Reihenfolge** der Satzglieder ist **nicht festgelegt**. Ein Satz muss also nicht mit dem Subjekt beginnen. Auch eine adverbiale Bestimmung oder ein Objekt kann einen Satz eröffnen.

Beispiel

[Der Wind] [weht].
↑ Subjekt ↑ Prädikat

[Die Blätter] [fallen] [von den Bäumen].
↑ Subjekt ↑ Prädikat ↑ Adverbiale

[Im Winter] [tragen] [die Menschen] [warme Jacken].
↑ Adverbiale ↑ Prädikat ↑ Subjekt ↑ Objekt

Tipp

Wenn du nicht sicher bist, welche Wörter zu einem Satzglied gehören, kannst du die **Umstellprobe** machen: Vertausche einfach die Reihenfolge der Satzglieder.
Alle Wörter, die zum selben Satzglied gehören, bleiben immer zusammen – unabhängig davon, welche Position sie im Satz einnehmen.
Beispiel: *Mein bester Freund hatte gestern Abend einen Unfall.*
Umgestellt: [*Gestern Abend*] [*hatte*] [*mein bester Freund*] [*einen Unfall*].
Oder: [*Einen Unfall*] [*hatte*] [*mein bester Freund*] [*gestern Abend*].

Übung 52

Bestimme die Satzglieder in den folgenden Sätzen. Kennzeichne sie wie in den Beispielsätzen.

a) Lachen ist gesund.

b) Diese Erkenntnis haben Forscher schon vor langer Zeit gewonnen.

c) Lachen lockert die Muskeln und setzt Glückshormone frei.

d) Kinder beherrschen diese Gefühlsäußerung am besten.

e) Laut wissenschaftlichen Untersuchungen lachen Kinder rund 400 Mal am Tag.

11.2 Hauptsätze und Nebensätze unterscheiden

Hauptsätze erkennst du an der Position des finiten Verbs (finites Verb: das konjugierte Verb, also das Verb mit der Personalendung). Im Hauptsatz steht das finite Verb nämlich immer auf der Position des zweiten Satzglieds, und im **Nebensatz** steht es in der Regel ganz am Ende des Satzes.
Hauptsätze, die zusammengehören, bilden eine **Satzreihe**. Eine Verbindung aus einem Hauptsatz und einem Nebensatz bildet ein **Satzgefüge**.

Beispiel

Satzgefüge Hauptsatz + Nebensatz	*Die Polizei in Niedersachsen trainiert neuerdings einen Geier zur Suche von Leichen,* (Hauptsatz) *weil dessen Geruchssinn dem Geruchssinn von Hunden deutlich überlegen ist.* (Nebensatz)
Satzreihe Hauptsatz + Hauptsatz	*Die Beamten verstecken im Gebüsch ein Leichentuch,* (Hauptsatz) *und der Geier muss es aufspüren.* (Hauptsatz)

Tipp

An der **Position des finiten Verbs** kannst du **am sichersten** erkennen, ob es sich bei einem Satz um einen Hauptsatz oder um einen Nebensatz handelt. Viele Schülerinnen und Schüler denken zwar, man könne einen Nebensatz auch an einer **einleitenden Konjunktion** erkennen. Aber dieses Erkennungsmerkmal ist **unsicher**: Zum einen gibt es auch Nebensätze, die **nicht** mit einer Konjunktion beginnen (z. B. Relativsätze, vgl. S. 133 f.);
zum anderen können auch Hauptsätze mit einer (nebenordnenden) Konjunktion beginnen.

Übung 53

1. Markiere im folgenden Text die finiten Verben.
   Unterstreiche dann alle Nebensätze.

   Hinweis: Erweiterte Infinitivkonstruktionen mit „zu" sind verkürzte Nebensätze. (Beispiel: *Ich bitte dich, zu mir zu kommen.* → Kurz für: *Ich bitte dich, dass du zu mir kommst.*) Du brauchst sie nicht zu berücksichtigen.

Flugstaffel Walsrode

[...] Trotz des Regens sind die Bänke an der Bühne fast voll besetzt. Eine Schulklasse ist in den Vogelpark Walsrode gekommen, und ein paar Familien mit Kindern sind da. Gespannt starren sie alle auf einen großen Baum. Dann plötzlich schießt ein schwarz gefiederter Vogel unter den tief hängenden Ästen hervor. Er segelt ein Stück über den Rasen und landet elegant auf dem Unterarm seines Trainers German Alonso.

Der Truthahngeier Sherlock ist bereit für seine Mission: Er soll ein Leichentuch aufspüren, das Alonso kurz zuvor in einem Rasenloch versteckt hat. Sherlock springt auf den Rasen und schreitet auf und ab. Nur wenige Augenblicke später zupft er mit seinem Schnabel die Beute hervor. Er hat seinen Auftrag ausgeführt.

Das Leichentuch hat eine Medizinische Hochschule geliefert, die nicht genannt werden will. Zu makaber könnte das Spektakel wirken, wenn man nicht den tieferen Sinn kennt: Alonso soll seinem Geier beibringen, Leichen aufzuspüren. Der Auftrag dazu kam vor drei Jahren von höchster Stelle [...].

Bisher helfen speziell ausgebildete Spür-Spürhunde bei der Leichensuche. Hunde verfügen über 300 Millionen Riechzellen in der Nase, denen auch viele Jahre alte Spuren nicht entgehen. Das Problem besteht darin: Nur mit geschlossener Schnauze können Hunde alle Duftspuren orten, nach fünfzehn Minuten Einsatz brauchen sie eine Pause. Ein Leichenspürhund kann deshalb nur maximal 100 Quadratmeter am Tag absuchen. Falls er auf unwegsamem Terrain eingesetzt wird, schafft er sogar noch weniger. [...]

Quelle: Nadine Querfurth; http://www.zeit.de/zeit-wissen/2010/01/Geier-im-Polizeidienst

2. Satzreihe oder Satzgefüge? Kreuze entsprechend an.

Beispielsatz	Satzreihe	Satzgefüge
Man weiß nicht, wie erfolgreich das Training von Truthahngeiern sein wird.	☐	☐
Es gibt nämlich nur wenige dieser Geier, denn sie werden nur selten gezüchtet.	☐	☐
Ob Truthahngeier zwischen dem Geruch toter Tiere und toter Menschen unterscheiden können, ist auch noch unklar.	☐	☐
Es kann sein, dass sie im Ernstfall statt eines toten Menschen nur tote Mäuse finden.	☐	☐
Die Treffsicherheit der Vögel muss erst noch genau geprüft werden, und das kann noch einige Zeit dauern.	☐	☐

11.3 Sätze verbinden

Ein guter Text ist nicht einfach nur eine Ansammlung von Sätzen. Die Sätze in einem Text hängen nämlich alle miteinander zusammen – entweder direkt oder indirekt. Man sollte möglichst oft versuchen, den **Zusammenhang zwischen** zwei aufeinander folgenden **Sätzen zu verdeutlichen**. Am besten verwendet man dafür **Konjunktionen** oder **Adverbien**.

Die **Grenze zwischen Haupt- und Nebensatz** markiert man mit einem Komma. Eingeschobene Nebensätze werden vorn und hinten durch Komma abgetrennt. Ob man Hauptsätze durch Punkt, Semikolon oder Komma voneinander abtrennt, hängt davon ab, wie stark man die Grenze markieren will: Der **Punkt** ist die deutlichste Grenzmarkierung zwischen zwei Hauptsätzen, das **Komma** die schwächste, dazwischen liegt das **Semikolon**.

Beispiel

In diesem Textauszug werden die Sätze praktisch nur aufgezählt:
Mehrere Jugendliche haben sich bei einer Autowerkstatt um einen Ausbildungsplatz beworben. Nur einige von ihnen sind zu einem Gespräch eingeladen worden. Die Vorstellungsrunde beginnt. Die Bewerber sollen über ihre Interessen an dieser Ausbildung sprechen. Der 16-jährige Nils ist an der Reihe. Er weiß nichts zu sagen.

Hier werden im selben Textauszug durch Konjunktionen oder Adverbien Zusammenhänge aufgezeigt:
Mehrere Jugendliche haben sich bei einer Autowerkstatt um einen Ausbildungsplatz beworben, aber nur einige von ihnen sind zu einem Gespräch eingeladen worden. Als die Vorstellungsrunde beginnt, sollen die Bewerber erst einmal über ihre Interessen an dieser Ausbildung sprechen. Zuerst ist der 16-jährige Nils ist an der Reihe; allerdings weiß er nichts zu sagen.

Auf einen Blick

Sätze verbinden mit Konjunktionen und Adverbien

Zusammenhang	Fachbegriff	Konjunktionen	Adverbien
Aufzählung	additiv	*und, (so)wie, sowohl – als auch;* Verneinung: *weder – noch*	*außerdem, auch, zusätzlich*
Auswahl	alternativ	*oder, entweder – oder, bzw.*	–
Grund	kausal	*denn, weil, da*	*darum, daher, vorsichtshalber*
Gegengrund	konzessiv	*obwohl, obgleich*	*trotzdem, allerdings*
Gegensatz	adversativ	*aber, doch, während, sondern*	*(je)doch, dagegen*
Zeit	temporal	*als, bevor, nachdem, während, seit, (dann) wenn*	*dann, anschließend, währenddessen, immer, oft, damals*
Ort	lokal	–	*hier, da, dort, dorthin*
Bedingung	konditional	*(nur) wenn, falls, sofern*	*ansonsten, sonst, andernfalls*
Art und Weise	modal	*indem, dadurch dass*	*dadurch, so, derart*
Zweck	final	*damit, dass, auf dass*	*dafür, deshalb*
Folge	konsekutiv	*so …, dass, sodass*	*folglich, also*

Tipp

Adverbien leiten immer **Hauptsätze** ein. Du erkennst ein Adverb daran, dass sich die **Reihenfolge** der anderen Satzglieder **ändert**, wenn du es an den Anfang eines Satzes stellst. Das liegt daran, dass das finite Verb in einem Hauptsatz immer auf der zweiten Satzgliedposition steht. Wenn du also ein Adverb (= eine adverbiale Bestimmung) auf die erste Satzgliedposition setzt, rückt das Subjekt hinter das finite Verb.
Dagegen **ändert sich die Reihenfolge** der Satzglieder **nicht**, wenn du einen **Hauptsatz** mit einer **nebenordnenden Konjunktion** eröffnest.

Beispiel: *Der Schulabschluss rückt immer näher. Einige Schüler bereiten sich nicht darauf vor.*

- mit **Adverb** am Anfang des zweiten Satzes:
  *Der Schulabschluss rückt immer näher, **trotzdem** bereiten sich einige Schüler nicht darauf vor.*
  (→ finites Verb tauscht die Position mit dem Subjekt)
- mit **Konjunktion** am Anfang des zweiten Satzes:
  *Der Schulabschluss rückt immer näher, **aber** einige Schüler bereiten sich nicht darauf vor.*
  (→ Reihenfolge der Satzglieder bleibt unverändert)

Übung 54

Verbinde die folgenden Satzpaare durch passende Konjunktionen oder Adverbien (→ Heft). Du kannst die Reihenfolge der Sätze ändern.

Hinweis: In der tabellarischen Übersicht (S. 132) findest du Anregungen für die Auswahl von Konjunktionen und Adverbien.

a) Es stehen nicht mehr genügend Bewerber für Lehrstellen zur Verfügung. Die Betriebe klagen zunehmend darüber.

b) Die Anzahl der Abiturienten ist gestiegen. Es gibt einen Rückgang bei den Schulabgängern an Haupt- und Realschulen.

c) Die Abiturienten möchten lieber an einer Universität studieren. Die Lehrstellen in einem Betrieb haben an Attraktivität verloren.

d) Bei der Firma Siemens ist die Zahl der Bewerber um 20 Prozent gesunken. Sogar große Betriebe werben inzwischen um Auszubildende.

e) Man sollte sich auf ein Bewerbungsgespräch vorbereiten. Es gibt nicht mehr so viele Konkurrenten um einen Ausbildungsplatz.

f) Der erste Eindruck ist oft entscheidend. Man sollte angemessen gekleidet sein.

11.4 Relativsätze geschickt nutzen

Relativsätze sind eine besondere Art von Nebensätzen: Sie **beziehen sich auf etwas** (oder jemanden) **zurück**, von dem gerade die Rede gewesen ist. Der Zusammenhang zwischen dem Relativsatz und dem zugehörigen Hauptsatz wird durch **Relativpronomen** *(der, die, das; welcher, welche, welches)* hergestellt.
Ein Relativsatz steht entweder nach dem Hauptsatz – oder er ist in ihn eingeschoben.

Beispiel

Das Internet speichert dauerhaft Einträge, die uns später einmal peinlich sein können. (Nachfolgender Relativsatz)
Peinliche Fotos, die wir aus einer Laune heraus ins Netz gestellt haben, lassen sich nicht so einfach wieder löschen. (Eingeschobener Relativsatz)

Tipp

Mithilfe von Relativsätzen kannst du ungeschickte **Wortwiederholungen vermeiden**, denn das **Relativpronomen**, das den Relativsatz einleitet, steht **stellvertretend** für das Nomen aus dem Hauptsatz, auf das es sich bezieht und das man sonst noch einmal nennen müsste. Darüber hinaus kannst du Sätze, die aufgrund von langen Attributen unübersichtlich wirken, mithilfe von Relativsätzen „entschlacken".
Beispiel: *Allzu sorglos ins Internet gestellte Daten können den User später einmal in Schwierigkeiten bringen.* → *Daten, die allzu sorglos ins Internet gestellt wurden, können den User später einmal in Schwierigkeiten bringen.*

Übung 55

Wandle jeweils den zweiten Satz jedes Satzpaares in einen Relativsatz um. Füge ihn entweder in den vorangestellten Hauptsatz ein oder lass ihn dem Hauptsatz folgen.

a) Bei jedem Surfen im Internet hinterlassen wir Spuren. Die Spuren lassen sich nicht so leicht löschen.

b) Es handelt sich stets nur um ein paar Daten. Unser Computer speichert die Daten und kann sie preisgeben.

c) Manchmal sind es nur einzelne Wörter. Wir haben die Wörter in Suchmaschinen eingegeben.

d) Bewerber können in einem Vorstellungsgespräch einen schlechten Eindruck machen. Sie haben solche Daten im Internet hinterlassen.

e) Inzwischen geben viele Chefs die Namen der Bewerber in eine Suchmaschine ein. Die Bewerber sollen sich bei ihnen vorstellen.

f) Ein Chef wird einem Bewerber kein großes Vertrauen entgegenbringen. Der Chef hat im Internet peinliche Fotos von dem Bewerber entdeckt.

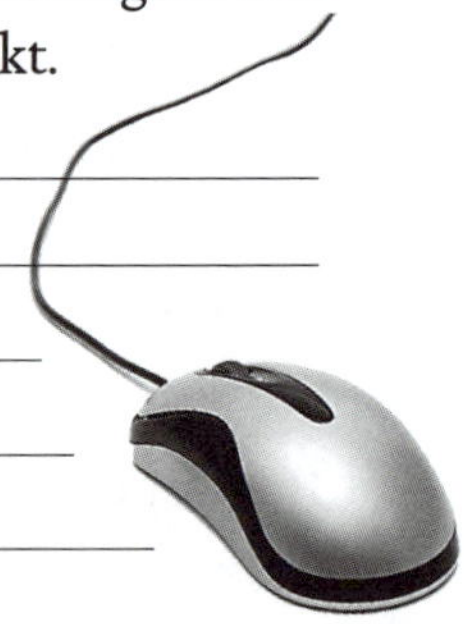

11.5 „Das“ und „dass“ auseinanderhalten

Die Frage, ob du *das* oder *dass* schreiben musst, mag dir als ein Problem der Rechtschreibung vorkommen. In Wirklichkeit ist es ein Grammatikproblem: Das Wort *das* ist entweder ein **Artikel** oder ein **Demonstrativpronomen** oder ein **Relativpronomen**, das Wort *dass* ist immer eine **Konjunktion**.

Auf einen Blick

Der Unterschied zwischen *das* und *dass*

Das Wort ***das*** kann dreierlei sein:

- ein **Artikel**.
  Z. B.: *das Geld, das Essen, das Spielen …*
- ein **Relativpronomen**. Es verweist immer zurück auf etwas, das gerade genannt wurde.
  Z. B.: *Kennst du das Mädchen, das dort steht?*
- ein **Demonstrativpronomen**. Es verweist meist auf mehrere Wörter zurück, die unmittelbar zuvor genannt worden sind.
  Z. B.: *Du kommst früh. Das hätte ich nicht gedacht.*

Das Wort ***dass*** ist immer:

- eine **Konjunktion**. Sie leitet einen folgenden Nebensatz ein, weist also immer nach vorne (nicht zurück).
  Z. B.: *Er weiß, dass es schon spät ist.*
  Beachte aber: Der Nebensatz kann auch an erster Stelle stehen!
  Z. B.: *Dass wir uns so schnell wieder sehen, hätte ich nicht gedacht.*

Es ist leicht, den Artikel *das* in einem Satz zu identifizieren. Aber ob es sich bei dem Wort *das/dass* um ein Demonstrativpronomen, ein Relativpronomen oder eine Konjunktion handelt, ist nicht so einfach zu erkennen. Du kannst jedoch eine Probe durchführen, um es herauszufinden:

- Lässt sich das Wort *das/dass* durch das Wort *welches* ersetzen? Dann handelt es sich um das **Relativpronomen** *das*.
- Lässt sich das Wort *das/dass* durch das Wort *dieses* ersetzen? Dann handelt es sich um das **Demonstrativpronomen** *das*.
- Ist kein Austausch möglich? Dann handelt es sich um die **Konjunktion** *dass*.

Beispiel

Es ist erstaunlich, das/dass (?) der Vulkan auf Island den Flugverkehr in Europa lahmgelegt hat.

1. Probe: *Es ist erstaunlich, welches der Vulkan …* → nicht möglich
2. Probe: *Es ist erstaunlich, dieses der Vulkan …* → nicht möglich

Also handelt es sich um die Konjunktion *dass*: *Es ist erstaunlich, dass der Vulkan auf Island den Flugverkehr in Europa lahmgelegt hat.*

Tipp

Die Konjunktion ***dass*** folgt in der Regel nach Formulierungen, die ausdrücken, dass eine Person **etwas denkt, fühlt oder sagt**. Am besten merkst du dir die typische Satzstruktur: *Ich weiß, dass … Mein Freund hat gesagt, dass …*
Das gilt auch für Sätze, in denen es heißt, dass mehrere Personen etwas denken, fühlen oder sagen: *Viele Menschen glauben, dass …, Man hat gehört, dass …, Es ist bekannt, dass …*
Wenn du in solchen Sätzen automatisch die Konjunktion *dass* schreiben kannst, hast du schon eine große Sicherheit bezüglich der richtigen Schreibweise gewonnen.

Übung 56

1. Was ist richtig: *das* oder *dass?* Trage die richtige Schreibweise in den Text ein.
2. Ordne die Wörter *(das/dass)* der jeweiligen Wortart zu. Orientiere dich an der Verwendung im Satz. Trage die Lösung in die rechte Spalte ein.

Letzte Chance für ein normales Leben

Wer einmal notorischer Blaumacher ist, findet nur schwer zurück in die Schule. In Berlin gibt es ein Internatsprojekt, ____________ notorischen Schwänzern helfen soll, diesen Teufelskreis zu durchbrechen. ____________ ist ihre letzte Chance.

Sie sind zwischen 12 und 16 Jahre alt und kommen aus Berlin-Neukölln. Eines haben die Jungen und Mädchen gemeinsam: ____________ sie die Schule zuletzt nur selten besuchten. ____________ hat sich inzwischen geändert. Denn jetzt lernen sie im Internat „Leben und Lernen".

Von Sonntagabend bis Freitagnachmittag werden die Schüler dort ganztags betreut. Ganze 2 400 Euro kostet ____________ pro Schüler – monatlich. Die Eltern zahlen davon ____________, was ____________ Familieneinkommen zulässt. Den Rest trägt ____________ Jugendamt. ____________ entscheidet auch, wer aufgenommen wird – gemeinsam mit den Mitarbeitern der Wohngruppe und den Lehrern.

Ziel des Projekts ist es, ____________ sich die Kinder an klare Strukturen gewöhnen. Um die Gewohnheiten zu durchbrechen, setzt ____________ Internat auf Tagesstrukturen mit wenig persönlichen Rückzugsmöglichkeiten. Mit Ausnahme eines Einzelzimmers gibt es nur Doppelzimmer. Die aber sind so ausgestattet, ____________ jeder einen eigenen Schreibtisch und etwas Platz für persönliche Dinge hat.

Die Nutzung des Telefons wird nur eingeschränkt erlaubt, ____________ gilt auch für Handys. Klar geregelt ist, ____________ die Schüler zu einer bestimmten Zeit aufstehen müssen und ____________ sie den Putzdienst für die Zimmer und Gemeinschaftsräume leisten müssen.

Einfach ist die Arbeit nicht [...]. Denn wer im Internat lebt, steigt nicht automatisch ins normale Schulleben ein. ____________ ist ein Entwicklungsprozess [...].

Quelle: M. Hannemann; http://www.news.de/gesellschaft/855026951/letzte-chance-auf-ein-normales-leben/1/ (gekürzt und leicht geändert)

Wortart

____
____
____
____
____
____
____
____
____
____
____
____
____
____
____
____
____
____
____
____
____
____
____
____
____
____
____
____
____
____
____
____

Merkwissen

Stilmittel

Ein Autor setzt Stilmittel bewusst ein, um eine bestimmte Wirkung zu erzielen. Aus der Vielzahl an Stilmitteln werden hier die häufigsten aufgeführt. Ihre Wirkung (gekennzeichnet mit →) wird allgemein beschrieben, im konkreten Einzelfall musst du sie auf den Text abstimmen.

Alliteration: gleicher Anlaut aufeinanderfolgender Wörter → Betonung, Förderung der Merkfähigkeit, lautmalerisch, melodisch
Beispiel: *Kind und Kegel, wahre Wunder*

Anapher: Wiederholung gleicher Vers- oder Satzanfänge → Hervorhebung, oft gefühlsmäßige Beteiligung
Beispiel: *Das Wasser rauscht | Das Wasser schwoll.*

Antithese: Gegenüberstellung von gegensätzlichen Begriffen oder Gedanken → Betonung des Gegensatzes
Beispiel: *Friede den Hütten | Krieg den Palästen*

Beispiel: → Veranschaulichung, Verdeutlichung
Beispiel: *Kinder lieben Süßes; wenn z. B. der Eismann kommt, hält sie nichts ...*

Chiasmus: Überkreuzstellung von ähnlichen Sätzen oder Satzteilen → Verstärkung, Betonung
Beispiel: *Ich weiß nicht, was ich will, ich will nicht, was ich weiß.*

Ellipse: verkürzter, unvollständiger Satz in dem das Subjekt oder das Prädikat fehlt (oder beides) → erregtes, gefühlsbetontes Sprechen als Ausdruck von Freude, Angst, Entsetzen oder Erleichterung, auch typisch für die Umgangssprache
Beispiel: *Je früher (du zum Arzt gehst), desto besser (ist es für deine Gesundheit). Endlich allein! (statt: Endlich bin ich allein!)*

Enjambement: Zeilensprung; ein Satz im Gedicht erstreckt sich über zwei (oder mehr) Verse → Bewegung, Lebendigkeit, Durchbrechen des monotonen Versmaßes, Erzeugen von Spannung
Beispiel: *Daraus rennt | Mit wildem Sprunge | Ein Tiger hervor*

Epipher: Wiederholung gleicher Vers- oder Satzenden → Hervorhebung, oft gefühlsmäßige Beteiligung
Beispiel: *Doch alle Lust will Ewigkeit –, – will tiefe, tiefe Ewigkeit!*

Hyperbel: sehr starke Übertreibung → Verdeutlichung, manchmal auch ironisch gemeint
Beispiele: *ein Meer von Tränen, himmelhoch jauchzend, zu Tode betrübt*

Inversion: Umstellung der normalen Satzstellung → Verstärkung, Hervorhebung des Satzanfangs
Beispiel: *Unendlich mühsam war der Weg! (statt: Der Weg war unendlich mühsam.)*

Ironie: versteckter, feiner Spott, meint das Gegenteil des Vorgegebenen → humorvolle Kritik, Bloßstellung von Missständen
Beispiel: *Du bist mir ein schöner Freund.*

Klimax: Steigerung → Hervorhebung
Beispiel: *Sie arbeiten täglich zehn, zwölf, ja vierzehn Stunden am Erfolg!*

Lautmalerei: Nachahmung von Klängen, Lauten → Veranschaulichung, Verlebendigung, Spiel mit der Sprache
Beispiel: *Das Feuer leckt, knistert und knattert.*

Litotes: doppelte Verneinung → Hervorhebung durch Untertreibung, meint das Gegenteil
Beispiel: *nicht selten (statt: oft), nicht unschön (statt: schön)*

Metapher: bildhafter Ausdruck mit übertragener Bedeutung, nicht wortwörtlich zu nehmen, Vergleich ohne Vergleichswort → Veranschaulichung, sprachliche Verdichtung, Betonung
Beispiel: *Flug der Gedanken (statt: Die Gedanken bewegen sich so leicht, als ob sie fliegen könnten.), Bücher verschlingen (statt: sehr gerne lesen), Rabenvater (statt: schlechter Vater)*

Neologismus: Wortneuschöpfung → starke Aussagekraft, oft Sprachspielerei
Beispiel: *wirrflirrbunt*

Oxymoron: (scheinbar) widersinnige, unlogische Behauptung → soll stutzig machen, Missstände aufdecken
Beispiel: *alter Knabe, süße Arbeit*

Parallelismus: Aufeinanderfolge von gleich oder ähnlich gebauten Sätzen oder Satzteilen → Verstärkung, Betonung
Beispiel: *Schnell lief er hin, langsam kam er zurück.*

Parenthese: Einschub in einen Satz → erregtes Sprechen, ergänzender, kommentierender Gedanke, Betonung
Beispiel: *Die Errichtung der Mauer – wir werden es nie vergessen – hat uns viel Unglück gebracht.*

Personifikation: Gegenstände/Begriffe werden vermenschlicht → Veranschaulichung, Verlebendigung
Beispiel: *Mutter Natur*

Pointe: Höhe-/Schlusspunkt bei Anekdote, Glosse, Kurzgeschichte oder Witz → Auslösen eines Überraschungseffekts

Rhetorische Frage: Scheinfrage, auf die keine Antwort erwartet wird → Betonung der Aussage, Anregung zum Nachdenken
Beispiel: *Machen wir nicht alle Fehler?*

Sarkasmus: beißender Spott, verletzender Hohn, extrem gesteigerte Ironie

Satire: ein Text, in dem Personen und Ereignisse mittels Übertreibung, Ironie und scharfem Spott lächerlich gemacht und heftig kritisiert werden

Symbol: Sinnbild, das auf eine Idee verweist, verbunden mit einer Vielzahl von Vorstellungen und Gefühlen → Veranschaulichung, starke sprachliche Verdichtung, Betonung
Beispiel: *Teufel (Symbol des Bösen), Ring (Symbol der Treue)*

Synonyme: verschiedene Wörter, die alle eine gleiche oder sehr ähnliche Bedeutung haben → Umschreibung, Vermeidung von Wiederholung
Beispiel: *Pferd, Ross, Gaul, Mähre, Reittier*

Vergleich: Verbindung eines bildhaften Ausdrucks mit dem eigentlich gemeinten Begriff mit Hilfe eines Vergleichswortes (z. B. *wie, als ob*) → Veranschaulichung
Beispiel: *Er ist stark wie ein Löwe.*

Wiederholung: mehrmalige Verwendung eines Wortes oder einer Wortgruppe in einem Text → Hervorhebung
Beispiel: *Die Frau war in großer Eile. Man sah ihr die Eile an.*

Wortspiel: Ausnutzung von sprachlicher Vieldeutigkeit → witzig, geistreich
Beispiel: *Ich habe den Saal schon voller und leerer gesehen, aber so voller Lehrer noch nie.*

Zynismus: beißender Spott, rohe Offenheit, Schamlosigkeit, herausforderndes, verächtliches Verhalten und bewusste Verletzung anderer Menschen

Verben des Sagens

Es gibt verschiedene **Verben**, um zu sagen, dass jemand etwas Bestimmtes mit Worten **zum Ausdruck bringt**. Die meisten dieser Verben sind aber von ihrer Bedeutung her nicht gleich. Du solltest sie deshalb sicher unterscheiden können. In der Prüfung wirst du häufig **in der Aufgabenstellung** mit diesen Verben aufgefordert, dich in einer bestimmten Art und Weise zu einem Text zu äußern. Dann ist es wichtig, dass du genau weißt, **was von dir verlangt wird**.

Die folgende Übersicht gibt dir dafür wichtige Hinweise:

analysieren: etwas in seine Bestandteile zerlegen; sagen, aus welchen Einzelheiten es besteht
→ *einen Text analysieren*: untersuchen, aus welchen Abschnitten ein Text besteht, welche Satzstrukturen er aufweist, welche (auffälligen) Wörter darin enthalten sind usw.

belegen: sagen, woran etwas zu erkennen ist, etwas beweisen
→ *am Text belegen:* anhand von Textstellen (Zitaten) nachweisen, dass eine Aussage zum Text stimmt

begründen: sagen, was der Grund für etwas ist
→ *eine Meinung begründen:* sagen, weshalb man diese Meinung vertritt

beschreiben: sagen, wie eine Person oder eine Sache aussieht
→ *eine Person beschreiben:* sagen, wie die Person aussieht (Körpergröße, Figur, Haarfarbe, Kleidung usw.)

beurteilen: sagen, was etwas bedeutet
→ *Verhalten beurteilen:* sagen, was es bedeutet, wenn jemand rot wird (er schämt sich) oder wenn er schreit (er ist wütend)

bewerten: sagen, ob man etwas gut oder schlecht findet
→ *Verhalten bewerten:* sagen, ob man das Verhalten gut (akzeptabel, verständlich) oder schlecht (inakzeptabel, unverständlich) findet

bezeichnen (als): eine Bezeichnung für etwas oder jemanden finden
→ *eine Bezeichnung für eine Person finden:* z. B. die Person als „Helden", „Feigling", „Tyrann" o. Ä. bezeichnen

darstellen: sagen, was für ein Sachverhalt vorliegt und wie dieser beschaffen ist
→ *eine Situation darstellen:* sagen, was passiert ist und wie sich die Lage zeigt

erklären: ausführlich sagen, warum ein bestimmter Sachverhalt vorliegt
→ *ein Verhalten erklären:* ausführlich sagen, warum sich jemand auf eine bestimmte Art und Weise verhält, indem man Zusammenhänge aufzeigt (z. B. über das, was vorher geschehen ist, was die Absicht dieser Person ist, wie sie sich fühlt usw.)

erläutern: sagen, wie etwas zu verstehen ist
→ *den Sinn einer Textstelle erläutern:* sagen, was man anhand dieser Textstelle erkennen kann

erörtern: eine Fragestellung/ein Problem diskutieren
→ *eine Fragestellung erörtern:* Argumente darstellen und gegeneinander abwägen

erwähnen: etwas beiläufig nennen
→ *einen Vorfall erwähnen:* in einem bestimmten Zusammenhang kurz auf den Vorfall zu sprechen kommen

hinweisen (auf): auf etwas zeigen, sein Augenmerk auf etwas richten
→ *auf eine Beobachtung hinweisen:* in einem bestimmten Zusammenhang etwas in den Blick nehmen, es hervorheben (häufig als Beleg für etwas)

interpretieren: sagen, wie etwas zu verstehen ist, was es bedeutet
→ *einen Text interpretieren:* sagen, was in dem Text zum Ausdruck kommt (z. B. über die Beziehung zwischen Menschen, über ein Problem o. Ä.)

nennen[1]: knapp sagen, welche Merkmale oder Eigenschaften etwas hat (ohne ausführliche Erklärung oder Begründung)
→ *verschiedene Möglichkeiten nennen:* die Möglichkeiten aufzählen, ohne dabei auf Ursache und Folgen einzugehen oder sie zu bewerten

nennen[2]: einer Person oder einer Sache einen Namen geben (wie „bezeichnen")
→ *jemanden einen … nennen:* z. B. eine Person einen Schuft oder einen Betrüger nennen

schildern: eine Situation oder eine Atmosphäre sehr ausführlich und anschaulich darstellen
→ *schildern, wie die Stimmung ist,* z. B. bei einem Fest

umschreiben: die Bedeutung eines Wortes oder Satzes mit mehreren (anderen) Worten zum Ausdruck bringen
→ *die Bedeutung eines Wortes umschreiben:* z. B. mit mehreren Worten sagen, was das Wort „Mobbing" bedeutet

verweisen (auf): sagen, welchen Sachverhalt man als Beleg für eine These ansieht
→ *in einem bestimmten Zusammenhang auf etwas verweisen:* ein Beispiel anführen, um zu zeigen, dass eine These stimmt

wiedergeben: sagen, was geschehen ist (oder was in einem Text dargestellt ist)
→ *eine in einem Text dargestellte Handlung wiedergeben:* die Handlung mit eigenen Worten darstellen

zusammenfassen: kurz und knapp sagen, was in einem Text dargestellt ist
→ *den Inhalt eines Textes zusammenfassen:* mit wenigen Sätzen sagen, was in dem Text steht

▶ Übungsaufgabe im Stil der Abschlussprüfung

Übungsaufgabe im Stil der Abschlussprüfung Berlin / Brandenburg

1

Das Ende der Welt

[…] Drei Liebeserklärungen an Kanadas Wildnis

Von Eva Lehnen

Aus der Sicht einer Indianer-Ältesten

Mein persönlicher Schatz, den mir niemand nehmen kann, sind die Bilder von früher, die ich in mir trage. Ich weiß noch genau, wie wir eng aneinander gekuschelt in unserem Zelt rund um das Feuerloch hockten und meine Großeltern uns elf Kindern Geschichten von den Vorfahren erzählten oder Märchen aus längst vergangenen Zeiten, als Menschen und Tiere noch miteinander sprechen konnten. Egal, ob es gerade schneite oder die Sonne schien: Mein Vater war meist draußen zum Jagen. Er war ein sehr guter Jäger, und auch mir hat er beigebracht, wie man Fallen baut und richtig aufstellt. Von ihm habe ich gelernt, wie man Fische angelt, welches Holz am besten brennt und wie man einen Elch häutet. Vater wollte nicht, dass ich später einmal abhängig von einem Mann bin. Oft bin ich in der Dämmerung ganz allein durch die dunklen Wälder gestreift, um die Fallen zu kontrollieren. Doch Angst hatte ich nie. Niemand von uns wurde jemals von einem Schwarzbären oder Grizzly angegriffen. […] Wenn der Mensch ihnen mit Respekt begegnet, zollen sie dem Menschen auch welchen.

Über Generationen haben die Karibus[1] unseren Lebensrhythmus bestimmt. Das ganze Jahr über sind wir der Porcupine-Herde[2] hinterhergezogen. Mit Hundeschlitten, auf Schneeschuhen oder mit unseren Booten aus Birkenrinde oder Elchhaut. Das Karibufleisch ist sehr nahrhaft. Aus dem Fell und dem Leder nähen wir Alte Mäntel und Schuhe, aus den Knochen und Sehnen machen wir Schmuck, Messer oder Fäden zum Nähen. Diese Traditionen halten wir bewusst aufrecht, auch wenn wir heute nicht mehr in Zelten, sondern in Fertighäusern in Fort McPherson leben.

Wir haben unser Land immer mit großem Respekt behandelt. Mich schmerzt zu sehen, wie jetzt damit umgesprungen wird. Eine neue Ölpipeline soll genau über jene Wiesen führen, auf denen die Karibukühe im Frühsommer ihre Jungen zur Welt bringen. Uns sind diese Gründe heilig. Selbst wenn wir Hunger litten und die kalbenden Tiere eine leichte Beute waren, niemand von uns hat sie dort je angerührt. […]

Aus der Sicht der Touristin

Genauso muss es hier schon vor Jahrtausenden ausgesehen haben, als die ersten Menschen den Norden Kanadas durchquerten: Berge, die im Sonnenaufgang so rot glühen, als hätte in ihrem Innern die ganze Nacht jemand das Feuer geschürt, Taiga-Wälder[3], die noch nie ein Mensch betreten hat, und Täler, die mit einem orangerot leuchtenden Teppich aus Moos ausgelegt sind, über den Karibus und Elche ziehen. Bergschafe, Wölfe und Vielfraße leben im Grenzland zwischen dem Yukon Territory und den Northwest Territories, einem der letzten großen Wildnisgebiete auf Erden. Es fühlt sich an, als würden wir uns durch ein anderes Erdzeitalter navigieren. In Rafting-Booten[4] paddeln wir zwölf Tage lang den Snake River hinab. Für ein paar Wochen hat der Sommer den Fluss freigegeben. Die meiste Zeit des Jahres ist der Snake River ein etwa 300 Kilometer langes Band aus Eis. Jetzt, im kurzen arktischen Sommer, fließt er so klar und sauber dahin, dass wir unser Trinkwasser vom Bootsrand schöpfen können. Die nächste Siedlung, die nächsten Straßen sind Hunderte von Kilometern entfernt. Hier draußen lernen wir, was man in der Großstadt oft vergisst: Respekt vor der Natur. In der Zivilisation mag der Mensch der Zeremonienmeister sein, hier draußen ist er nichts weiter als ein Statist, der sich vorsehen muss. Grizzlys und Schwarzbären haben hier das Sagen,

1 *Karibu: eine Rentierart in Nordkanada*

2 *Porcupine-Herde: Karibu-Herde, die in der Nähe des Flusses Porcupine in Alaska lebt*

3 *Taiga: Nadelwald in der nördlichsten Vegetationszone der Erde, z. B. in Nordkanada*

4 *Rafting: Wassersportart, bei der man mit einem Schlauchboot einen Fluss befährt*

plötzliche Wetterumschwünge und auch die Gewalt der Strömung lassen uns spüren, dass wir im Zweifel nicht mehr als ein Spielball der Elemente sind. Wenn der Snake River will, packt er unsere Boote und wirbelt uns durch seine Stromschnellen. [...]

Auf einer Wanderung an einem paddelfreien Tag stürzen wir uns auf die Cranberries, die hier auf Schritt und Tritt so üppig wachsen. Unsere indianischen Reisegefährten – vom Stamm der Teetl'it Gwich'in – ermahnen uns, nur so viele Beeren zu pflücken, wie wir auch wirklich essen wollen. Die Ureinwohner machen das seit Generationen nicht anders und haben sich so ihre Wildnis erhalten. Sie nehmen sich von der Natur nur das, was sie zum Leben brauchen. Keine Beere mehr als nötig pflücken sie von den Büschen, vom Elch, den sie erlegen, bleibt kein Stück Fleisch, kein Fetzen Fell ungenutzt. [...]

Aus der Sicht des Umweltschützers

Es hört sich vielleicht ein bisschen seltsam an: So geborgen wie hier draußen fühle ich mich in keiner Wohnung, in keiner Stadt der Welt. Auch wenn die Wildnis kein besonders komfortabler Ort ist und einem kein schützendes Dach über dem Kopf bietet: Hier, in der Weite von Nordkanada, fühle ich mich richtig zu Hause. [...] Es gibt nicht mehr viele Orte auf der Welt, die noch so ursprünglich sind wie diese Region. Man muss sich vorstellen, wie weit wir Menschen es getrieben haben: Gerade einmal über ein Fünftel der gesamten Landmasse der Erde haben wir uns noch nicht hergemacht. Doch wir rücken der Natur immer weiter auf die Pelle. Auch für die Landschaft um den Snake River – eine Fläche so groß wie Irland – gibt es inzwischen von den zuständigen Regierungen des Yukon Territory und der Northwest Territories detaillierte Nutzungspläne. In den Bergen, Ausläufern der Rocky Mountains, und unter der Erde liegen riesige Schätze. Die weltgrößten Eisenerzvorkommen lagern hier, außerdem jede Menge Uran, Kupfer, Erdgas, Kohle und Diamanten. Abgesehen von ein paar Goldsuchern, die hier einst ihr Glück versuchten, hat sich bislang niemand an die Ausbeutung gewagt, da die Erschließung des Gebietes und die Förderung der Bodenschätze extrem aufwendig wären. Doch der weltweite Anstieg der Rohstoffpreise macht nun auch Nordkanada für internationale Bergbaukonzerne attraktiv. [...] Es ist absurd, dass die Menschen sich anmaßen, mit Land, das schon Millionen von Jahren vor ihnen existiert hat und noch lange nach ihnen da sein wird, umzuspringen, wie sie wollen.

Die großen Verlierer der Landnutzungspläne sind die Gwich'in-Indianer, die schon seit über 10 000 Jahren in der Gegend zu Hause sind. Sie sind abhängig von unverschmutztem Wasser, viele von ihnen leben vom Fischen und von der Jagd auf Karibus. Offiziell werden die Indianer von den zuständigen Behörden zwar angehört und in die Beratungen über die Landnutzung einbezogen, aber alle wichtigen Papiere sind auf so hohem wissenschaftlichen Niveau gehalten und in solch einer verklausulierten Beamtensprache geschrieben, dass die Gwich'in kaum verstehen, worum es geht. [...]

Aus: *Frankfurter Allgemeine Sonntagszeitung vom 11. Oktober 2009*

Lesekompetenz – Aufgaben zu Text 1 „Das Ende der Welt“

101 Was kommt mit der Überschrift („Das Ende der Welt“) zum Ausdruck? Kreuze die passende Aussage an.

- ☐ Der Weltuntergang steht bevor.
- ☐ Das Gebiet ist von der Zivilisation unberührt.
- ☐ Man kann dieses Gebiet nicht betreten.
- ☐ Es ist dort für die Menschen gefährlich

102 Welche Einstellung zur Natur passt zu welchem Sprecher? Ordne die folgenden Gedanken passend zu.

A Die Indianer-Älteste
B Die Touristin
C Der Umweltschützer

	Im Angesicht der Natur kommt sich der Mensch klein vor.
	Man muss die Lebensweise der wilden Tiere respektieren.
	Man darf der Natur nur so viel entnehmen, wie man zum Leben braucht.
	Ich fühle mich in der Wildnis richtig geborgen.
	Die ursprüngliche Natur liefert uns Menschen eindrucksvolle Bilder.
	Die Wildnis ist für uns Menschen kein komfortabler Ort.
	Dass die Menschen die Natur zerstören, erfüllt mich mit Schmerz.
	In der Wildnis Kanadas kommt man sich vor wie in einer früheren Zeit.

103 Weshalb ist die unberührte Natur Kanadas gefährdet? Kreuze an, welche der folgenden Aussagen als Gründe richtig bzw. falsch sind.

	richtig	falsch
a) Viele Indianer ernähren sich vom Fischfang und von der Jagd.	☐	☐
b) Unter der Erde lagern viele Rohstoffe.	☐	☐
c) Der Norden Kanadas ist die meiste Zeit des Jahres vereist.	☐	☐
d) Der Anstieg der Rohstoffpreise macht Nordkanada für Bergbaukonzerne attraktiv.	☐	☐
e) Es gibt inzwischen detaillierte Nutzungspläne für Nordkanada.	☐	☐
f) Grizzlys und Schwarzbären haben dort das Sagen.	☐	☐

104 Was ist das Besondere an den alten Märchen der Indianer? Beende den angefangenen Satz.

In den Märchen der Indianer ______________________________

____

105 Warum wurde die Indianerin von ihrem Vater in das Fischen und Jagen eingewiesen? Nenne das Ziel, das er damit verfolgt hat.

____

____

106 „Über Generationen hinweg haben die Karibus unseren Lebensrhythmus bestimmt.“ (Z. 30 f.) Welche Aussagen lassen sich aus dieser Äußerung der Indianerin ableiten und welche nicht? Kreuze entsprechend an.

	richtig	falsch
a) Die Indianer sind den Karibus hinterhergezogen.	☐	☐
b) Die Karibus bestimmen den Lebensrhythmus der Indianer nicht mehr.	☐	☐
c) Die Indianer hatten früher für ihre Ernährung nur das Fleisch von Karibus.	☐	☐
d) Die Indianer können heute über ihre Lebensweise selbst bestimmen.	☐	☐
e) Die Indianer essen heute kein Fleisch von Karibus mehr.	☐	☐

107 Warum haben die Indianer Karibukühe, die gerade ihre Jungen zur Welt gebracht haben, nicht angerührt? Kreuze die passende Aussage an.

- ☐ Die Indianer haben Rücksicht auf die Lebensweise der Karibus genommen.
- ☐ Im Frühsommer haben sich die Indianer ausschließlich vom Fischfang ernährt.
- ☐ Karibukühe, die gerade gekalbt haben, sind sehr aggressiv.
- ☐ Das Gebiet, in dem die Karibukühe kalben, war für die Indianer unerreichbar.

108 Was hat sich an der Lebensweise der Indianer geändert? Kreuze die passende Aussage an.

- ☐ Sie nähen ihre Kleider nicht mehr selbst.
- ☐ Sie leben nicht mehr in Zelten.
- ☐ Sie jagen keine Karibus mehr.
- ☐ Sie haben den Respekt vor der Natur verloren.

109 Warum meint der Umweltschützer, es höre sich „vielleicht ein bisschen seltsam an“ (Z. 116 f.), wenn er sich in der Wildnis Nordkanadas „zu Hause“ (Z. 124) fühlt? Kreuze die passende Aussage an.

☐ Es gibt dort keine Hotels.
☐ Er ist ganz allein auf sich gestellt.
☐ Das Leben in der Wildnis ist unbequem.
☐ Er hat Angst vor wilden Tieren.

110 Nach den Aussagen des Umweltschützers gibt es „nicht mehr viele Orte auf der Welt“ (Z. 124 f.), die so „ursprünglich“ (Z. 125 f.) sind wie der Norden Kanadas. Woran liegt es seiner Meinung nach, dass der Norden Kanadas so ursprünglich geblieben ist – und woran nicht? Kreuze an.

	richtig	falsch
a) Es ist dort die meiste Zeit des Jahres sehr kalt.	☐	☐
b) Die Erschließung des Gebietes ist aufwendig.	☐	☐
c) Die wilden Tiere dort sind für die Menschen gefährlich.	☐	☐
d) Investoren müssen Rücksicht auf die Indianer nehmen.	☐	☐
e) Das Fördern von Bodenschätzen ist dort nicht erlaubt.	☐	☐
f) Es gibt dort kaum Bodenschätze.	☐	☐

111 Erkläre, was mit der folgenden Skizze zum Ausdruck kommt.

112 Warum können sich die Indianer nach Ansicht des Umweltschützers nicht gegen die Ausbeutung des Landes zur Wehr setzen? Nenne zwei Gründe.

Sprachwissen und Sprachbewusstsein – Aufgaben zu Text 1

113 „Uns sind diese Gründe heilig", sagt die Indianer-Älteste (Z. 51 f.). Ersetze das Wort „Gründe" durch ein passendes neuzeitliches Synonym.

Uns sind diese ________________ heilig.

114 „Aus dem Fell und dem Leder nähen wir Alte Mäntel und Schuhe, aus den Knochen und Sehnen machen wir Schmuck, Messer oder Fäden zum Nähen." (Z. 37–41) Erkläre die Großschreibung des Wortes „Alte".

____

____

115 „Mich schmerzt zu sehen, wie jetzt damit umgesprungen wird." (Z. 46–48) Ein Wort in diesem Satz verwendet man üblicherweise nur in der Umgangssprache. Welches? Schreibe es heraus.

____

116 Erkläre die Bedeutungen der beiden Sprachbilder, die die Touristin verwendet, um die Rolle des Menschen zu beschreiben.

a) der Mensch als „Zeremonienmeister" (Z. 88):

____

____

b) der Mensch als „Statist" (Z. 89):

____

____

117 „In Rafting-Booten paddeln wir zwölf Tage den Snake River hinab. Für ein paar Wochen hat der Sommer den Fluss freigegeben." (Z. 73–77) Bilde ein Satzgefüge aus diesen beiden Sätzen. Wähle aus den folgenden temporalen Konjunktionen die passendste aus und trage sie in die Lücke ein.

bevor – als – während – seit – nachdem – solange

In Rafting-Booten paddeln wir zwölf Tage den Snake River hinab, ______________ der Sommer den Fluss für ein paar Wochen freigegeben hat.

118 „[...] hier draußen ist er (der Mensch) nichts weiter als ein Statist, der sich **vorsehen** muss." (Z. 88–90)
Welche Bedeutung hat das Verb „vorsehen" in diesem Satz?

- ☐ planen
- ☐ vorsichtig sein
- ☐ achten
- ☐ vorausschauen

119 „Wenn der Snake River will, packt er unsere Boote und wirbelt uns durch seine Stromschnellen." (Z. 95–98)
Kreuze an, welches Stilmittel die Verfasserin hier verwendet.

- ☐ Metapher
- ☐ bildhafter Vergleich
- ☐ Verdinglichung
- ☐ Personifikation

120 Bestimme die Satzglieder des folgenden Satzes.

Auf einer Wanderung ...	
an einem paddelfreien Tag ...	
stürzen ...	
wir ...	
uns ...	
auf die Cranberries.	

121 „Die Ureinwohner machen das seit Generationen nicht anders und haben sich so ihre Wildnis erhalten." (Z. 106 f.) Bestimme die Satzkonstruktion.
Es handelt sich um ...

- ☐ einen Hauptsatz.
- ☐ einen Nebensatz.
- ☐ ein Satzgefüge.
- ☐ eine Satzreihe.

122 „Respekt vor der Natur." (Z. 86 f.) Erweitere diesen elliptisch verkürzten Satz zu einem vollständigen Satz. Orientiere dich am Textzusammenhang.

____

____

123 Unterstreiche im folgenden Satz die vollständigen Objekte.

> *Auch für die Landschaft um den Snake River [...] gibt es inzwischen von den zuständigen Regierungen des Yukon Territory und der Northwest Territories detaillierte Nutzungspläne. (Z. 132–137)*

2 Der Ursprung der Arten
Quelle: Allensbacher Archiv

Alle Grafiken aus:	Allensbacher Archiv, IfD-Umfrage 10035, März 2009
Anzahl der Befragten:	1807
Repräsentanz:	Gesamtdeutschland. Bevölkerung ab 16 Jahre
Zeitraum der Befragung:	01. bis 14. März 2009
Archiv-Nummer der Umfrage:	10035

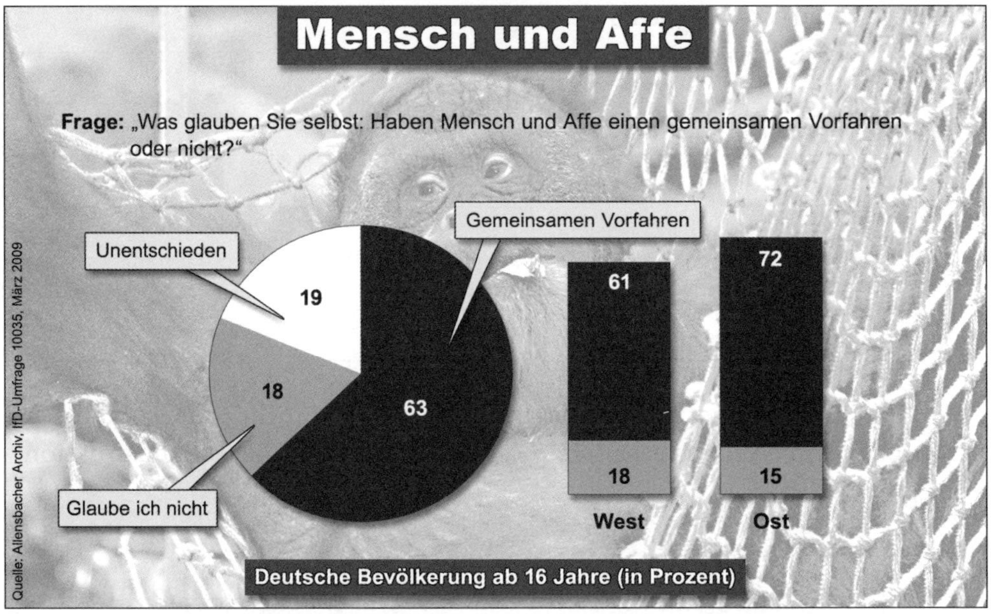

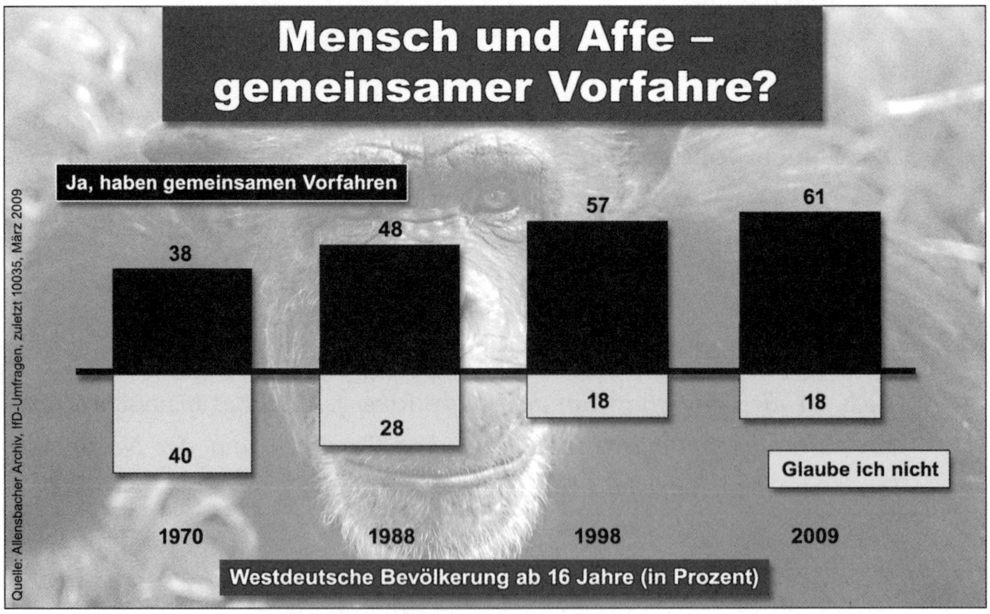

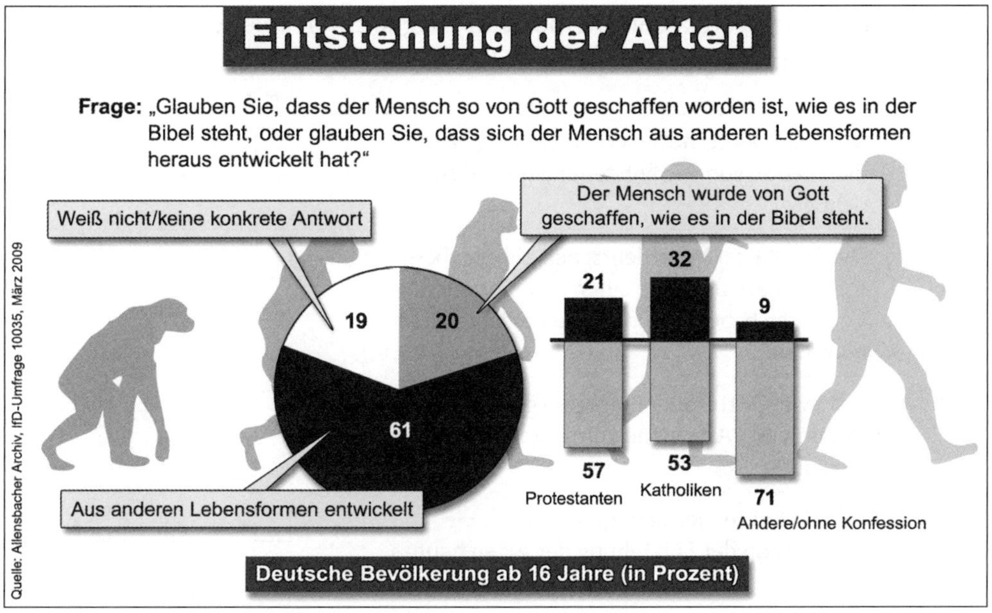

Lesekompetenz – Aufgaben zu den Grafiken „Der Ursprung der Arten“

201 Welche Arten von Diagrammen sind hier abgebildet? Nenne die Fachbegriffe.

____

202 Wann wurde die Befragung durchgeführt?

____

203 Wie viele Personen wurden befragt? Nenne die Zahl.

____

204 Welche Personen wurden **nicht** befragt?

Nicht befragt wurden Personen, …

- ☐ die zum Zeitpunkt der Befragung jünger als 16 Jahre waren.
- ☐ die in Ostdeutschland aufgewachsen sind.
- ☐ die keiner Religionsgemeinschaft angehören.
- ☐ die katholischen Glaubens sind.

205 Welcher Frage gingen die Meinungsforscher nach?

Es ging um die Frage, …

- ☐ was die Theorie von der Entstehung der Arten besagt.
- ☐ ob es stimmt, dass der Mensch vom Affen abstammt.
- ☐ was die Befragten über die Abstammung des Menschen denken.
- ☐ wer die gemeinsamen Vorfahren von Mensch und Affe sind.

206 Welche Aussagen lassen sich aus den Diagrammen ableiten und welche nicht? Kreuze entsprechend an.

	richtig	falsch
a) Mehr Ostdeutsche als Westdeutsche halten die Theorie von der Entstehung der Arten für richtig.	☐	☐
b) Die Anzahl der Westdeutschen, die glauben, dass Mensch und Affe einen gemeinsamen Vorfahren haben, hat im Laufe der Jahre zugenommen.	☐	☐
c) Fast zwei Drittel aller Befragten glauben, dass Mensch und Affe einen gemeinsamen Vorfahren haben.	☐	☐
d) Gut ein Drittel der Befragten zweifelt die Theorie von der Entstehung der Arten heute noch an.	☐	☐
e) Jeder Fünfte der Befragten glaubt, der Mensch habe sich im Laufe seiner Entwicklungsgeschichte nicht verändert.	☐	☐
f) Wer die Theorie von der Entstehung der Arten für richtig hält, gehört keiner Religionsgemeinschaft an.	☐	☐
g) Wer einer Religionsgemeinschaft angehört, neigt eher dazu, die Theorie von der Entstehung der Arten anzuzweifeln.	☐	☐
h) Protestanten sind in ihrem Denken erkennbar moderner als Angehörige anderer Religionsgemeinschaften.	☐	☐

207 *Was glauben Sie selbst: Haben Mensch und Affe einen gemeinsamen Vorfahren oder nicht?* Auf diese Frage antworteten 63 Prozent der Befragten: „Ja, sie haben einen gemeinsamen Vorfahren."
Glauben Sie, dass der Mensch von Gott so geschaffen worden ist, wie es in der Bibel steht, oder glauben Sie, dass sich der Mensch aus anderen Lebensformen entwickelt hat? Auf diese Frage antworteten 61 Prozent der Befragten: „Ja, er hat sich aus anderen Lebensformen entwickelt."

Warum ist es erstaunlich, dass sich die Ergebnisse auf diese beiden Fragen anteilsmäßig etwas unterscheiden?

____

____

____

____

____

3 Der Schwarm

Von Frank Schätzing

Der Roman „Der Schwarm" von Frank Schätzing erzählt davon, wie die Natur anfängt, sich gegen die Eingriffe des Menschen zu wehren. Die Unterwasserwelt nimmt den Kampf gegen die zivilisierte Welt auf der Erde auf. Zunächst gibt es an verschiedenen Orten nur einige seltsame Vorboten dieses Kampfes, doch am Ende kommt es zur Katastrophe.

Einer, der von Anfang an mitbekommt, dass die Natur aus dem Gleichgewicht gerät, ist der in Vancouver lebende Indianer Anawak. Er ist einerseits Walforscher, andererseits führt er Whale-Watching-Trips durch: Mit einem Schiff begleitet er Touristen dorthin, wo man auf Wale treffen und sie beobachten kann.

18. März. Vancouver und Vancouver Island, Kanada

[...] Anawak beschloss, [...] auf eigene Faust loszufahren. Er ging in die Station und verstaute einen akkubetriebenen Laptop zusammen mit Kamera und Feldstecher, Rekorder, Hydrophon[1] und Kopfhörern sowie eine Stoppuhr in einer wasserfesten Tasche. Dann packte er einen Müsliriegel und zwei Dosen Eistee mit hinein und brachte alles hinaus zur *Blue Shark*. Gemächlich ließ er das Boot durch die Lagune tuckern und beschleunigte erst, als die Häuser des Orts zurückblieben. [...]

Weiter draußen stellte er den Motor ab. Sofort umfing ihn perfekte Stille. Er öffnete eine Dose Eistee, trank sie aus und setzte sich mit dem Feldstecher in den Bug.

Es dauerte eine halbe Ewigkeit, bis er etwas zu sehen glaubte, aber die dunkle Wölbung war sofort wieder verschwunden.

„Zeig dich", flüsterte er. „Ich weiß, dass du da bist."

Angestrengt suchte er den Ozean ab. Minutenlang tat sich nichts. Dann hoben sich in einiger Entfernung nacheinander zwei flache Silhouetten aus dem Wasser. Geräusche wie von Flintenschüssen hallten herüber. Über den Buckeln stiegen weiße Dampfwolken auf wie Mündungsqualm. Anawak starrte mit runden Augen hinaus.

Buckelwale. [...]

Nach einer Weile tauchten die schwarzen Rücken wieder auf. Zuerst, kaum sichtbar, erschienen die kleinen Erhebungen mit den Blaslöchern. Wieder das knallende Zischen, fast synchron[2] hervorschießende Atemwolken. Diesmal ließen sich die Tiere nicht gleich wieder unter Wasser sinken, sondern hoben ihre Buckel weit hinaus. Flache, abgestumpfte Rückenfinnen[3] wurden sichtbar, neigten sich träge nach vorn und schnitten wieder ins Wasser. Deutlich erkannte Anawak den vom Rückgrat gezackten Hinterleib. Die Wale begannen abzutauchen, und jetzt endlich hoben sie gemächlich ihre Fluken[4] aus dem Wasser.

Rasch setzte er den Feldstecher an die Augen und versuchte, einen Blick auf die Unterseiten zu erhaschen, aber es gelang ihm nicht. Egal. Sie waren dort. Die erste Tugend eines Walbeobachters hieß Geduld, und bis zum Eintreffen der Touristen blieb noch reichlich Zeit. Er öffnete die zweite Dose Eistee und biss in seinen Riegel.

Schon nach kurzer Zeit wurde seine Geduld belohnt, als nicht weit vom Boot plötzlich fünf Buckel durchs Wasser pflügten. Anawak fühlte sein Herz schneller schlagen. Die Tiere waren nun sehr nahe. Voller Spannung wartete er auf die Fluken. So sehr nahm ihn das Schauspiel gefangen, dass er die monumentale Silhouette neben dem Boot zuerst nicht wahrnahm. Aber die Silhouette wuchs über ihn hinaus, bis er schließlich den Kopf wandte – und zusammenzuckte.

Er vergaß die fünf Buckel und sperrte den Mund auf.

Der Schädel des Wals hatte sich nahezu lautlos aus den Fluten gehoben. Er war so nahe, dass er den Gummiwulst

1 *Hydrophon: Mikrofon, das eingesetzt wird, um Unterwassergeräusche aufzuspüren*
2 *synchron: aufeinander abgestimmt, gleichzeitig*
3 *Rückenfinne: Rückenflosse*
4 *Fluke: Schwanzflosse der Wale*

des Bootes fast berührte. Mehr als dreieinhalb Meter ragte er in die Höhe, das geschlossene, furchige Maul bewachsen mit Seepocken und knotigen Verdickungen. Über dem herabgezogenen Mundwinkel starrte ein faustgroßes Auge den Insassen des Zodiacs an, beinahe auf Gesichtshöhe. Die Ansätze der mächtigen Brustflossen waren über den Wellen zu sehen.

Reglos wie ein Felsen stach der Kopf heraus.

Es war das beeindruckendste Willkommen, das Anawak je widerfahren war. Mehr als einmal hatte er die Tiere aus unmittelbarer Nähe gesehen. Er hatte sich ihnen auf Tauchgängen genähert, sie berührt und sich an ihnen festgehalten. Er war auf ihnen geritten. Oft genug steckten Grauwale, Buckelwale oder Orcas den Kopf in unmittelbarer Nähe eines Bootes aus dem Wasser, um nach Landmarken Ausschau zu halten und Zodiacs[4] zu begutachten.

Aber das hier war anders.

Fast kam es Anawak so vor, als beobachte nicht er den Wal, sondern der Wal ihn. Das Boot schien den Riesen nicht zu interessieren. Sein Auge, eingebettet in runzlige Lider wie das eines Elefanten, musterte ausschließlich die Person im Innern. So scharf der Wal unter Wasser sah, verdammte ihn die starke Wölbung seiner Linse zur Kurzsichtigkeit, sobald er sein angestammtes Element verließ. Auf diese nahe Distanz jedoch musste er Anawak ebenso klar wahrnehmen wie dieser ihn.

Langsam, um das Tier nicht zu erschrecken, streckte er die Hand aus und strich über die glatte, feuchte Haut. Der Wal machte keine Anstalten, wieder abzutauchen. Sein Auge rollte leicht hin und her und heftete sich dann wieder auf Anawak. Es war eine Szene von beinahe grotesker Intimität. So glücklich ihn der Augenblick machte, fragte sich Anawak, was das Tier mit einer derart langen Observierung bezweckte. Im Allgemeinen dauerten die Rundumblicke der Säuger nur wenige Sekunden. Es kostete sie Kraft, so lange senkrecht zu verharren.

„Wo warst du denn die ganze Zeit?“, fragte er leise.

Ein kaum hörbares Plätschern erklang von der anderen Seite des Zodiacs. Anawak drehte sich um, gerade rechtzeitig, um einen weiteren Kopf in die Höhe wachsen zu sehen. Der zweite Wal war etwas kleiner, aber ebenso nahe. Auch er nahm Anawak mit seinem dunklen Auge ins Visier.

Er vergaß, das andere Tier zu streicheln.

Was wollten sie?

Allmählich begann er sich unwohl zu fühlen. Diese starre Inaugenscheinnahme war ganz und gar ungewöhnlich, um nicht zu sagen, bizarr[5]. Nie zuvor hatte Anawak etwas Gleichartiges erlebt. Dennoch bückte er sich zu seiner Tasche, zog schnell die kleine Digitalkamera hervor, hielt sie hoch und sagte:

„Schön so bleiben!“

Vielleicht hatte er einen Fehler begangen. Wenn ja, war es das erste Mal in der Geschichte des *Whale Watching*, dass Buckelwale eine offensichtliche Aversion gegen Kameras an den Tag legten. Wie auf Kommando tauchten die beiden riesigen Köpfe ab. Zwei Inseln gleich versanken sie im Meer. Ein leises Gurgeln und Schmatzen, ein paar Blasen und Anawak war wieder allein auf der schimmernden Weite.

Er sah sich um.

Eben ging die Sonne auf. Dunst hing zwischen den Bergen. Die flache Dünung[6] des Meeres tönte sich blau.

Keine Wale. [...]

Nach einer Weile sah er weit draußen einige Atemwolken. Dabei blieb es. Ob es ihm passte oder nicht, es wurde Zeit, umzukehren.

Aus: *Frank Schätzing: Der Schwarm. Kiepenheuer & Witsch 2004, S. 87–90*

4 *Zodiac: Schlauchboot*
5 *bizarr: äußerst seltsam*
6 *Dünung: Wellengang*

Lesekompetenz – Aufgaben zu Text 3 „Der Schwarm“

301 Weshalb fährt Anawak mit seinem Schlauchboot aufs Meer hinaus? Kreuze das Ziel an, das er mit dem Bootstrip verfolgt.

- ☐ Er möchte ein schönes Foto von Walen machen.
- ☐ Der Ausflug dient der Vorbereitung eines Whale-Watching-Trips.
- ☐ Er will sich vom Alltagsstress erholen.
- ☐ Als Walforscher gehören solche Ausflüge zu seiner Arbeit.

302 Nenne drei Ausrüstungsgegenstände, die Anawak mit an Bord nimmt.

____

303 Woran merkt man, dass Anawak mit Walen vertraut ist? Kreuze an, welche Aussagen richtig bzw. falsch sind.

	richtig	falsch
a) Er fährt ohne Begleitung aufs Meer hinaus.	☐	☐
b) Er hat die passende Ausrüstung eingepackt.	☐	☐
c) Er spricht die Wale mit „Du“ an.	☐	☐
d) Er wagt es, sich ihnen mit dem Schlauchboot zu nähern.	☐	☐
e) Er bringt genügend Geduld mit.	☐	☐
f) Er erkennt die Wale an bestimmten Merkmalen.	☐	☐
g) Das Auftauchen von Walen ist etwas Besonderes für ihn.	☐	☐

304 Nach einer Weile hört Anawak „Geräusche wie von Flintenschüssen“ (Z. 29). Woher stammen diese Geräusche?

- ☐ Die Küstenwache hat Warnschüsse abgegeben.
- ☐ Es hat an Land eine Explosion gegeben.
- ☐ Der Motor des Bootes hat aufgeheult.
- ☐ Wale haben geräuschvoll ausgeatmet.

305 Warum merkt Anawak erst spät, dass ihm ein Wal ganz nahe gekommen ist?

- ☐ Er war in dem Moment abgelenkt.
- ☐ Er trank gerade eine Dose Eistee.
- ☐ Der Wal war hinter seinem Rücken aufgetaucht.
- ☐ Die Sonne war noch nicht aufgegangen.

306 Was ist bei dieser Begegnung mit einem Wal „anders“ (Z. 103) für Anawak? Kreuze an, welche Aussagen richtig bzw. falsch sind.

	richtig	falsch
a) Es handelt sich um einen besonders großen Wal.	☐	☐
b) Der Wal ist dem Boot auffallend nahe gekommen.	☐	☐
c) Der Wal hat den Kopf aus dem Wasser gestreckt.	☐	☐
d) Das Maul des Wals ist mit Seepocken bewachsen.	☐	☐
e) Der Wal hält seinen Kopf sehr lange oben.	☐	☐
f) Anawak fühlt sich bei dieser Begegnung unwohl.	☐	☐

307 Womit werden die beiden Wale verglichen? Nenne drei Vergleiche aus dem Text.

Hinweis: Du kannst auch Vergleiche mit einem ihrer Körperteile anführen.

____

____

____

308 Warum können Wale außerhalb des Wassers schlecht sehen?

- ☐ Das helle Tageslicht blendet sie.
- ☐ Die Augen werden von runzligen Lidern überlappt.
- ☐ Die Linsen ihrer Augen sind stark gewölbt.
- ☐ Im Verhältnis zu ihrem Körper sind ihre Augen klein.

309 „Schön so bleiben!“ (Z. 153), sagt Anawak zu den beiden Walen. Was meint er damit?

____

____

310 Wie interpretiert Anawak das plötzliche Abtauchen der Wale?

____

____

311 Warum kehrt Anawak schließlich um?

- ☐ Er hat das Interesse an den Walen verloren.
- ☐ Er hat nichts mehr zu trinken.
- ☐ Die Wale sind auf dem Rückzug.
- ☐ Es wird Zeit für einen Ausflug mit Touristen.

312 Erkläre, warum die Überschrift ein Datum nennt. Berücksichtige die vorangestellten Informationen über den Roman.

____

____

Sprachwissen und Sprachbewusstsein – Aufgaben zu Text 3

313 *Er ging in die Station und verstaute einen akkubetriebenen Laptop zusammen mit Kamera und Feldstecher, Rekorder, Hydrophon und Kopfhörern sowie eine Stoppuhr in einer wasserfesten Tasche.* (Z. 2–7)
Erkläre die Kommasetzung in diesem Satz. Nenne die Regel.

____

____

314 Bestimme das Tempus, in dem Text 3 überwiegend geschrieben ist.

____

315 Unterstreiche im folgenden Satz alle Prädikate.
Er öffnete eine Dose Eistee, trank sie aus und setzte sich mit dem Feldstecher in den Bug. (Z. 15–18)

316 „Ein kaum hörbares Plätschern erklang von der anderen Seite des Zodiacs." (Z. 134 f.)
Erkläre die Großschreibung des Wortes „Plätschern". Nenne die Regel.

____

317 „Dann hoben sich in einiger Entfernung nacheinander zwei flache Silhouetten aus dem Wasser" (Z. 26–29)
Unterstreiche in diesem Satz das vollständige Subjekt.

318 Das Auge des Wals wird vom Erzähler als „faustgroß" (Z. 84) beschrieben. Das Wort „faustgroß" ist ein **Kompositum**. Suche im ersten Absatz des Textes nach zwei weiteren Komposita, die ähnlich strukturiert sind und auch kleingeschrieben werden.

____

319 „Schon nach kurzer Zeit wurde seine Geduld belohnt, als nicht weit vom Boot plötzlich fünf Buckel durchs Wasser pflügten." (Z. 61–64)
Bestimme in diesem Satzgefüge die Art des Nebensatzes.

- ☐ Kausalsatz
- ☐ Finalsatz
- ☐ Konditionalsatz
- ☐ Temporalsatz

320 „Zeig dich“ (Z. 23), sagt Anawak zu dem Wal, den er in der Nähe vermutet. Bestimme den Modus, den Anawak in seiner Äußerung verwendet.

- ☐ Indikativ
- ☐ Imperativ
- ☐ Konjunktiv I
- ☐ Konjunktiv II

321 Verbinde die folgenden Sätze mithilfe einer passenden nebenordnenden Konjunktion.

Im Allgemeinen dauerten die Rundumblicke der Säuger nur wenige Sekunden. (Z. 127–129)
Es kostete sie Kraft, so lange senkrecht zu verharren. (Z. 129–131)

322 Erkläre die Schreibweise des Wortes „hallten“ im folgenden Satz:

„Geräusche wie von Flintenschüssen hallten herüber.“ (Z. 29 f.)

4 Schreibkompetenz – Überarbeiten eines Schülertextes

Die folgenden Sätze stammen aus einem Schülertext zum Thema: *Können Zoos einen Beitrag zur Arterhaltung leisten?* Sie weisen noch einige Fehler oder Ausdrucksmängel auf. Korrigiere die fehlerhaften Textstellen.

		Korrektur
a) Immer mehr Tiere sind vom aussterben bedroht.	Grammatik/ Rechtschreibung	
b) Es kann sein, dass einige bedrohte Arten nur noch in einen Zoo überleben können.	Grammatik (Kasus)	
c) Es war schon vorgekommen, dass Tiere, die im Zoo in einem Käfig gehalten wurden, dort Nachwuchs bekommen haben.	Grammatik (Tempus)	
d) Wenn der Lebensraum der Tiere noch vorhanden ist, können die Jung Tiere ausgewildert werden.	Rechtschreibung	
e) Bei einigen Arten ist es bereits gelungen, sie in ihrem ursprünglichen Lebensraum wieder rauszulassen.	Ausdruck (umgangssprachlich)	
f) Viele Tiere haben nur in der Gefangenschaft eine Zukunft, weil sie sind in der Wildnis bedroht.	Grammatik (Satzbau)	
g) Es gibt aber auch Arten, die noch nicht erfolgreich in einem Zoo gehalten worden waren.	Grammatik (Tempus)	
h) Das gilt z. B. für Gorillas, die in der Gefangenschaft verrecken.	Ausdruck (umgangssprachlich)	
i) Am besten wäre es, wenn es gelingt, die Tiere in ihrem natürlichen Lebensraum zu schützen	Grammatik (Modus)	
j) In vielen Entwicklungsländern sind die Menschen aber so arm, das sie wilde Tiere jagen, um selbst überleben zu können.	Grammatik/ Rechtschreibung	
k) Man sollte besser die Menschen vor Ort unterstützen als Tiere zu fangen um sie in einen Zoo zu setzen.	Zeichensetzung	

5 Schreibkompetenz – Erstellen eines Schreibplans

Käfigtauchen

Seit einigen Jahren machen Reiseveranstalter Touristen in Südafrika ein ganz besonderes Angebot: Wer will, kann mit einem Boot aufs Meer fahren, dorthin, wo Haie ihren Lebensraum haben. Während der Bootstrips werden die Haie mit Fleischresten und Attrappen angelockt: Blutige Suppenreste werden ins Wasser gekippt, und eine Plastikrobbe wird an einem Seil hinuntergelassen. Nähert sich daraufhin ein Hai, in der Annahme, er könne dort leicht Beute machen, steigen die Touristen in einen Käfig und tauchen darin kurz ab. Geschützt durch das sichere Gehäuse können sie dem Hai aus nächster Nähe begegnen.

Erörtere die Vor- und Nachteile, die das Käfigtauchen bietet.

- Lies zunächst die angeführten Gesichtspunkte und die möglichen Begründungen. (Achtung: Sie sind noch nicht nach Zusammengehörigkeit geordnet!)
- Entscheide dich für eine Position.

Behauptungen	
1	Das Käfigtauchen ist ein sensationelles Erlebnis für Touristen.
2	Damit wird die einheimische Bevölkerung unterstützt.
3	Indirekt ist das ein Schutz für die Haie.
4	Dieses Touristenangebot verstößt gegen die Würde der Tiere.
5	Käfigtauchen lohnt sich nicht.
6	Es kann sein, dass der Trip für die Touristen sehr belastend wird.
7	In erster Linie dient diese Touristenattraktion den wirtschaftlichen Interessen der Veranstalter.

Mögliche Begründungen	
A	Man kann dabei seekrank werden.
B	Es ist eine wichtige Einnahmequelle für die Einheimischen.
C	Der Hauptprofit geht an die Veranstalter.
D	Haie dürfen nicht mehr gefangen werden, sonst kann es diese Touristenattraktion nicht mehr geben.
E	Das ist kein echter Tauchgang, weil alles künstlich arrangiert ist.
F	Die Touristen können aus nächster Nähe mit einem Hai in Kontakt kommen, und zwar in seiner natürlichen Lebenswelt unter Wasser.
G	Die Haie werden durch eine Attrappe getäuscht.

Aufgabe:

Vervollständige das vorgegebene Gliederungsraster. Gehe dabei so vor:

- Wähle für das Ausformulieren von Pro- und Kontra-Argumenten jeweils zwei Behauptungen aus.
- Ordne den Behauptungen, die du ausgewählt hast, die passenden Begründungen zu.
- Überlege, wie du in der Einleitung zur Themenfrage hinführen kannst. Halte deine Überlegungen stichwortartig fest.
- Überlege, wie du deine persönliche Meinung am Schluss darstellen willst. Halte deine Überlegungen wieder stichwortartig fest.

✎ *Hinweis:* Es genügt, wenn du für den Hauptteil die entsprechenden Nummern und Buchstaben in das Gliederungsraster einträgst.

1. Einleitung	
Hinführung zum Thema Persönliche Erfahrungen oder aktueller Anlass	
2. Hauptteil	
These	Das Käfigtauchen ist ein gutes Angebot für Touristen.
Behauptung Begründung	
Behauptung Begründung	
Gegenthese	Das Käfigtauchen ist abzulehnen.
Behauptung Begründung	
Behauptung Begründung	
3. Schluss	
Fazit eigene Positionierung/ Ausblick	

6 Schreibkompetenz – Verfassen einer Erörterung

Verfasse eine Erörterung auf der Grundlage deiner Gliederung in Aufgabe 5.

Bei der Bewertung wird Folgendes berücksichtigt:
- das Einhalten der Gliederung
- Aufbau und Darstellung von Zusammenhängen
- Originalität/Einfallsreichtum
- die sprachliche Darstellung (Ausdruck, Geschicktheit in den Formulierungen)
- die sprachliche Korrektheit (Grammatik betreffend)
- Rechtschreibung und Zeichensetzung
- die äußere Form (Übersichtlichkeit, Schriftbild)

▸ Original-Prüfungsaufgabe

MSA und eBBR Berlin / Brandenburg
Deutsch 2014

1 „hdgdlusnm is vll out, alta!"

Emilia Smechowski

Wenn der Raum zu klein für die Sprache wird – wie SMS unsere Kommunikation verändert.

Ich habe eine jüngere Schwester. Sie ist 15, ich bin 26. Und wir sind uns sehr ähnlich, sagen alle. Bisher war ich immer ihr Vorbild, doch mein Image der coolen Älteren beginnt zunehmend zu bröckeln. Schuld daran ist eine kurze Nachricht von 160 Zeichen. Das Problem heißt SMS. Das Dilemma: Ich verstehe meine kleine Schwester nicht mehr!

„Shuu, über, tobi hat ne ische –.– Scheiße kp was jezt? hab sie grad zsmgesehn..lassmaspätatelenunne runde hartzen^^shlaan muss jezterstmakla kommen:* cumb". Das ist so eine SMS von ihr. Nur: Was bitte soll das heißen? Mit dem Handy in der Hand stehe ich da, auf dem Gesicht ein großes Fragezeichen. Und dann versuche ich krampfhaft, die aneinandergereihten Buchstaben Schritt für Schritt zu dechiffrieren[1].

Versuchen wir es: Tobi kenne ich, das ist der Junge, der sie auf dem Schulhof immer anlächelt. Sie findet ihn ganz toll. Bislang hatte aber keiner von beiden den ersten Schritt gewagt. Ich verstehe: Es scheint also ein Problem zu geben. Aber was ist eine ische? Ein Mädchen? Und hartzen und shlaan? Verdammt noch mal! In neun von zehn Fällen gebe ich entnervt auf. Auch dieses Mal rufe ich sie an, damit sie mir wie einem Analphabeten ihre Nachricht erklären kann. Ich sehe sie förmlich vor mir – in ihrer juvenilen[2] Coolness mit den Augen rollend, wirft sie ihren Freundinnen entnervte Blicke zu. Als wäre ich nicht elf, sondern mindestens 50 Jahre älter, entschlüsselt sie ihre Geheimsprache, die mich aus ihrem Leben ausschließt.

Ich gebe zu: Die meisten Abkürzungen folgen tatsächlich einer gewissen Logik. Oder sie tauchen so häufig auf, dass sie fast als neue Sprachnorm fungieren. „Prinzip der Sprachökonomie" würde mein Linguistik-Professor[3] dazu sagen. Im praktischen Leben ist das viel einfacher: Es geht darum, in einer SMS mit begrenzten Zeichen möglichst viele Informationen so knapp wie möglich unterzubringen.

So erklären sich all die Buchstaben-Zahlen-Kombinationen (F2F – facetoface), die Akronyme[4] (bvid – bin verliebt in dich) sowie die falsche Schreibweise, um „überflüssige" Buchstaben weglassen zu können (jezt oder späta). Schwieriger wird es da schon bei komplett neuen Wortbildungen (hartzen) oder den unterschiedlichen Smiley-Kombinationen.

Hartzen ist tatsächlich eine Ableitung von Hartz IV und bezeichnet Nichtstun. Mein Entsetzen über die Gleichsetzung eines Hartz-IV-Empfängers mit jemandem, der faul in der Ecke rumhängt, kann meine Schwester nicht verstehen. „Ist nicht wirklich ernst gemeint", sagt sie. Das Zeichen –.– stehe für vor Wut zusammengekniffene Augen, erklärt sie weiter: „Wenn man halt angepisst ist!" Nur mal zum Hintergrund: Meine Schwester geht auf ein humanistisches Gymnasium, lernt Latein und Altgriechisch, liest gern, und wenn mich nicht alles täuscht, bekommt sie für Schulaufsätze ganz annehmbare Noten. Aber: In ihrer Welt muss sie noch eine andere Sprache beherrschen.

Ein bisschen kenne ich das ja noch. Als ich 15 war, hatte ich kein Handy. Aber Abkürzungen und Geheimsprachen haben auch wir damals in unserer Mädels-Clique gebraucht. Je nachdem, wie sehr wir uns gerade mochten, variierten unsere Zettelnachrichten von „hdl" (hab dich lieb) über „hdgdl" (hab

3 *Professor für Sprachwissenschaft*

4 *Kurzwort aus den Anfangsbuchstaben mehrerer Wörter*

1 *entschlüsseln*

2 *jugendlichen*

dich ganz doll lieb) zum eher seltenen und ganz besonderen „hdgdlusnm" (hab dich ganz doll lieb und sogar noch mehr). Diese Anekdote lässt meine Schwester jedes Mal vor Peinlichkeit erschaudern.

Sie weiß: Man muss sich abgrenzen können. Lehrer, Eltern, Jungs – je weniger sie dich verstehen, desto besser. Aber warum ich? Sicher, das Phänomen der Jugendsprachen ist nicht neu, schon immer hat die ältere Generation die jüngere nicht verstanden und über den Verfall der Sprache geschimpft. Aber ich wurde doch nur elf Jahre vor meiner Schwester geboren!

Warum sehen meine SMS aus wie kleine Briefe, in denen ich akribisch[5] auf Groß- und Kleinschreibung und korrekte Zeichensetzung achte? Ist das dieser berühmte Punkt im Leben, an dem man zum ersten Mal das Gefühl hat, nicht mehr am Puls der Zeit zu sein?

Auch wenn ich das Wie nicht verstehe, das Was ist mir am Ende dann doch noch klar geworden: Der tolle Tobi hat leider eine Freundin, meine Schwester weiß nicht mehr weiter und sucht meinen Rat. Warum sie das nicht in normalen Worten sagen kann? „Ist doch witziger so."

Sie scheint mich zu brauchen und mir gleichzeitig klarmachen zu wollen: So ähnlich sind wir uns gar nicht, ich habe etwas, das du nicht hast. Ich beherrsche einen Raum, der dir zu klein ist!

Wissen Sie: Meine Schwester hilft mir die Welt zu verstehen – und ich rate Ihnen, bleiben Sie einfach ganz locker, wenn Sie mal eine SMS folgenden Inhalts bekommen: SIMS (Schatz, ich mach Schluss), ISDINL (Ich sehe dich im nächsten Leben) oder aber DUWIPA! (Du wirst Papa!). Vor allem für Letzteres findet meine kleine Schwester hoffentlich andere Worte, wenn es irgendwann so weit ist. Wenn nicht, verstehe ich das natürlich auch.

EMILIA SMECHOWSKI, 26, lebt in Berlin und sagt, am Telefon verstehe sie sich mit ihrer Schwester bestens.

Quelle: http://www.taz.de/Moderne-Kommunikation/!46119/ (Abruf vom 31. 12. 2009)

5 *sehr genau und sorgfältig*

Lesekompetenz – Aufgaben zu Text 1 „hdgdlusnm is vll out, alta!“

101 Vervollständigen Sie in der folgenden Tabelle die Angaben zur Autorin. 1 P.

a) Vor- und Nachname:	
b) Wohnort:	
c) Alter:	
c) Alter der Schwester:	

102 Kreuzen Sie an, ob die folgenden Aussagen zur Schwester der Autorin richtig oder falsch sind. 2 P.

	richtig	falsch
a) Sie wendet sich bei Problemen an ihre ältere Schwester.	☐	☐
b) Sie liest nicht gern.	☐	☐
c) Sie lernt alte Sprachen.	☐	☐
d) Sie ist verliebt.	☐	☐
e) Sie findet ihre Schwester manchmal peinlich.	☐	☐

103 Notieren Sie, 2 P.
a) was „hdgdlusnm“ bedeutet.
b) woher die Autorin diese Abkürzung kennt.

a) ____________________

b) ____________________

104 Wie geht die Autorin vor, wenn sie eine Nachricht ihrer Schwester nicht versteht? 2 P.
a) erster Schritt:

____

b) zweiter Schritt:

____

105 Die Autorin erhält eine SMS von ihrer Schwester. 1 P.
Notieren Sie den Grund für diese SMS.

____

* 106 Warum beginnt das Ansehen der Autorin bei ihrer Schwester „zu bröckeln“ (Z. 5 ff.)? 1 P.

____

3 P. 107 Im Text werden drei typische sprachliche Besonderheiten jeweils mit Beispielen genannt, die beim Verfassen einer SMS benutzt werden. Ergänzen Sie die Tabelle um eine sprachliche Besonderheit bzw. mit einem Beispiel aus dem Text (Z. 54–63).

Sprachliche Besonderheiten einer SMS	Beispiel
a) neue Wortbildung	
b)	jezt / späta
c) Buchstaben-Zahlen-Kombination	

1 P. *108 Die SMS der beiden Schwestern unterscheiden sich sprachlich sehr stark. Notieren Sie jeweils ein sprachliches Merkmal, das den Unterschied deutlich macht.

große Schwester:

____

kleine Schwester:

____

2 P. *109 Im Untertitel heißt es: „Wenn der Raum zu klein für die Sprache wird." Erläutern Sie, was damit gemeint ist.

____

____

____

1 P. *110 Notieren Sie einen Grund aus dem Text, warum Jugendliche untereinander ihre eigene Sprache verwenden.

____

____

1 P. *111 Notieren Sie, welchen Appell die Verfasserin am Schluss an die Erwachsenen richtet.

____

1 P. *112 Im Text heißt es: „Meine Schwester hilft mir die Welt zu verstehen ..." (Z. 129 f.).
Notieren Sie, wessen „Welt" hier gemeint ist.

____

1 P. 113 In Zeile 121 f. findet sich das Zitat: „Ist doch witziger so."
Notieren Sie, wer dies gesagt hat.

____

Lesekompetenz gesamt: 19 P.
Fundamentum: 12 P.
*Additum: 7 P.

Sprachwissen und Sprachbewusstsein – Aufgaben zu Text 1

151 Im Text finden sich verschiedene Stilmittel. 2 P.
Ordnen Sie entsprechend zu.
1) Metapher
2) Personifikation
3) Parallelismus
4) Vergleich

		Stilmittel
*	a) Sie ist 15, ich bin 26.	
	b) Meine SMS sehen aus wie kleine Briefe.	

152 Auf welches Wort im folgenden Satz bezieht sich das unterstrichene Wort? 1 P.
Schon immer hat die ältere Generation die <u>jüngere</u> nicht verstanden.

a) Schon	☐
b) ältere	☐
c) Generation	☐
d) verstanden	☐

153 Begründen Sie die Großschreibung der unterstrichenen Wörter. 1 P.
… und ich rate <u>Ihnen</u>, bleiben <u>Sie</u> einfach ganz locker …

____

154 Mit welcher Rechtschreibstrategie können Sie jeweils überprüfen, dass in den folgenden Beispielen das unterstrichene Wort richtig geschrieben ist? 3 P.
Ordnen Sie zu:
1) Das Wort verlängern.
2) Das Wort aus dem Wortstamm/der Wortfamilie ableiten.
3) Das Wort in Silben/in seine Bestandteile zerlegen.

		Rechtschreibstrategie
	a) <u>rollend</u> – rollent	
*	b) <u>enttäuscht</u> – entäuscht	
	c) <u>erklären</u> – erkleren	

1 P. 155 Im Text wird die Redewendung „am Puls der Zeit sein“ verwendet. Kreuzen Sie an, welche Formulierung die Redewendung ersetzen könnte.

a) gestresst sein	☐
b) hochaktuell sein	☐
c) altmodisch sein	☐
d) aufgeregt sein	☐

1 P. 156 Welche Funktion erfüllt die Klammer in Zeile 55 f.?

____

____

1 P. 157 Notieren Sie aus dem folgenden Wort den Wortteil, der auf die Großschreibung hinweist.

Gleichsetzung

____

1 P. 158 Kreuzen Sie an, welcher der folgenden Teilsätze <u>der Nebensatz</u> ist.

a) Tobi kenne ich,	☐
b) das ist der Junge,	☐
c) der sie auf dem Schulhof immer anlächelt.	☐

1 P. 159 Ersetzen Sie in dem folgenden Satz die umgangssprachliche Formulierung durch eine standardsprachliche.
„Ich rate Ihnen, bleiben Sie einfach ganz locker.“

____

Sprachwissen und Sprachbewusstsein gesamt: 12 P.
Fundamentum: 10 P.
∗Additum: 2 P.

2 Der kleine Satellit
Horst Evers

Im Bus. Der Junge auf dem Sitz vor uns zückt sein Handy, wählt eine Nummer, spricht:

„Ey! Nur dass du's weißt, ich ruf dich nich' mehr an. Nur dass das klar is', wie ich's gestern schon gesagt habe, ich hab dich komplett gestrichen. Von mir kriegst du keinen Anruf mehr."

… … …

Wenn man lange genug in Berlin lebt, hat man sich eigentlich an Sonderlinge gewöhnt. Der Berliner hat reichlich davon, nennt sie meist liebevoll ein Original und lässt sie ansonsten gewähren.

Was ich mich nur manchmal frage, ist: Was geht in einem Satelliten vor, wenn er solch einen Anruf übermitteln muss? Da kreist dieser kleine Satellit Tausende von Kilometern über der Erde. Es ist kalt, es ist ungemütlich, es ist stockduster[1]. […] Und dann plötzlich: ein Anruf! Über Tausende von Kilometern kommt dieses Signal zum Satelliten. Der ist natürlich in heller Aufregung: O Gott, o Gott, Menschen wollen miteinander sprechen, meine Schöpfer wollen kommunizieren. Ich muss ihnen helfen, ich darf jetzt nicht versagen. Ein Auftrag, ein Auftrag, über Tausende von Kilometern gereist, ein großer Auftrag. O Gott, o Gott, o Gott, o Gott. Also gut, ganz ruhig. Welche Nummer ruft er denn an? Wo hält sich diese Nummer auf? Ich muss diese Nummer finden, diese Nummer, irgendwo muss diese Nummer sein. Wo ist diese Nummer!!!???

Und dann beginnt er aus dem dunklen, kalten Weltall heraus über Tausende von Kilometern die ganze Welt abzuscannen. In Bombay, in Rio, in Tokio … Wo ist diese Nummer? Verdammt, die muss doch irgendwo sein! Da! In Berlin, da isse. Ach guck mal, nich' mal 500 Meter voneinander entfernt. Na ja, so klein ist die Welt. Egal, ich werde jetzt diese Verbindung herstellen, über Tausende von Kilometern, hin und zurück, zweimal Tausende von Kilometern, aber ich hab's jetzt. Es ist nicht einfach, es ist gar nicht einfach. Der eine bewegt sich auch noch, ist im Bus oder so, ich weiß es auch nicht. Aaaahhh … aber ich schaff das, ich halte die Leitung. Jetzt, meine Schöpfer, könnt ihr kommunizieren. Aaaaaahh …

Euer Gespräch.

Und dann hört er: „Ey, ich ruf dich nicht mehr an." Was also denkt ein Satellit im dunklen, kalten Weltall in solch einem Moment?

Der muss sich doch veralbert vorkommen. Aber so richtig. Ich bin fest davon überzeugt, wenn es eines Tages zur Rebellion der Maschinen kommt, […] dann wird es die Kommunikationselektronik sein, die rebelliert. Weil sie sich diesen ganzen Blödsinn einfach nicht mehr anhören wollte. Dieses ganze Zeugs, wie: „Ich bin gleich da, du müsstest mich schon sehen können!" oder: „Hier in Friedrichshain regnet es den ganzen Tag, wie ist das Wetter bei euch in Kreuzberg?" Oder auch: „Oh, dich wollt ich ja gar nicht anrufen, hab ich wohl aus Versehen die falsche Nummer gewählt, na ja, ich ruf dich später noch mal an." Manchmal sehne ich mich zurück nach den alten, sehr archaischen[2] Formen der innerstädtischen Kommunikation. Zettel im Hausflur zum Beispiel: Die Heizung wird gewartet. Komme Dienstag, den 22. 10., zwischen 9.00 und 18.00 Uhr. Stellen Sie den Zugang zur Wohnung sicher.

Vor so einem Zettel kann man sich begegnen und meckern: „Na toll, zwischen 9.00 und 18.00 Uhr. Warum nicht gleich: Komme irgendwann zwischen Oktober und März." Solche Momente des Gemeinschaft stiftenden Meckerns sind selten und kostbar.

Oder der Klassiker: „Ich feiere heute am Freitag meinen 30sten Geburtstag. Ich möchte diesen Tag in aller Stille verbringen. Machen Sie also bitte keinen Lärm!" Solche Zettel freilich kollidierten[3] dann manchmal mit einer anderen wunderbaren Form der archaischen

1 *stockdunkel, besonders dunkel*

2 *aus sehr früher Zeit stammenden, altertümlichen*

3 hier: *prallten aufeinander*

innerstädtischen Kommunikation: dem Durch-den-Hof-Schreien. Wer macht das heute schon noch?

„Ey, kommt hoch, Kinder, es ist 18.00 Uhr."

18.00 Uhr. Das war eine echte und interessante Information für die ganze Hausgemeinschaft. Ohne großen Aufwand und eigene Uhr wusste man da doch schon mal, wie spät das ist.

Ich hab mir dann manchmal den Spaß gemacht, einfach um vier schon mal durch den Hof zu rufen:

„Es ist 18.00 Uhr."

War immer ganz hübsch zu beobachten, wie dann ringsum in einigen Wohnungen die totale Hektik ausbrach. Heute werden kaum mehr Sachen durch den Hof gerufen. Nicht mal Uhrzeiten. Die spielenden Kinder im Hof werden meist einfach per Handy hochgerufen.

Und der arme kleine Satellit im dunklen Weltall muss das dann alles übertragen. Und wie wird das erst, wenn auch noch das gesamte Internet nur noch über Satellit abgewickelt wird. All das krude[4] Zeug, das er dann übertragen muss. Manchmal frage ich mich, wie unsere Welt heute wohl aussähe, wenn das Internet nicht erfunden worden wäre oder sich aus irgendwelchen Gründen nicht durchgesetzt hätte. Ob dann mittlerweile all diese halbseidenen Anbieter halb legaler Waren aus dem Netz, ob die dann wohl von Haus zu Haus als Handelsvertreter durch die Lande ziehen würden?

So gesehen ist es dann doch wieder gar nicht so schlecht, dass es das Internet gibt. Wenn man sich vorstellt, diese Leute würden sonst täglich mehrfach an der Haustür klingeln. Und wie könnte dann ein Spamfilter aussehen? Wie groß und breitschultrig müsste der sein? Und wer installiert einem den? Die ganze Welt, unser ganzes Leben sähe völlig anders aus. Verglichen damit waren die Veränderungen durchs Internet ja doch eher ein Klacks.

Da ist es dann doch besser, wenn der arme kleine Satellit im dunklen Weltall mal ein paar sinnlose Gespräche vermitteln muss. Letztendlich prallt das an dem doch auch nur alles irgendwie ab.

Aus: Horst Evers: Der kleine Satellit. Frankfurt / Main: Eichborn 2005, S. 21 ff.

4 hier: *wirre, rätselhafte*

Lesekompetenz – Aufgaben zu Text 2 „Der kleine Satellit"

201 Im ersten Abschnitt des Textes (Z. 1–8) wird die Situation dargestellt, die den Erzähler dazu veranlasst, auf humorvolle Art über modernes Kommunikationsverhalten nachzudenken. 3 P.
Notieren Sie

	Antworten
a) den Ort der Handlung.	
b) die beobachtete Figur.	
c) die beobachtete Handlung.	

*202 Im Text heißt es: 1 P.
„Ich ruf dich nich' mehr an […], wie ich's gestern schon gesagt habe." (Z. 4 ff.).
Notieren Sie, welcher Widerspruch in diesem Anruf enthalten ist.

____

____

*203 Laut Erzähler sind manche Inhalte von Telefonaten „Blödsinn" (Z. 69). 1 P.
Notieren Sie, warum der folgende Anruf als sinnlos bewertet werden kann.
„Ich bin gleich da, du müsstest mich schon sehen können!"

____

____

*204 Der Erzähler stellt sich die Frage, was in dem „kleinen Satelliten" vor sich gehen könnte, wenn er einen Anruf übermitteln muss. 2 P.
Welche Gefühle spiegeln die folgenden Gedanken des „kleinen Satelliten" wider?

Gedanken	Gefühle
a) „Ich muss ihnen helfen, ich darf jetzt nicht versagen."	
b) „… aber ich schaff das, ich halte die Leitung."	

3 P. 205 Kreuzen Sie an, welche der folgenden Aktivitäten der Erzähler dem „kleinen Satelliten“ zuschreibt.

	zutreffend	nicht zutreffend
a) Er kreist im Weltall um die Erde.	☐	☐
b) Er kann denken.	☐	☐
c) Er schickt Handelsvertreter von Haus zu Haus.	☐	☐
d) Er empfängt Signale und sendet sie zurück zur Erde.	☐	☐
e) Er übermittelt nur sinnvolle Nachrichten.	☐	☐

2 P. 206 Der Erzähler spricht von einer möglichen „Rebellion der Maschinen“ (Z. 66).
Notieren Sie,
a) welche technische Erfindung als Erste rebellieren würde.
b) warum diese rebellieren würde.

a) ______________________________

b) ______________________________

1 P. 207 In den Zeilen 56 f. heißt es: „Jetzt, meine Schöpfer, könnt ihr kommunizieren.“ Wer ist hier mit „Schöpfer“ gemeint?

____

2 P. 208 Im Text ist die Rede von altmodischen „Formen der innerstädtischen Kommunikation“ (Z. 80 ff.).
Notieren Sie
a) ein Beispiel für diese Form der Kommunikation.
b) das Kommunikationsmittel, das diese Form der Verständigung ersetzt hat.

a) ______________________________

b) ______________________________

2 P. 209 Im Text gibt es zwei Angaben von Entfernungen.
Notieren Sie die Entfernungen
a) zwischen den beiden Anrufern.
b) zwischen Erde und Satellit.

a) ______________________________

b) ______________________________

∗210 Mit der folgenden Bemerkung ordnet der Erzähler den Berlinern eine bestimmte Charaktereigenschaft zu. 1 P.
„Der Berliner [...] nennt sie meist liebevoll ein Original und lässt sie ansonsten gewähren.“ (Z. 12 ff.)
Kreuzen Sie an, wie sich der Berliner zu diesen „Originalen“ verhält.

a) arrogant	☐
b) tolerant	☐
c) ablehnend	☐
d) kritisch	☐

211 Im Text werden Gedanken in der Ich-Form wiedergegeben. 2 P.
Notieren Sie, wem die folgenden Gedanken zugeordnet werden können.
1) dem Erzähler
2) dem Jungen im Bus
3) dem kleinen Satelliten im Weltall
4) dem Autor
5) den Schöpfern

Gedanken	Nummer
a) „Was ich mich nur manchmal frage ...“ (Z. 16)	
b) „... aber ich hab’s jetzt.“ (Z. 51)	

∗212 Die Komik des Textes wird auch durch Übertreibungen hervorgerufen. 1 P.
Notieren Sie ein Beispiel für eine Übertreibung aus den Zeilen 87–93.

____

____

Lesekompetenz gesamt: 21 P.
Fundamentum: 15 P.
∗Additum: 6 P.

Sprachwissen und Sprachbewusstsein – Aufgaben zu Text 2

2 P. 251 Wenden Sie im folgenden Satz die Umstellprobe (Verschiebeprobe) an.

Da kreist dieser kleine Satellit weit entfernt über der Erde.

a) Was kann man mithilfe einer Umstellprobe erkennen?
b) Wenden Sie die Umstellprobe auf den oben stehenden Satz an und notieren Sie einen möglichen Satz.

* a) ______________________________

b) ______________________________

2 P. 252 Der folgende Satz ist unvollständig:

War immer ganz hübsch zu beobachten.

a) Notieren Sie den Satz in seiner vollständigen Form.
b) Bestimmen Sie das ergänzte Satzglied.

a) ______________________________

b) ______________________________

1 P. 253 Bestimmen Sie die Art der Teilsätze des folgenden Satzes. Tragen Sie die entsprechenden Bezeichnungen für Hauptsatz (HS) und Nebensatz (NS) ein.

	Bezeichnung
Aber ich bin fest davon überzeugt,	
wenn es eines Tages zur Rebellion der Maschinen kommt,	
dann wird es die Kommunikations-elektronik sein.	

1 P. *254 Im Text heißt es: „all diese <u>halbseidenen</u> Anbieter“ (Z. 133 f.). Kreuzen Sie an, welcher Begriff synonym zu dem unterstrichenen Wort verwendet werden kann.

a) kostenlosen	☐
b) extravaganten	☐
c) anerkannten	☐
d) unseriösen	☐

∗255 Der Gebrauch von Modalverben verändert die Aussage eines Satzes. Der folgende Satz drückt eine Verpflichtung aus: 1 P.

Ich muss mit Ihnen sprechen.

Formulieren Sie den Satz so um, dass ein Wunsch ausgedrückt wird. Ersetzen Sie dafür das unterstrichene Modalverb durch ein anderes.

____

____

∗256 Der Text enthält Merkmale mündlicher Kommunikation. Notieren Sie je ein Beispiel aus den Zeilen 3–5 für folgende Merkmale: 3 P.

Merkmal mündlicher Kommunikation	**Beispiel aus dem Text**
a) Zusammenziehen mehrerer Wörter zu einem Wort	
b) Ausrufe	
c) Weglassen der grammatikalischen Endung	

∗257 Im Text heißt es: „Und der arme kleine Satellit im dunklen Weltall muss das dann alles übertragen." Kreuzen Sie an, welches der folgenden Wörter hier synonym zu „arm" verwendet werden kann. 1 P.

a) mittellose	☐
b) armselige	☐
c) bedauernswerte	☐
d) bedürftige	☐

258 Notieren Sie die Wortarten der unterstrichenen Wörter. 2 P.

a) „All das krude Zeug, das er dann übertragen muss."
b) So gesehen ist es dann doch wieder gar nicht so schlecht, dass es das Internet gibt."

a) ______________________________________

b) ______________________________________

Sprachwissen und Sprachbewusstsein gesamt: 13 P.
Fundamentum: 6 P.
∗Additum: 7 P.

3 Ei, Ei, Ei

Aus: Die Zeit Nr. 17 vom 20. April 2011 (bearbeitet)

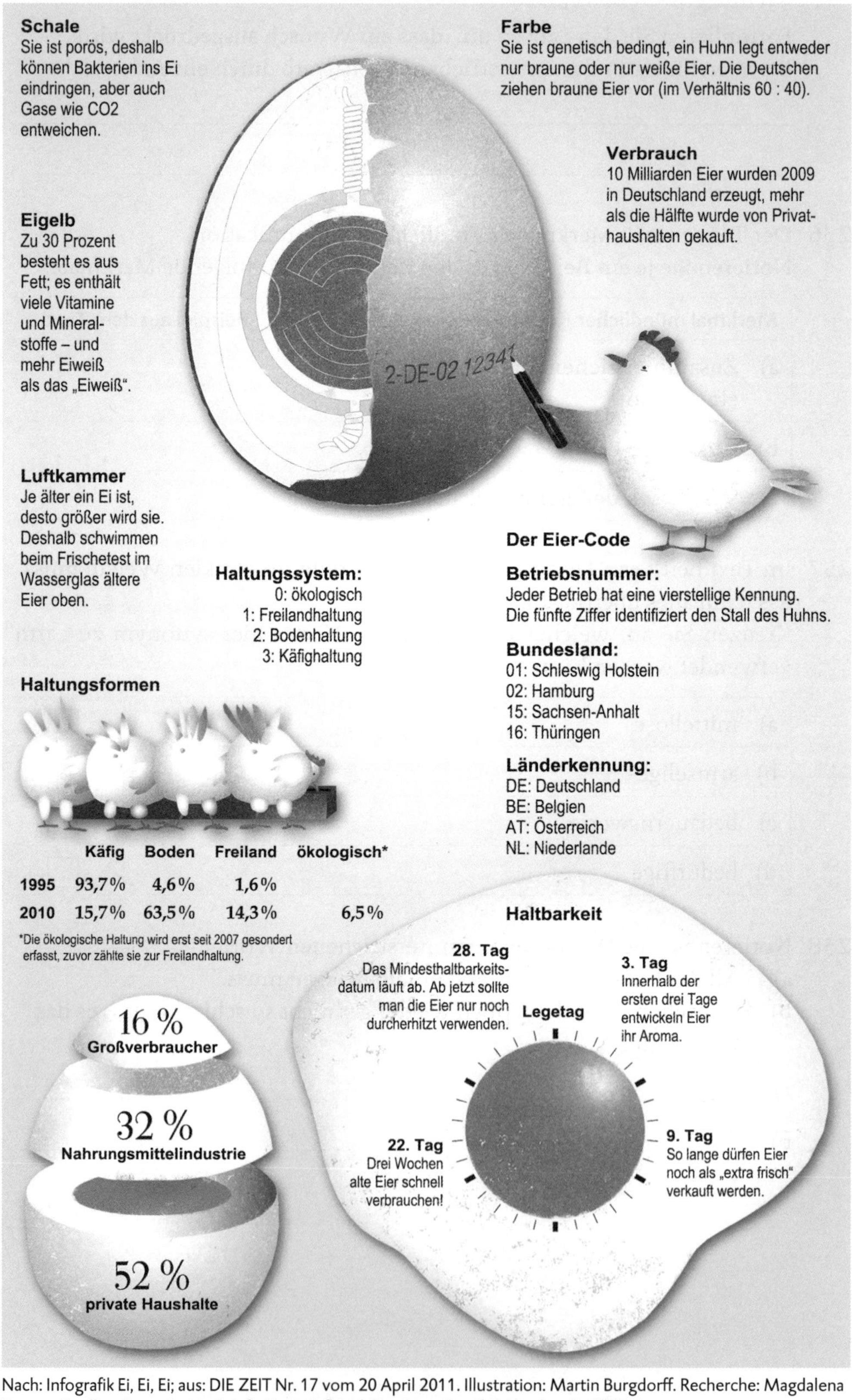

Nach: Infografik Ei, Ei, Ei; aus: DIE ZEIT Nr. 17 vom 20 April 2011. Illustration: Martin Burgdorff. Recherche: Magdalena Hamm; Quellen: Destatis, Marktinfo Eier&Geflügel, Bundesverband Deutsches Ei, BMELV.

Lesekompetenz – Aufgaben zu den Grafiken „Ei, Ei, Ei"

301 Der Eier-Code wird in einer Grafik erklärt. 1 P.
Entschlüsseln Sie die noch fehlenden Informationen des dargestellten Codes.

Codierung	Entschlüsselung
2	
De	Deutschland
02	
1234	Betrieb 1234
1	

302 Wovon hängt es ab, ob ein Huhn braune oder weiße Eier legt? 1 P.

____

*303 Begründen Sie, warum beim Frischetest frische Eier im Wasser nicht aufsteigen. 1 P.

____

____

304 Kreuzen Sie an, ob die folgenden Aussagen zur Beschaffenheit von Eiern richtig oder falsch sind. 3 P.

	richtig	falsch
a) Das Eigelb enthält mehr „Eiweiß" als das Eiweiß.	☐	☐
b) Eier enthalten Vitamine und Mineralstoffe.	☐	☐
c) Eine Woche nach dem Legedatum darf ein Ei nicht mehr als „extra frisch" verkauft werden.	☐	☐
d) Vor 2007 gab es noch keine ökologische Haltung.	☐	☐
e) Nach 22 Tagen sind die Eier besonders aromatisch.	☐	☐

*305 Begründen Sie, warum 28 Tage alte Eier nur noch durcherhitzt verzehrt werden sollen. 2 P.

____

____

____

1 P. 306 Zum Eierverbrauch in Deutschland werden verschiedene Aussagen getroffen.
Notieren Sie

den größten Verbraucher:	
den prozentualen Anteil der Nahrungsmittelindustrie:	

1 P. 307 Treffen Sie eine Aussage zur Entwicklung der Haltungsformen von Legehühnern von 1975 bis 2010.

____

____

____

Lesekompetenz gesamt: 10 P.
Fundamentum: 7 P.
*Additum: 3 P.

4 Schreibkompetenz – Überarbeiten eines Textes

In den folgenden Text haben sich beim Druck einige Fehler eingeschlichen.
Korrigieren Sie nur den jeweiligen Rechtschreib-, Zeichensetzungs-, Grammatik- oder Ausdrucksfehler.

481	**Fernsehserien stellen ein falsches Bild von der Berufswelt da**	R ________	1 P.
482	Fernsehserien erfreuen sich vor allem deshalb großer Beliebtheit, weil die Zuschauer identifizieren sich mit den Charakteren.	G (Satzbau) ________	1 P.
∗483	Dass die Serien tatsächlich die Realität wiederspiegeln, stimmt jedoch nicht.	R ________	1 P.
484	Es werden junge Menschen gezeigt die sehr oft im Medienbereich und in der Modebranche arbeiten.	Z (Korrigieren Sie direkt im Text.)	1 P.
485	Änderungsschneider und Bauglaser sucht man dagegen meißt vergeblich.	R ________	1 P.
486	Fast jeder dritte berufstätige deutsche war vor wenigen Jahren noch in der Produktion beschäftigt.	R ________	1 P.
∗487	Allerdings sind es in den Serien nur etwa ein Prozent.	G (Numerus) ________	1 P.
488	Dieses voll schiefe Bild der Berufswelt beeinflusst die Berufsvorstellungen der Jugendlichen.	A ________	1 P.
∗489	So steigt beispielsweise der Wunsch im Gesundheitswesen zu arbeiten, mit dem Konsum von Krankenhaus- und Arztserien deutlich an.	Z (Korrigieren Sie direkt im Text.)	1 P.
490	Dagegen ist das Interesse an Handwerksgewerbe und an den dazugehörigen Berufsfeldern bei Jugendlichen vergleichsweise gering.	G (Kasus) ________	1 P.

Schreibkompetenz Überarbeiten: 10 P.
Fundamentum: 7 P.
∗Additum: 3 P.

5 Schreibkompetenz – Erstellen eines Schreibplans

Sinn und Unsinn des Schenkens

Einige Schülerinnen und Schüler in Ihrer Klasse machen sich zu verschiedenen Anlässen gegenseitig Geschenke. Andere finden dies unpassend. Daraufhin gibt es eine heftige Diskussion, die zu keiner Einigung führt. Dies nehmen Sie zum Anlass, um einen Artikel für die Schülerzeitung zu verfassen.

Lesen Sie zunächst folgende Meinungsäußerungen.

Meinungsäußerungen:

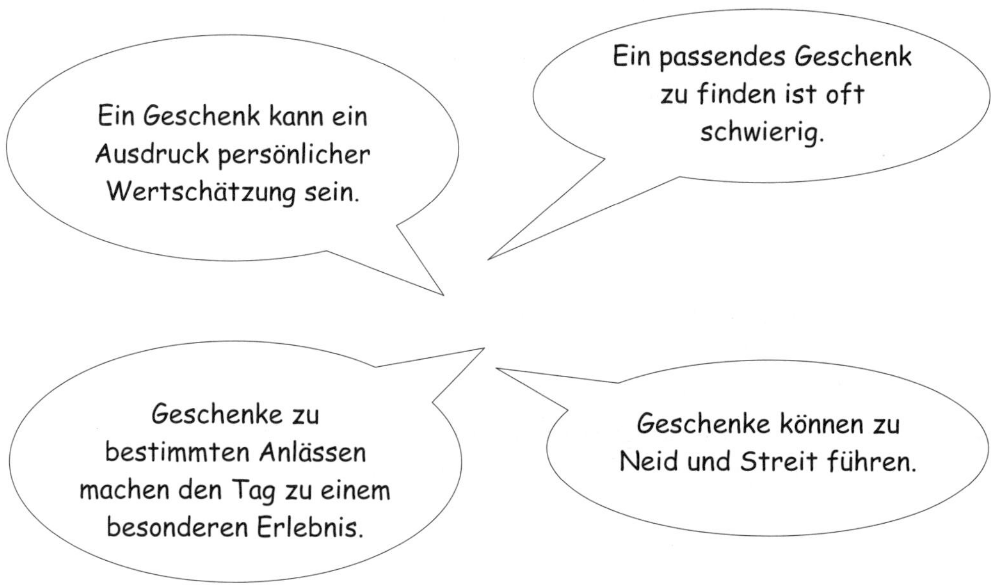

Aufgabe:
Erstellen Sie einen Schreibplan, indem Sie das folgende Gliederungsraster ausfüllen:

a) Leiten Sie aus den vorgegebenen Meinungsäußerungen jeweils zwei Pro- und zwei Kontra-Argumente ab.
b) Stützen Sie die Argumente mit jeweils einem Beleg oder Beispiel. Sie müssen dabei auch auf Ihr Alltagswissen und eigene Erfahrungen zurückgreifen.
* c) Formulieren Sie jeweils eigenständig noch ein weiteres Pro- und Kontra-Argument und stützen jedes mit einem eigenen Beleg oder Beispiel.
d) Ergänzen Sie stichwortartig Ihre Überlegungen für Einleitung und Schluss des Artikels, wobei der Schluss Ihre persönliche Meinung widerspiegeln soll.
* e) Formulieren Sie abschließend ein Fazit, das zwei Empfehlungen im Umgang mit Geschenken beinhaltet.

Gliederungsraster

	1. Einleitung		
581	Schreibanlass		1 P.
582	Hinführung zum Thema		1 P.
	2. Hauptteil		
	These	Schenken und Beschenktwerden bereichern unser Leben.	
583	1. Argument	•	1 P.
584	Beleg/Beispiel	•	1 P.
585	2. Argument	•	1 P.
586	Beleg/Beispiel	•	1 P.

Punkte	Nr.		
1 P.	∗587	3. Argument	•
1 P.	∗588	Beleg/Beispiel	•
		Gegenthese	Schenken bereitet nicht nur Freude.
1 P.	589	1. Argument	•
1 P.	590	Beleg/Beispiel	•
1 P.	591	2. Argument	•
1 P.	592	Beleg/Beispiel	•
1 P.	∗593	3. Argument	•
1 P.	∗594	Beleg/Beispiel	•
		3. Schluss	
1 P.	595	Persönliche Meinung	
2 P.	∗596	Fazit /zwei Empfehlungen	

Schreibkompetenz
Schreibplan: 17 P.
Fundamentum: 11 P.
Additum: 6 P.

6 Schreibkompetenz – Umsetzung des Schreibplans: Verfassen eines Artikels für die Schülerzeitung

Aufgabe:
Verfassen Sie nun den Artikel für die Schülerzeitung auf der Basis Ihres Schreibplans.
Beachten Sie, dass Sie einen zusammenhängenden Text schreiben.

Sinn und Unsinn des Schenkens

681	Einhalten der Gliederung	2 P.
∗682	Schreibfunktion	5 P. (Additum 4, Fundamentum 1)
∗683	Sprachliche Darstellungsleistung	4 P. (Additum 2, Fundamentum 2)
684	Sprachliche Korrektheit (Grammatik)	2 P.
685	Schreibregeln (Rechtschreibung)	2 P.
686	Schreibregeln (Zeichensetzung)	2 P.
687	Leserfreundliche Form (Übersichtlichkeit/Schriftbild)	1 P.

Schreibkompetenz Umsetzung: 18 P.
Fundamentum: 12 P.
∗Additum: 6 P.

Notizen

(Bitte blättern Sie um)